武汉大学经济发展研究中心学术丛书

工业化中期中国经济
发展战略探讨

李 卓/著

教育部重点研究基地重大招标课题《城乡协调发展背景下
现代农业发展道路的国际比较研究》（16JJD790045）

科 学 出 版 社
北 京

内 容 简 介

本书从政府引导发展战略和对外开放战略两大方向对中国经济发展战略进行探讨。上篇基于政府引导发展战略视角，对比发达国家成熟的市场经济模式，从中国进入工业化中期阶段后的实际情况出发，梳理中国经济发展战略重点；从政府与市场关联性的角度出发，分析政府发展战略与经济发展的关联性，分析政府引导和推行发展战略对经济结构失衡的影响与作用机制。下篇分别基于劳动收入占比和企业生产率视角，分析中国对外经济发展战略的影响——在劳动收入占比视角中，分析导致劳动收入占比偏低的主要因素，在企业生产率视角中，从企业研发、产品出口和出口产品价格加成等方面研究中国出口企业的生产率特征。

本书可供对中国经济发展，尤其是对经济发展战略和对外开放问题感兴趣的理论工作者与政策制定者阅读参考，也可以作为经济类本科生和研究生的专业参考书。

图书在版编目（CIP）数据

工业化中期中国经济发展战略探讨 / 李卓著. —北京：科学出版社，2019.2
（武汉大学经济发展研究中心学术丛书）
ISBN 978-7-03-056712-3

Ⅰ.①工⋯　Ⅱ.①李⋯　Ⅲ.①中国经济–经济发展战略–研究
Ⅳ.①F120.4

中国版本图书馆 CIP 数据核字（2019）第 043913 号

责任编辑：徐　倩 / 责任校对：胡小洁
责任印制：张　伟 / 封面设计：无极书装

科 学 出 版 社 出版
北京东黄城根北街 16 号
邮政编码：100717
http://www.sciencep.com

北京虎彩文化传播有限公司 印刷
科学出版社发行　各地新华书店经销
*

2019 年 2 月第 一 版　　开本：720×1000　1/16
2019 年 10 月第二次印刷　　印张：11 3/4
字数：235 000

定价：96.00 元
（如有印装质量问题，我社负责调换）

总　序

　　经过改革开放后的经济高速增长，中国由一个农业国初步转变为工业国，进入中等收入国家的行列。这是中国经济发展进程中重要的里程碑。在新的发展阶段，发展环境、发展要素、发展问题都发生了显著的变化，我们面临新的挑战、新的发展目标和发展任务，需要新的发展动力。

　　新的实践呼唤新的发展理论。在现代经济学体系中，发展经济学是唯一专注于发展中国家经济增长与发展问题的分支学科。长期以来，武汉大学一直在中国发展经济学的研究领域富有影响力。改革开放之初，著名经济学家武汉大学教授谭崇台最早把发展经济学引入中国。1990 年，谭崇台先生发起并创建了武汉大学经济发展研究中心。2000 年，武汉大学经济发展研究中心被教育部确定为人文社会科学重点研究基地。

　　作为教育部人文社会科学重点研究基地中唯一以发展经济学理论与经济发展研究为己任的研究机构，武汉大学经济发展研究中心肩负着该领域的学术研究、学术交流、人才培养、咨询服务、思想传播等使命。我们计划从 2017 年开始陆续推出五个系列学术产品："武汉大学经济发展研究中心学术丛书"、《发展经济学研究》、《珞珈智库·经济观察》、《珞珈经济年度论坛》和《中国发展经济学年度发展报告》，并统一标识、统一装帧设计。

　　以发展经济学理论和方法研究中国经济实践，以中国经济发展的经验事实推动发展经济学的理论创新，是武汉大学经济发展研究中心的学术追求。策划出版"武汉大学经济发展研究中心学术丛书"，其目的不仅仅是多角度、多方位地展示和检阅本中心学者研究中国经济发展问题的学术成果，更重要的是，激励学者在全球经济的视野中把握中国经济，从中国经济增长与结构变迁的经验事实中探寻发展的逻辑，从中国发展故事中凝练具有普遍意义的发展经验与理论，在现代经济学的理论创新中注入中国元素，为开创发展经济学研究的中国时代，贡献我们的力量。

　　这是中国经济"摸着石头过河"之后千帆竞发的航海时代，这是中国经济学界贡献创新的黄金时期。前行中的每一片迷雾，每一座冰山，每一阵风暴，都考验中国人的勇气和智慧；航路上的每一次挫折，每一个欢笑，也都是经济学研究难得的经验素材。生活在深刻变革的时代，研究中国经济增长与结构变迁，我们躬逢其盛；与伟大的实践同行，推进经济学理论创新，我们责无旁贷！

武汉大学经济发展研究中心

2017 年 6 月 26 日

目　录

上篇　发展战略与经济发展的理论概述

第一章　工业化中期阶段中国经济发展战略理论综述 ……………………… 3

　　第一节　经济发展阶段与工业化阶段的划分 …………………………… 3

　　第二节　各国经济发展模式的比较研究 ………………………………… 6

　　第三节　工业化中期阶段中国经济发展的模式和战略 ……………… 12

　　第四节　结论 …………………………………………………………… 17

第二章　政府引导的发展战略与经济发展的关联逻辑 …………………… 19

　　第一节　政府引导经济发展战略的有关理论 ………………………… 20

　　第二节　研究政府引导的发展战略的理论与现实意义 ……………… 23

　　第三节　政府引导的发展战略与中国经济发展的结构性问题 ……… 25

　　第四节　政府引导发展战略与经济结构失衡的关联性 ……………… 27

　　第五节　政府引导发展战略和中国经济结构失衡的特征性事实 …… 31

第三章　政府引导的发展战略对经济结构的影响 ………………………… 46

　　第一节　政府引导的发展战略对经济结构的影响分析 ……………… 46

　　第二节　政府投资行为对经济结构的影响分析 ……………………… 57

　　第三节　东亚模式下政府引导的战略对经济结构的影响：以日本为例…… 68

下篇　对外开放战略的影响

第四章　贸易开放战略对劳动收入占比的影响研究 ……………………… 83

　　第一节　劳动收入的国际国内趋势 …………………………………… 84

　　第二节　贸易开放影响劳动收入占比的理论概述 …………………… 87

　　第三节　中国的对内赶超发展、对外开放战略的分配效应 ………… 96

　　第四节　偏向型技术进步下的收入分配模型 ………………………… 98

　　第五节　贸易开放对收入分配影响的实证研究 ……………………… 103

第五章　贸易开放、研究和开发与企业生产率的提升 …………………… 126

　　第一节　贸易开放、研究和开发与企业生产率关联性的理论逻辑…… 126

　　第二节　企业生产率的影响模型及推论 ……………………………… 132

　　第三节　研发企业与进口企业特征分析 ……………………………… 136

第四节　企业全要素生产率测算 ……………………………… 143
第六章　制造业出口价格加成与出口企业生产率悖论 …………… 155
　第一节　企业价格加成与企业生产率关联性逻辑 …………… 155
　第二节　企业价格加成模型分析 ……………………………… 157
　第三节　企业出口状态描述性统计 …………………………… 160
　第四节　企业生产率悖论实证分析 …………………………… 162

参考文献 …………………………………………………………… 168
后记 ………………………………………………………………… 181

上篇　发展战略与经济发展的
理论概述

第一章　工业化中期阶段中国经济发展战略理论综述

依据各种宏观经济指标，2005 年中国经济总体上进入了工业化中期阶段。2015 年，我国人均国内生产总值达到 50251 元，已经进入中等收入国家的人均国民收入区间。2018 年，中国经济总量更是首次突破 90 万亿元。改革开放以来，中国的经济发展取得如此显著的成就，一方面是借鉴了发达国家成熟的市场经济模式和东亚及拉美在经济发展模式与战略方面的经验，另一方面是中国在经济领域实行了渐进式的或增量的改革措施和政策，形成了逐渐丰富、逐步完善的中国特色经济发展道路。

但是，这并不是一劳永逸的。进入工业化中期阶段，中国仍迫切需要新的发展战略与政策。一方面，中国在经济发展中依然面临着诸多问题，例如，经济发展的效率和效益依然较低，资源与环境因素对经济可持续发展的约束日渐强化等，而始于 2008 年的国际金融危机则使有关问题更加尖锐化、复杂化，迫切需要我们综合判断国际国内经济形势，深入思考中国经济发展的优势与隐忧，制定经济可持续发展的战略与政策措施；另一方面，按照发展经济学理论，结构变化是经济发展的动力和基本内容，经济发展阶段的转换势必要求经济发展方式与经济发展战略进行相应转变。中国既然已经步入中等收入国家行列，如何借鉴他国经济发展的成功经验，趋利避害、突破中等收入陷阱、迈入高收入国家行列，需要我们对中国经济发展模式和战略问题进行思考与研究。

世界各国（地区）工业化与经济发展的实践表明：经济发展、结构转化、能源资源消耗以及经济发展模式的演化有其内在的规律性，对工业化中期阶段典型国家经济发展模式进行比较研究，有助于把握中国经济发展阶段变化后出现的新特征，及时调整策略、采取应对措施。

本章基于探究适合现阶段中国经济发展的模式和战略这一目标，首先，将从当前中国处于工业化中期阶段的实际情况出发，总结过去 40 年经济发展的经验；其次，通过与国外典型经济发展模式进行比较分析，探究发达国家成熟的市场经济模式；最后，结合发展经济学理论对政府干预与市场主导的分歧，提出政策引导国内产业发展的相关建议。

第一节　经济发展阶段与工业化阶段的划分

关于经济发展阶段的划分，最著名的当属库兹涅茨（Kuznets，1971）对各国现代经济增长的分析以及罗斯托（Rostow，1959）的增长阶段论。苏永强和沙景华（2009）基于库兹涅茨的经济增长统计模型，从人均收入水平、产业结构演变、劳动力就业结构和城市化水平四个方面，研究得出我国西部地区经济发展已经超越了库兹涅茨模型中的工业化前的准备阶段，进入了工业化的初期阶段。王小刚和鲁荣东（2012）认为需要在两个方面对库兹涅茨理论进行修正：一是不应把工业占经济总量的比例的上升作为测量工业化进程的主要指标，推进工业化不仅是扩大工业规模，还对加快现代服务业工业化的进程具有重要作用；二是判断各区域经济发展水平或工业化发展进程要考虑各个区域工业化的多样性，包括区域的资源条件、经济基础和产业分工的差异，要更多地考虑居民收入提高、非农产业就业比例、绿色经济发展等因素。邹东涛（2008）从农村人口比例、城市化水平等因素考虑，并对照罗斯托的经济发展阶段理论，认为中国尚达不到经济起飞阶段，仍然处在为起飞创造前提阶段，即中国的发展阶段仍然处在从传统社会向起飞阶段转变的过渡阶段。周庆华（2011）认为中国的经济特征错综复杂，中国现在的经济是农业社会、工业社会和信息社会或知识经济的混合；中国当前大体上正处于工业化的初级阶段与中级阶段的交替时期，同时带有某些信息化或知识经济的成分。

而关于工业发展阶段划分，最著名的当属霍夫曼等（Hoffmann et al.，1958）的四阶段论和钱纳里（Chenery，1958，1960）的六阶段论。王树华（2008）参照钱纳里的六阶段论，指出我国目前应处于工业化实现阶段的初级阶段；在霍夫曼等的四阶段论中，我国大致处于资本资料工业加快发展的第二阶段。因此，总体而言，我国应处于工业化中期发展阶段。杨海军等（2008）认为，中华人民共和国成立初期的工业化并没有伴生相应的城市化，因此霍夫曼系数法并不能直接适用于对我国的工业化阶段的判断，需要引入农村人口比例这一变量对霍夫曼系数法进行修正。陈一鸣和全海涛（2007）依据钱纳里工业发展阶段划分理论、政府政策及经济体制、国际环境三方面内容，将中华人民共和国成立后工业化发展阶段划分为四个：优先发展重工业阶段、消费导向型工业发展阶段、全面市场化转型阶段、新型工业化阶段，并认为自 2002 年进入新型工业化阶段以来，我国已经处于工业化中期阶段。牛文涛（2008）依据钱纳里工业化阶段的标准模式，选择以购买力平价方法计算的人均国内生产总值为测度指标，认为我国 1978～1985 年为初级产品生产阶段，1986～1993 年为工业化初期阶段，1994～2002 年为工业化中期阶段，2003 年至今处于工业化后期阶段。陈佳贵（2008）从经济发展水平、产业结构、工业结构、空间结构和就业结构方面对中国省域工业化水平进行评价研究，结果显示 2005 年全国处于工业化中期后半阶段，其中东部 10 省（自治区、直辖市）已经进入工业化后期前半阶段，东北 3 省处于工业化中期前半阶段，中部 6 省（自治区、直辖市）和西部 12 省（自治区、直辖市）则处于工业化初期后半阶段。

关于经济发展阶段的划分，世界银行专门以人均国民收入为衡量指标，对全球各国家和地区进行收入分组，从而区分各国家及地区经济发展水平。世界银行在2011年7月更新的收入分组标准中，将人均国民收入在1005美元以下的国家定为低等收入国家；将人均国民收入达到1006～3975美元的国家定为下中等收入国家；将人均国民收入在3976～12 275美元的国家定为上中等收入国家；将人均国民收入达到12 276美元及以上的国家定为高等收入国家。而中等收入陷阱（middle income trap）的概念由世界银行在2016年的《东亚经济发展报告》中提出，其基本含义是：一个经济体在突破人均国内生产总值1000美元的贫困陷阱后，将迅速向1000～3000美元的起飞阶段过渡；但是，一旦进入人均国内生产总值3000美元的阶段后，快速发展中积聚的问题和矛盾将集中爆发，自身体制与机制的更新进入临界，很多发展中国家在这一阶段难以克服自身矛盾或者因发展战略失误以及遭遇外部冲击等影响，致使经济增长回落、经济发展出现长期停滞，陷入中等收入陷阱。中国既已步入中等收入国家行列，而如何突破中等收入陷阱，实现经济快速、可持续发展成为当前中国经济发展面临的重要研究课题，国内经济学研究者已经开始进行有关问题的研究。

蔡昉（2008）认为如何解决收入差距过大的问题，是中国从下中等收入向上中等收入迈进的过程中所面临的一个重大挑战。通过扩大就业，提高劳动者报酬在初次收入分配中的份额，可以促使消费需求驱动的增长，改变过分依赖投资和出口的增长，从而促进经济增长方式的转变，保持经济增长动力的可持续性；把握好再分配政策的实施力度和限度，提高社会保障和社会保护的效果，可以解决收入分配中不公平的问题。马岩（2009）根据不同收入水平国家的地理分布和变化特点选取了拉丁美洲、资源立国型国家（中东和俄罗斯）和东亚等具有代表性的中等收入国家作为研究对象，把影响其发展模式变化的六个重要因素分为三个层次，其中最重要的顶层因素是政府积极、有效和及时发挥资源配置职能。乔榛（2010）认为我国面临着一些类似于其他中等收入国家的中等收入陷阱风险，其中经济发展中潜在的最大风险是产业结构调整困难，调整我国产业结构将成为我国经济增长新动力构造的突破口。胡鞍钢（2010）认为，当前中国经济的主要矛盾是经济结构和发展方式问题，所以应该转变国内生产总值盲目崇拜和唯经济增长的发展思路，加快经济社会转型，谨慎地选择变革方式，在跨越中等收入陷阱的过程中，实现经济与社会净福利最大化和各类发展成本最小化。

综上所述，国内学术界关于经济发展阶段与工业化阶段划分问题的研究主要是根据国外有关理论，并通过构建各种经济指标，如人均国民收入、产业结构比例等，来判断中国经济发展所处的阶段以及中国工业化发展所处的阶段。这类研究得出的一个基本结论是中国经济总体上已经进入工业化中期阶段，正在向中后期阶段迈进。

第二节　各国经济发展模式的比较研究

目前中国已经进入工业化中期阶段，有必要针对现阶段的中国经济发展模式与国外典型经济发展模式进行比较分析，这样有助于我国借鉴发达国家成熟的市场经济模式的成功经验，为探究中国经济发展模式和战略提供有益的借鉴，避免中等收入陷阱。总结中国改革开放以来经济发展的主要经验，有助于正确认识中国国情，有助于针对新时代中国特色社会主义发展需要，制定适合中国实际情况的发展模式和战略。

一、国外经济发展模式比较

（一）北欧国家经济发展模式

作为发达国家中的后来者，瑞典、丹麦、挪威、芬兰这几个北欧国家，从20世纪二三十年代起，选择了一条与众不同的"中间道路"。在近一个世纪的时间里，这几个国家在实现经济长期稳定发展的同时，也实现了社会的和谐与稳定，形成了北欧模式。

从经济制度的形式和属性看，北欧国家实行资本主义制度，企业所有制形式以私人经济为主，但是，国有经济都占据一定比例，股份制企业发达，是典型的多种所有制并存的混合经济体制。北欧国家政府通过财政、货币、就业、收入、贸易投资和外汇等宏观经济政策，对国民经济进行宏观指导，对缩小贫富差距、保持经济增长、稳定价格水平、维持充分就业产生了较大作用，是北欧经济发展模式的重要特点之一（韩保江，2008）。因此，北欧国家是典型的福利国家，社会保障制度以标准高、平均化、范围广、制度化和政府全面承担为特点，但是社保基金的入不敷出和"福利病"的日益严重也是不可回避的问题。

北欧国家经济发展模式的成功与其人口不多、民族和谐有关，确有其得天独厚的自然、社会、历史条件，但北欧模式的成因并不主要在于它的一些特殊条件，而在于北欧国家的经验是一种平衡的经济、社会、文化发展方式，目标是促进全面的福利改进，因此，北欧模式对于中国实现建成小康社会、落实党的十九大提出的实施精准扶贫战略等均具有参考价值。

（二）美国经济发展模式

赵宏（2009）认为，以美国为代表的新自由资本主义发展模式，崇尚自由主义和充分竞争，主张资源配置全部由市场来进行，政府决策被限定在最小范围内。该模式因美国在战争、自然资源和货币上获得了独一无二的机会与优势而难以复制，其长年巨额的贸易赤字的弊端也相当明显。曾铮（2011）从经济发展源泉、经济发展体制和经济发展特征等三个方面，将美国经济发展模式概括为创新型模式。创新、科研投资、人力资本投资和国内消费是美国经济发展的源泉。美国通过人力资本积累以及研发投入快速提升了全要素生产率；同时，生产能力的提高以及技术、金融的创新，促使消费产品以及消费融资模式供给多样化，从而充分挖掘了国内消费潜力。这是美国经济发展模式中较有代表性的一个特征。实行自由企业制度、市场经济遵循平等竞争原则、建立完善的市场体系、减少政府干预程度等，是美国经济发展体制的主要特征。创新型模式使得美国经济发展呈现以下特点：消费率较高，同时储蓄率和投资率较低，对外账户经常项目逆差、资本项目顺差，服务业发展十分迅速。

（三）日本和新加坡经济发展模式

周茂清（2003）从工业化国家发展对外经济联系形式的不同，将日本的经济发展模式划分为外贸主导型模式。日本在第二次世界大战后完成工业化的过程中，为了限制外国竞争，保护本国产业，采取了一些政策措施：第一，优先发展重工业，实行资本品的进口替代，以减少进口需求。第二，大力振兴出口，带动经济增长。第三，动员国内储蓄，限制外商直接投资（foreign direct investment，FDI）。曾铮（2011）认为外贸主导型模式，使得日本在 20 世纪六七十年代初期，实现了人均国内生产总值达到 4000 美元左右水平的目标，基本完成了工业化进程，跨入了成熟经济阶段的门槛。但是，日本经济仍旧存在着产业竞争力不高、增长模式过度依赖于设备投资和出口拉动、经济高速增长导致生态环境遭到破坏等许多问题。面对这些经济困境，日本政府开始改变基本经济发展战略，采取措施，以寻求经济发展方式的转变：大力培育自主创新能力；实施收入倍增计划；积极构建节能环保型经济。李晓娣（2006）从产业结构转换的角度，将新加坡发展成为新兴工业化国家的历程分为了五个阶段：转口贸易阶段，进口替代工业阶段，劳动密集型出口工业阶段，资本、技术密集型出口工业阶段，以知识经济为主的产业结构阶段，并指出新加坡在产业政策、人力资源、全球经济视角的战略调整方面值得学习和借鉴。

（四）拉美国家经济发展模式

北美的墨西哥、中美洲、西印度群岛以及南美洲，总计 33 个国家和地区属于拉丁美洲，拉美国家发展模式依次经历了初级产品出口型发展模式、早期进口替代发展模式和后进口替代发展模式。19 世纪七八十年代，初级产品出口型发展模式开启了拉美的工业化进程，出口部门的繁荣带动工业及社会生活各个领域的发展，使拉美经济出现了前所未有的大幅度增长（刘婷，2001；韩琦，2002，2003），但它的弊端也是显而易见的，即当世界市场对初级产品的需求和价格呈下降趋势时，由于初级产品的供给和需求的弹性低，拉美国家的初级产品出口收入出现波动的频率和幅度较大（江时学，1996）；到 20 世纪 30 年代，拉美国家的发展模式转为进口替代发展模式；60 年代，拉美国家进一步将进口替代发展模式向纵深推进，但始终未能完成从内向工业化到外向工业化的转变；70 年代的石油危机和 70 年代中期拉美的债务危机，导致拉美陷入严重的经济危机。在新自由主义思想和美国政府的影响下，拉美国家采取后进口替代发展模式，从而摆脱了"失去的十年"的阴影，形成了以发展资源加工工业为主和以发展出口加工装配工业为主的两种新的生产专门化模式（苏振兴，2001），但贸易自由化、金融自由化、市场化和私有化带来诸多缺陷，如贸易逆差扩大、金融危机频频发生、对外资过度依赖、失业严重、收入分配不公平等。陈彩娟（2009）认为，阿根廷、巴西、智利等拉美新兴工业化国家，分别于 1992 年和 1997 年超过或接近人均国内生产总值 5000 美元后，纷纷落入"拉美陷阱"，普遍出现金融危机、生态恶化、社会动荡、经济滞胀等现象，其经济社会发展特征主要有经济增长停滞、经济安全受到冲击、基尼系数提高、社会治安恶化。

二、华盛顿共识与北京共识

1990 年由约翰·威廉姆逊（Williamson，1990a，1990b，2000）针对有关拉美国家经济调整中已经采用和建议采用的政策主张进行总结，提出基于经济自由思想的华盛顿共识（Washington consensus）。因为讨论有关问题的会议由国家经济研究局（National Bureau of Economic Research，NBER）组织，而该机构的总部、美国财政部以及广泛参与拉美经济改革的国际货币基金组织均设在华盛顿，所以有关的共识意见称作华盛顿共识。这一针对新兴拉美经济体完善经济发展战略的"策略清单"主要包括：财政赤字预算控制；公共开支应侧重卫生教育基础设施；扩大税基，公平税率；金融业自由化，放开利率；统一的利于出口的外汇兑换率；国际贸易自由化，降低关税，消除贸易壁垒；消除对外资限制，促进公平竞争；国有变私有；产业准入限制放松；私有产权保护。华盛顿共识的核心内容是主张政府的角色最小化、快速私有化和自由化（Stiglitz，1998）。

华盛顿共识自提出以来受到很多挑战，例如，斯蒂格利茨认为华盛顿共识的危害在于形成了一种教条，其之所以广为流传只是在于简单明了、重点突出、便于操作，即只要掌握了几个最主要的经济指标，如通货膨胀率、货币增长率、利率、财政赤字和贸易赤字，便可给出系列的政策建议（Stiglitz，2004）。拉美经济的现实发展表明遵循华盛顿共识的政策主张根本无法帮助有关国家摆脱发展停滞的困境。东欧转轨经济国家休克疗法的失败、亚洲金融危机中以国际货币基金组织为代表的国际金融机构政策上的失误和反全球化运动的兴起，都使人们对华盛顿共识产生怀疑。

中国经济的高速发展和国际金融危机的爆发促进了学术界对以华盛顿共识为代表的新自由主义经济发展模式的反思。美国《时代周刊》高级编辑、高盛公司资深顾问乔舒亚·库珀·雷默（Joshua Cooper Ramo）在一篇调查论文中指出：中国通过艰苦努力、主动创新和大胆实践，坚决捍卫国家主权和利益，循序渐进和积聚能量，并在保持独立的同时实现增长，这是中国取得成功的关键，中国的创新及按照自身特点和想法寻求发展的模式，值得其他国家仿效摸索出一个适合本国国情的发展模式。他把这一模式称为北京共识（Ramo，2004）。

自国外学者提出北京共识后，国内学术界也开始关注北京共识和在其基础上引申、发展的中国模式的有关问题，并围绕相关概念提出的背景、原因以及所涉及的问题和范畴等展开讨论，得到的基本共识是目前尚无一个内涵明确的中国模式（俞可平和庄俊举，2004；俞可平，2009）。北京共识或中国模式的提出让国内一些学者认为它是中国成功经验的高度概括和独特模式，可以为广大发展中国家提供有益的借鉴。赵晓（2004）指出相对于欧洲价值观和后华盛顿共识，北京共识才最有可能对华盛顿共识形成新的强有力的挑战，成为全球既不认同计划经济，又不接受华盛顿共识，而是试图探索第三条道路的发展中国家和转轨国家的一面思想旗帜。但也有学者不认同北京共识或中国模式的提法。姚洋（2008）认为中国经济过去30年所创造的非凡成就并不意味着中国创造了新的经济增长模式，因为中国改革基本上是沿着建立市场制度的轨迹走的，中国在过去30年所追求的目标与华盛顿共识所提倡的经济政策相比几乎没有差距。但他同时认为，拒绝中国模式不等于说中国没有经验可谈。黄亚生（2012）并不认同中国模式的优越性和独特性。因为从全球视角来看，针对新兴经济体国家，尤其是针对印度、巴西等的经济政策、发展路径以及政治制度等所进行的比较研究表明：中国模式并不独特，无论从成功经验（东亚模式）或发展欠缺（拉美模式）的角度，还是从历史和现实的角度进行对比分析，中国发展的大方向和原则与西方体制没有实质区别，而中国所拥有的只是中国特色的道路，即立足自己的国情，选择适合自己的方式去实现这些基本的发展原则。

与华盛顿共识相比，中国在公司治理、法律和金融等领域的制度还有待完善，并且中国模式所进行的改革措施是非传统的甚至与标准的政策建议直接相悖（Weitzman and Xu，1994）。Rodrik（2006）把中国和印度在20世纪90年代实施的政策措施与华盛顿共识进行对比，认为其政策与传统的政策背道而驰：

贸易保护程度很高，私有化不足，实施粗放式的工业政策以及宽松的财政和货币政策。他认为两个经济体几乎不能看作应用华盛顿共识的例子，也许只有那些令人沮丧的失败事实而不是他们的成功，才能为华盛顿共识的政策提供更有利的证据支持。

三、中国经济发展的主要经验

中国在过去 40 年取得的经济成就，一方面是借鉴了发达国家成熟的市场经济模式和东亚及拉美在经济发展模式与战略方面的经验，另一方面是中国坚定地走有中国特色的社会主义道路、在经济领域实行渐进式的或增量的改革措施和政策；政府在经济发展中的作用由完全主导转变为适度干预；基于经济分权的地区改革试验。

（一）政府逐渐减少对市场的直接干预

中华人民共和国成立后，中国经济在三年的时间里得到恢复后，在苏联模式的影响下开始进入计划经济阶段。尽管计划经济制度使得中国的经济增长表现明显超过巴西、埃及、印度等人口稠密的发展中国家（Morawetz，1978），但是因为政府完全主导了经济决策、监督和实施，而政府信息不充分和管理能力有限，限制了政府决策的科学性，增加了监督实施的成本，所以计划经济的缺点凸显，即非经济目标导向的政策、制度上的缺陷和激励机制的缺失。于是政府失灵的代价便是经济波动大、结构失衡、生产力停滞不前和低生产效率导致的资源浪费严重（Brandt and Rawski，2008）。

1978 年的改革开放是政府经济职能转变的开端，政府开始逐步通过改革减少对经济的直接干预的范围和力度。首先，政府权力退出了对农业生产的直接干预，在土地集体所有的前提下，实行家庭联产承包责任制，使得中国农业得到恢复和发展，特别是成为 1978～1984 年农业产出增长的主要原因（Lin，1992）。随后，政府又通过对部分生产资料的供应和定价实行双轨制，降低对市场商品价格和经营的直接干预，使得市场调节的范围越来越大，而这种市场导向的价格改革和对从价格变动中寻求利润的限制的部分解除，给经济快速增长提供了主要动力。直到 1992 年，计划与市场何者为基础和主体的观念问题才得到根本解决，市场经济改革目标也得到确立。Brandt 和 Rawski（2008）认为，中国的经济增长以及改革的成功，归功于激活了激励机制、要素流动性、价格弹性、竞争与开放等若干个经济中的重要元素，未来将继续在其他领域，如投资决策、资本市场和所有权转移等，进一步推进市场化的改革。但是，东亚和拉美的发展经验以及 2008 年由美国次贷危机引发的全球性金融危机，说明了在减少政府失灵推进市场化的同时，也要清楚地认识到市场失灵的危险性和政府干预经济的必要性。

（二）经济分权与地区改革试验

Xu（2011）认为中国的经济改革轨迹是沿着中国现有的体制进行的，中国的改革所带来的卓越成效与一系列问题都与这种地区分权式体制或分权式改革有关。分权式改革的特点是政治权力的集中与经济权力的地区分化相结合。有别于典型的计划经济，中国授权各地方政府在其管辖范围内对经济活动进行管理，地区经济相对独立（self-contained），地方政府承担了一系列的职责：执行并协调改革、提供公共服务以及在其管辖范围内制定和实施法律等，而中央政府只对中国经济的一小部分进行直接控制。中国在经济领域的分权式改革，使得中国形成了一种复合地区型（multiregional form，M 型）经济激励结构（Qian and Xu，1993；Maskin et al.，2000；Qian et al.，2006）。这种激励结构使得各地区在各自管辖范围内被赋予较高程度的经济自治权，在地区之间的经济结构相似、地区之间相互依赖降低的情况下，展开类似锦标赛的竞争。而要夺取的锦标便是可以用来考核官员政绩的国内生产总值增长，由此就形成了使地方政府发展经济的有效的激励机制。这种为增长而竞争的激励成为中国政府推动经济增长的动力源泉（王永钦等，2007）。

在经济分权的条件下，地区改革试验（regional reform experiment）使中国可以在政治和技术阻碍下实行初步改革，降低改革对中国经济影响的不确定性（Xu，2011）。在经济分权的结构下，地方政府在管辖范围内拥有一定经济自治权，因此在地方进行地区改革试验的影响将局限在特定的范围，即对于改革的控制将更具弹性：当改革在一个地区成功后就可选择扩大试点，若失败也不会影响其他地区进行更多试验。经济特区（special economic zone）的建立就是为实现对外开放的发展战略所进行的重要的地区改革试验之一。1979 年由广东省提出在深圳和珠海设立经济特区先进行试验，并在试验成功后推广到其他城市或地区。1980 年中央政府决定对广东和福建两省实行对外开放的特殊政策，随后批准在深圳、珠海等四市试办以市场调节为主的区域性外向型经济形式的经济特区（吴敬琏，2009）。在第一批经济特区取得成功的事实支持下，中央政府将试点扩大到更多的城市和地区。20 世纪 90 年代初，出口和外商直接投资的快速增长证明了经济特区的改革是成功的。1978 年前，中国几乎没有外商直接投资进入，也几乎没有贸易顺差和外汇储备，但是中国目前已经成为最大的外商直接投资东道国之一，成为最大的贸易国之一，并拥有世界上最多的外汇储备，而经济特区的设立成为这一改变的契机。经济特区的建立不仅对中国的外商直接投资和贸易产生重要影响，还是中国对全球经济产生最大的直接影响的改革措施（Xu，2011）。

　　然而，我们必须认识到，经济分权中以国内生产总值为主要激励与考核指标会导致地方政府过于依赖以投资拉动经济增长的方式，从而使得经济增长受制于投资效率低、资源短缺等问题；而通过地方改革试验在对外开放战略取得成功的同时，也应该看到过于依赖以出口拉动经济增长的方式，将使得经济增长受制于国外的需求和经济状况，例如，次贷危机和欧债危机使得中国出口遭受较大冲击，以至于对中国经济产生不利影响。未来中国经济的可持续增长需要以技术进步与创新作为动力来源，将更多的资源分配到技术进步与创新活动上，在提高投资效率的同时，也有助于提高中国企业及其产品和服务在国际市场上的竞争力。

第三节　工业化中期阶段中国经济发展的模式和战略

　　探究适合现阶段中国经济发展的模式和战略，需要立足于中国实际情况以及中国过去 40 年经济发展的经验，并结合对其他国家经济发展模式的研究。本节将总结不同经济发展模式和战略运用的经验，结合发展经济学理论对政府干预与市场主导的分歧，提出政府发展国内产业的相关建议。政府应该进行适度干预，遵循比较优势的发展战略，依据现有的要素禀赋结构来进行技术创新或技术引进，发展国内产业。

一、经济发展模式与发展经济学理论

　　与经济发展模式有直接关联的是经济发展战略，在经典的经济发展理论中，出口鼓励发展战略和进口替代发展战略是从经济开放度的视角上的最为著名的战略区分之一。出口鼓励发展战略就是采取各种优惠政策推动出口工业的扩张，以此带动整个经济的发展；进口替代发展战略就是通过培育和壮大本国优质工业来推动经济发展。

　　基于对经济学单一性、市场机制与政府干预和国际贸易自由化等问题的不同认识与政策主张，发展经济学出现了结构主义和新古典主义两派理论。结构主义认为不存在单一的、适用于所有国家的经济发展理论，而新古典主义则坚持经济学的一致性与普遍适用性；结构主义认为发展中国家经济结构存在刚性，倾向于政府干预市场，新古典主义则倾向于对市场机制的信任；结构主义否定传统贸易理论，主张贸易保护主义，新古典主义则主张自由贸易主义。

　　本书可以把几种代表性的经济发展模式在由经典理论构建维度和经济发展战

略维度组成的二维图上进行对比。如图 1-1 所示，新古典主义与结构主义分析取向因对政府主导与市场主导的分歧而形成鲜明对照，华盛顿共识位于"新古典主义＋市场主导"的象限内，在经济开放问题上倾向于出口导向；东亚模式则位于"结构主义＋政府主导"的象限内，同样，在经济开放问题上积极追求出口导向。而位于坐标下半象限的拉美模式，无论早期经典形态的"进口替代"发展战略还是后期混合了华盛顿共识政策主张的"后进口替代"发展战略，其在出口竞争力上都明显弱于东亚模式。

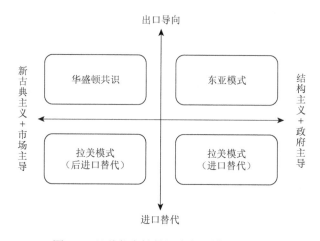

图 1-1　几种代表性的经济发展模式的比较

　　从新古典主义与结构主义在政府主导和市场主导的分歧，以日本和新加坡为代表的东亚模式的成功和照搬华盛顿共识的拉美模式的失败，可以发现发展中国家与发达国家在经济结构上普遍存在结构性差异，以华盛顿共识为代表的来自发达国家的成功经验和模式，并非新古典主义所坚持的可以适用于所有国家的单一经济发展模式，发展中国家的经济发展战略需要包含政府的适度干预。Lin（2003）将政府的产业发展政策分为违背比较优势和遵循比较优势两大发展战略，结合企业自生能力的角度，为欠发达国家在缩小与发达国家间的差距、实现经济收敛方面的成功或失败提出解释。Lin 认为"亚洲四小龙"的成功在于选择了遵循比较优势的发展战略，它们依据自身的要素禀赋结构，诱导企业进入劳动密集型产业，使其在开放、自由和竞争的市场中充分发挥其比较优势，企业获得自生能力，经济也获得竞争力，从而实现快速的资本积累，为要素禀赋结构升级以及产业和技术结构升级提供基础。

　　资本积累取决于经济剩余或利润和国民经济的储蓄倾向。我国具备很高的储蓄率，但是企业在国际市场中的竞争力并不突出，因此经济剩余或利润的提升空间很大。要素禀赋结构的改变体现在经济体的劳动和资本相对充裕度的改变上，而人均收入则是一个比较好的近似衡量。中国经济发展尽管从总体上已经进入工业化中期阶段，人均收入指标也已经进入中上等收入水平国家的行列，但是通过资本充裕度，即工资率的比较不难看出：中国的要素禀赋结构与高收入国家相比仍有较大差距，因此要实现要素禀赋结构升级和产业技术结构升级，仍然应该坚持遵循比较优势的发展战略。此外，遵循比较优势的发展战略有助于提升企业竞争力以快速实现资本积累、以较低的成本和风险获取发达国家的技术、提高金融体系的效率、保持宏观经济的稳定、缓解收入差距过大对经济的负面影响等，这些都是我国避开中等收入陷阱需要解决的问题，也是我国在工业化中期阶段所需要突破的经济发展阻力。

二、工业化中期阶段中国经济发展战略研究的重点问题

违背比较优势的战略需要较高的成本来弥补与此相伴随的低效率。如果一国可以动用的自然资源、人力资源都较多，那么其经济发展尚可以承受较高的成本，即使是在一定时期内违背比较优势战略也可能带动经济发展。但是，中国经济发展所处的环境及自身特点显然不允许执行违背比较优势的发展战略；进入工业化中期阶段后，中国经济发展所面临的问题也必然会有别于经济起飞阶段，因此，经济起飞阶段所实施的经济发展模式和战略，必须随着国内外环境的变化和经济发展阶段的演进而改变。

（一）对政府及市场在发展战略中的作用及相互关系的重新认识

如前所述，传统上经济发展理论主张通过政府干预措施来促进经济发展，主要是因为发展中国家严重的结构刚性会导致"市场失灵"，然而，20 世纪 70 年代以后，经济学家开始意识到"政府失灵"的后果甚至比"市场失灵"更严重。因此，传统上在经济发展战略中对"政府-市场""非此即彼"两者取其一的思维和研究方式开始发生根本性改变，政府与市场的关系不应该是互斥的，而应该是相互补充的。在反思"华盛顿共识"政策主张失败的过程中，有学者提出政府的角色不应该定位成"超然"的状态，即仅以维护宏观稳定为终极目标，政策工具限于补贴或者"庇古税"（Pigovian taxes）等造成扭曲较小的政策工具。政府应该与市场私人部门有更多的互动，"融入"连接政府与市场的社会纽带中，除了在发展战略、发展方向上进行规划，政府还应关注私人部门行为主体的诉求。因此，在工业化转型或发展时期，只有既"融入"又"超然"的政府，才是非掠夺的、发展型政府（Evans，1995），才能成为对私人部门有帮助的政府（Lin，2011）。

　　然而，政府对私人部门或企业的帮助，应该遵循比较优势发展战略，即鼓励企业按照现有的比较优势选择其产业和技术并为其提供一定的政策优惠或政策补贴。否则，缺乏自生能力的企业会以政策性负担为借口，不断地、大量地要求政府补偿其损失，这样可能会导致企业经营状况和效率得不到改善，政府也付出了远高于政策性负担所支付的成本（Lin，2003）。此外，也有学者指出政府过多地关注和参与私人部门的经济活动，极易产生腐败、滋生"裙带资本主义"（Wade，1998；Stiglitz，2001），尤其是进入工业化中期阶段以后，经济体系中已经出现了各种相对优势的产业或部门，政府就可能被强势的私人利益部门捕获（Grossman and Helpman，1996；Engerman and Sokoloff，1994）。为了避免政府被利益集团捕获，经济发展战略和策略关注的重点不应放在特定的产业或部门上，而应放在有利于产业升级、技术进步的具体活动中（Rodrik，2004）。这种策略倾向显著地有别于传统结构主义发展战略，因为不管是出口导向型战略，还是进口替代型战略，政府都有明确的关注、支持的重点。因此，进入工业化中期阶段后，中国的经济发展导向也应该考虑改变工业化初期阶段的策略倾向，更多地关注战略措施的过程或具体经济活动，而不应过于关注战略措施的结果。

（二）技术进步与创新战略

　　作为知识的一种形式，技术具有一些特殊的性质。企业对研发进行投资并在研发过程中产生的新技术可以分为特殊类技术与一般类技术两种（Grossman and Helpman，1991）。特殊类技术是与某种特殊而具体的产品有关的知识，是针对某一特殊产品的生产或其生产过程的技术，或是针对产品本身的改善所使用的技术。类似于 know-how（知道怎么做的知识或技术，指对某些事物的技能和能力），这种特殊类技术是企业专有的、排他的、隐性的，企业可以通过专利法等法律手段和保密手段来保证获得对这种技术进步与创新的收益。而一般类技术则是近似于在某一行业进行普通产品生产的技术，企业难以控制这种技术知识的扩散，因此具有部分非排他性，创新收益很难为创新企业完全获得，成为某种意义上的公共知识，即类似于 know-what 的知识（知道是什么的、关于事实方面的知识）。因为技术进步与创新过程产生的技术具有这些特征，所以Grossman 和 Helpman（1991）认为这种技术的溢出使得后来者能以更少的资源（更低的创新成本）实现技术突破，由此带来的生产率的提高创造了长期持续的经济增长。

　　技术进步与研发创新是实现经济长期增长、促进经济可持续发展的根本性动力（Romer，1986；Lucas，1990；Grossman and Helpman，1994）。发展中国家在资本存量上与发达国家相比处于劣势，因此发展中国家若要使经济得以持续高速增长并向发达国家收敛，就应通过技术变迁与创新来实现。适宜技术（Atkinson and Stiglitz，1969）理论认为技术是受特定的投入要素组合制约并在"实践中积累"的知识。发展中国家的要素禀赋结构（资本与劳动的比例）可以通过政府对本国储蓄率的提升而人为地改变，从而与从发达国家引进的先进技术的结构相适宜、相匹配，由此就可以使技术变迁速度提高并有利于经济的快速增长（Basu and Weil，1998）。

对于中国来说，技术进步与创新是未来经济持续增长的重要动力。但是如果通过人为地提升要素禀赋结构来迎合发达国家的最先进技术，把改变要素禀赋结构作为技术进步和经济发展的手段，那么技术变迁就要以因企业缺乏自生能力所引起一系列经济问题为代价，这反而会阻碍经济的增长。因此技术变迁是一个循序渐进的过程，那就是按照遵循比较优势的发展战略，依据现有的要素禀赋结构来选择现阶段最适宜的技术进行研发或引进，并随着要素禀赋结构的不断提升，逐渐完成技术变迁以实现技术结构和产业结构的提升。

中国在进行技术进步与创新的过程中采取遵循比较优势的战略，有助于解决技术进步与创新活动带来的一系列问题。

首先，采取遵循比较优势的战略，有利于减少政府对创新企业进行补贴的直接成本和间接成本。创新活动风险很大，失败率也很高，当第一个尝试技术进步与研发创新的企业可能失败或成功时，其成本或收益之间的不对称性以及其为其他企业提供的外部性就需要政府通过一定的政策措施或补贴来补偿，从而减弱或避免因不利的外部性问题而影响经济体系中私人部门的创新活动。如果能够采取遵循比较优势的战略，那么政府扶植和补贴的企业是具有自生能力的，这样能减少补贴的直接成本和间接成本。

其次，遵循比较优势的战略还可以降低引进先进技术的成本。对于发展中国家技术进步和经济发展意义重大的创新活动不仅是发现与创造新知识、新技术的问题，还是通过引进、吸收发达国家已有的先进技术，寻找成本尽可能低、效益尽可能高的生产组织形式或配置模式。这种引进、吸收、改进与再创造显然是有成本的，这其中就包括向发达国家购买专利的成本。当采取遵循比较优势的战略时，发展中国家引进的技术并非发达国家最先进的，但却是最适宜的（所引进的技术的结构与本国要素禀赋结构相匹配）。因此，引进技术的成本就会因为引进技术与前沿技术差距较大而降低（若所引进的技术的专利保护已过期，则成本可能无须支付）。

最后，采取遵循比较优势的战略有助于缓解"潮涌现象"及产能过剩带来的严重后果。与发达国家相比，发展中国家进行技术进步与创新活动时，往往更容易出现"潮涌现象"及产能过剩的问题，以至于可能引发严重的经济和金融危机（林毅夫，2008）。当发展中国家的产业沿着世界产业链由低向高逐步升级时，发展中国家的企业对于经济中既新又有前景的产业容易达成共识，于是资金便如同潮涌一起投向同一个都被看好的产业。待投资完成后，这些互补的投资就可能会导致产能过剩的现象。如果在产业升级时遵循比较优势的战略，那么企业在具有自生能力的情况下，会更多地依靠自有资金而不是银行贷款来进行投资，从而也会更审慎地作出投资的选择，即使投资回报没有达到预期，偿还贷款的能力也会比没有自生能力的企业更强，因此企业亏损、银行坏账等不良后果不会过于严重，不会对经济和金融产生较大冲击。

第四节　结　　论

国内研究文献参考人均国内生产总值、资本积累率和主导产业部门等经济发展阶段划分指标，借鉴霍夫曼系数、产业结构比例和工业结构比例等工业化阶段划分指标，对中国经济发展所处的阶段以及中国工业化发展所处的阶段作出了基本的判断：中国经济总体上已经进入工业化的中期阶段，正在向中后期阶段迈进。在中国跨入中等收入国家行列之际，国内对中等收入陷阱的研究的关注点也与工业化中期阶段经济发展问题研究的重点相似，如通过转变经济增长方式和思路、调整产业结构等策略来保持中国经济增长的动力，以及强调政府有效地发挥资源配置职能的重要性。

对发达国家和发展中国家经济发展模式与战略的相关研究，也为探究中国经济发展模式和战略提供了有益的借鉴。美国通过保持对创新、研发和人力资本的投入，形成了以创新带动国内消费的经济发展模式；日本和新加坡凭借外贸导向型的经济发展模式成功迈入发达经济体行列，同时借鉴美国的经验，逐步完成从产业链的低端向创新和科研等高端的转型。同时，在对其他国家模式的研究中，例如，以华盛顿共识为背景的拉美模式的困境和北欧福利及社会保障制度的困境，也在经济制度改革和社会福利与保障制度改革方面的循序渐进上吸取了一些经验。此外，中国过去40年的经济发展的成功经验，让国内外学者对北京共识和中国模式等概念展开了积极的讨论。概括来说，中国经济发展所取得的成功，一方面是借鉴了发达国家成熟的市场经济模式和东亚及拉美在经济发展模式与战略方面的经验；另一方面是中国在经济领域实行了渐进式的或增量的改革措施和政策。但是，中国的经济发展道路仍然是在不断的经验摸索、总结和积累的过程中前进的，因此学习借鉴国外成功的经验，立足于中国实际情况，探究适合现阶段中国经济发展的模式和战略，解决中国经济发展中的现实问题，也许比模仿华盛顿共识把各种经济政策打包成普遍适用的规则要更务实一些。

总结发达国家与发展中国家经济发展模式和战略运用的成功与失败的经验，

结合发展经济学理论对政府干预与市场主导的分歧，并对几种有代表性的模式进行比较可以得出，以华盛顿共识为代表的成功经验和模式，并非是适用于所有国家的单一经济发展模式，发展中国家的经济发展战略需要包含政府的适度干预。其中，是否选择遵循比较优势的发展战略，决定了这种政府干预的成本大小和成功与否。一方面，政府与市场的企业应保持一种既"超然"又"融入"的关系，既要"融入"又不能被"捕获"，因此要鼓励和引导企业根据自身比较优势选择产业与技术，并把相关政策与战略措施的重点定位于产业升级、技术创新等具体活动和过程上。另一方面，政府选择遵循比较优势的发展战略，有助于缓解"潮涌现象"及产能过剩所可能带来的严重后果，同时可以降低政府因扶植和补贴本国技术进步与创新活动所带来的成本，还可以降低引进发达国家已有的先进技术所带来的成本，从而促进技术进步与创新活动的开展，为工业化中期阶段经济发展提供持续的动力。

第二章　政府引导的发展战略与经济发展的关联逻辑

如前所述，发展战略在经济发展中的作用极为突出。而中国处于典型的政府引导型市场经济体系中，研究经济发展问题更应该关注政府引导的发展战略。近年来，中国经济运行进入新常态，经济增长下行压力巨大、结构性问题日益突出，因此制定和推行适当的主导发展战略，对于改善中国经济长期以来一直存在且持续累积的结构性矛盾，进而促进中国经济可持续平衡增长显得尤为迫切和必要。

事实上，经济发展结构性失衡问题由来已久。自1978年改革开放以来，通过以经济建设为中心的政策导向，社会各界把国内生产总值的快速扩张作为发展经济的首要目标任务。在此目标的激励之下，一方面中国经济取得了举世瞩目的增长奇迹，另一方面中国经济的市场化转型之路因其独特的渐进方式也存在着明显的与改革不同步、不协调的特征。具体来说，为了快速追赶上其他先发国家，中国经济实际上采取了某种非平衡的增长方式和发展战略（郭熙保，2000；刘伟，2016），这导致产业结构不平衡状况持续存在、国民收入分配结构失衡的问题日渐明显，总供给和总需求长期不匹配现象突出。近年来，为适应经济发展新常态，供给侧改革在社会各界达成共识。

为了化解中国经济长期存在的一系列结构失衡问题，从根本上解决习近平总书记在党的十九大报告中指出的人民日益增长的美好生活需要和不平衡、不充分的发展之间的矛盾，必须要从结构性转变上下功夫。本章从政府和市场关联性的角度分析政府发展战略与经济发展的关联性，并分析中国政府推行的发展战略对经济结构失衡的作用机制。

第一，通过梳理古典政治经济学、新古典经济学、凯恩斯主义以及新自由主义经济学派关于政府与市场关系的有关理论，揭示政府引导经济发展战略的理论渊源；通过分析史料和当代学术研究，研究政府引导的发展战略的理论与现实意义。

第二，在分析中国经济发展中的结构性矛盾的基础上，通过国际比较，具体分析中国政府引导经济发展战略的理论及实践。

第三，从深层的产业结构失衡、中层的国民收入分配失衡和表层的需求结构失衡三方面开始讨论，通过对现有文献的研究和整理，层层递进，深入揭示政府发展战略与经济结构失衡的关联性。国内学者主要从中国政府治理结构的某些特征、中央-地方治理结构相关制度、政府的发展战略对本国产业结构的影响等角度分析产业结构失衡成因；从中国的国民收入分配谈判机制，从中国政府治理结构特征等角度分析国民收入分配结构失衡成因；从财政政策、政府支出等角度分析需求结构失衡成因。

第四，总结我国经济发展过程中政府引导和推行发展战略的特征性事实，即1978 年以来，在市场经济转型的过程中，政府一直积极干预经济，采取赶超发展战略以保证经济的增速。在政府的积极干预和治理下，虽然中国在经济增长方面表现卓越，但也在通胀和通缩、过热和过冷之间交替往复，频繁出现的经济波动背后隐藏的结构性问题不言而喻。

第五，本章选取适当的国家或经济体和经济结构指标，以期全面客观地分析比较中国和其他国家或经济体的结构性差异，这样有助于提出工业化后期阶段中国政府发展战略转型的政策建议，有助于中国的整体经济结构趋于平衡。

第一节　政府引导经济发展战略的有关理论

政府与市场的关系是内生于市场经济中的一对主要矛盾，因而，政府经济发展战略有关理论的分歧主要也就体现在政府与市场的界限和作用划分上。

一、古典经济学派的理论分析

古典经济学理论本质上是为自由竞争时期的资产阶级服务的经济理论，关注生产领域以及积累和消费在国民收入分配中的比例关系，强调资本积累对经济增长的重要性，同时承认了消费是社会再生产过程中的必要环节。因而，古典经济学派的理论基础可以集中地概括为萨伊定律，即供给创造需求、生产决定消费。

亚当·斯密以萨伊定律为基础搭建了较为完整的古典经济学理论体系。因为萨伊定律的基本观点是供给创造需求、生产决定消费，并且在经济尚不发达的国家和社会中，供给和生产的确占据决定性地位，所以这一学派的研究重点自然放在供给和生产方面，认为商业周期是对经济均衡的暂时偏离，经济能够依靠市场机制自动调节到充分就业的均衡状态，因此，古典经济学理论主张政府对市场经济采取自由放任的态度，政府只充当守夜人的角色。自《国富论》诞生的大约 150年里，亚当·斯密的经济自由主义思想一直占据主流地位，甚至直到今天，经济自由主义作为一种重要的经济思想流派仍然得到持续传承。

亚当·斯密系统地论述和证明了市场的有效性，其基本逻辑是市场—分工—生产率提高—经济增长的良性循环。具体而言，市场的存在打破了人们自给自足的局面，商品交换促使分工的产生，市场规模越大分工越细；当劳动者集中精力只做某个生产工序或环节时，技术改良或创新的可能性就显著提高了，这有助于劳动生产率的提高；生产率的提高将直接促进经济产量的增加和财富积累，促进人民生活水平和福利的改善；国民收入的增加反过来又扩大了市场规模；如此循环往复。

基于以上理论分析，亚当·斯密在政策层面把政府的角色定位为市场经济的"守夜人"。其宗旨是维护自由和竞争的市场秩序，从而让"看不见的手"充分发挥配置资源的作用。政府要恪守自己的权利和义务边界，直接干预市场运行会损害市场效率，其职能应仅限定在国防、司法与行政、基础设施与公共事业等三个方面。

二、新古典经济学派的理论分析

新古典经济学派由19世纪末20世纪初在英国剑桥大学任教的马歇尔创立，也称为"剑桥学派"，新古典经济学是在继承古典经济学派的基础上融入了边际效用论。简言之，古典经济学的根本关注点在于如何做大经济蛋糕，而新古典经济学的根本关注点在于如何分配既定的经济蛋糕。马歇尔所处的时代，资本主义生产过剩危机时有发生，因而当时继续坚称的供给创造需求、市场经济能够自行调节到充分就业的均衡的基本观点无论在理论上，还是在现实中都明显存在缺陷，为此，作为折中主义者的马歇尔把旧有的生产费用论（生产费用决定产品价值）和新的边际效用论（消费者的边际效用决定产品价值）相结合，形成新古典微观经济学的理论框架，其《经济学原理》突破古典经济学单纯关注生产、供给的传统，兼顾消费者需求和效用分析。

新古典经济学对古典经济学的发展主要体现在方法论上，它沿袭了古典经济学自由放任的基本经济思想，仍然认为市场经济和自由竞争可以自我调节并且认可萨伊定律的基础性地位，具体表现如下（晏智杰，2004）。

首先，充分就业是市场经济的常态，劳动力市场作为市场经济的一个重要组成部分，具备自我调节至充分就业状态的功能，在达到均衡时，劳动供给等于劳动需求，只存在"自愿失业"和因暂时转换工作岗位的"摩擦性失业"。

其次，自由资本市场下的利率能够随着资本供求双方力量的较量而自由涨跌，使得储蓄向投资转化的利率充分发挥调节作用。投资主要由资本需求决定，储蓄则是资本市场上的供给力量，利率对投资者来说是使用资金的成本价格，而对储蓄者来说是供给资金所获得的收益，自由涨跌的利率使得均衡状态下的资本需求（即投资）等于资本供给（即储蓄）。

最后，货币是中性的。货币数量的增加或减少并不能对宏观实际经济变量如实际产出、就业人数等产生影响，只能同比例地上调商品和工资的名义价格。

　　新古典经济学之"新"主要体现在方法论的进步上，形式上采用数学语言和逻辑来证明市场的有效性与均衡的存在。当然，为了便于形式化的分析，新古典经济理论建立在许多极为严格的假设和前提条件上：市场经济中人人皆理性并同质；不存在外部性；可供选择的技术是企业所共知的；信息在市场主体之间是对称的等。

三、凯恩斯主义学派的有关理论

　　凯恩斯的有效需求理论强调总需求对国民收入的决定作用，其理论构建以收入的边际消费倾向递减、资本的边际收入递减、流动性偏好等三个基本心理规律为基础。因为边际消费倾向，有效需求总是不足的，而且总需求决定了社会产品价值的实现程度，所以实际国民生产总值总是低于充分就业时的国民生产总值。因此，凯恩斯主张必须对社会有效需求进行调控和管理才能使国民收入达到市场均衡水平。

　　凯恩斯经济学的兴起引来众多追随者，其中，两个影响力较大的分支是新古典综合学派（新古典微观经济学和凯恩斯宏观经济学的综合）以及新剑桥学派。具体而言，凯恩斯在分析消费投资的适宜比例时，需建立在定义消费和收入之间关系的基础上，凯恩斯最初的绝对收入假说认为居民消费取决于当前收入，而新古典综合学派则发展了绝对收入假说，提出生命周期假说，认为居民消费的决定会考虑长期收入，即居民个人会在更长的时间范围内分配其收入；而新剑桥学派对消费和收入关系的假说则从总量分析转向结构分析，认为消费率取决于两个重要基础，即产业结构基础和收入分配结构基础。一方面，为了实现国民经济达到充分就业均衡，应当努力实现生产结构（投资品部门和消费品部门）与由劳动力结构决定的需求结构相匹配，以此来决定产业结构基础；另一方面，在国民收入总量一定的情况下，整体消费水平取决于国民收入在消费者之间的分配，因此，需要重视收入分配结构基础。

　　总体而言，凯恩斯经济学基于有效需求不足的理论思想，其基本政策建议是鼓励政府干预经济，以提升有效需求、促进产出增长和充分就业。政府一方面要扩大其支出，另一方面要带动私人投资和消费，如减税、增发货币等措施。此外，在财政政策与货币政策的选择上，凯恩斯更倾向于财政政策，尤其是赤字型的财政政策。

四、新自由主义经济学派的理论分析

　　20 世纪 70 年代以后，凯恩斯主义学派所倡导的需求管理政策导致的滞胀问题凸显，新自由主义经济学派的理论主张开始受到重视，新自由主义经济学派以现代货币主义理论和供给学派为主要代表。

现代货币主义针对凯恩斯的绝对收入假说，提出了生命周期与持久收入理论，经济主体的收入可以分为具有偶然和非连续性质的暂时性收入与持久性收入，相应地，当期消费也有暂时性消费和持久性消费之分，暂时性收入和暂时性消费之间往往不存在明确的关联关系，但持久性收入和持久性消费之间有着明确、稳定的关联关系，鉴于总体收入可以划分为消费和投资，相应地，消费投资比例也取决于持久性收入而非当期收入。

供给学派认为导致"滞胀"的根本原因在于依据凯恩斯经济学推行的扩张型需求管理政策，这些政策和措施在刺激消费需求的同时会抑制储蓄从而导致投资率下降，造成长期生产增长缓慢，因此，需求管理政策中宽松的货币政策最终造成通货膨胀失控，出现滞胀。在政策主张方面，供给学派不认同凯恩斯有效需求不足和需求决定供给的逻辑基础，反而强调供给侧的重要性，主张刺激供给和生产应当从两方面发力：一方面，促进经济主体可支配收入的增加，以提升生产要素投入量；另一方面，政府应提供更有效的激励机制，通过新的报酬方案来调动企业和工人的创造性与主动性，提高全要素生产率。

因此，从理论思想和政策主张来看，关于政府与市场关系的思想主要有以下四种。①古典经济学派主张政府对市场经济采取自由放任的态度，政府只充当守夜人的角色，亚当·斯密在政策层面把政府的角色定位为市场经济的"守夜人"，该学派的宗旨是维护自由和竞争的市场秩序，从而让"看不见的手"充分发挥配置资源的作用。②新古典经济学派的基本经济思想还是沿袭了古典经济学派的自由放任，对古典经济学的发展主要体现在方法论上，该学派的宗旨是政府对市场听之任之。③凯恩斯主义学派的基本政策建议是政府干预经济，以提升有效需求。④新自由主义经济学派在批判国家干预主义的同时，主张重返古典经济学的市场自由主义，政府应提供更有效的激励机制，通过新的报酬方案来调动企业和工人的创造性与主动性，提高全社会的效率和效益。

第二节 研究政府引导的发展战略的理论与现实意义

历史研究表明，从 250 万年前至今的漫长时间隧道中，绝大部分时段里世界人均国内生产总值几乎呈水平状，但就在最近 250 年，奇迹发生了，世界人均国内生产总值出现了垂直式的增长，无论西欧国家、西欧衍生国家还是后起之秀日本的经济发展历史都体现了这种增长，在中国这种奇迹发生得较晚，即发生在1978 年改革开放后的 30 多年（张维迎，2014）。那么，垂直式增长奇迹的发动机是什么？人类智力提高、自然资源增加或其他解释似乎难以令人信服，一种可能的解释则是市场经济制度的建立（张维迎，2014）。然而，马克思针对资本主义经济社会运行本质性规律的研究表明：市场经济运行本身孕育着内在矛盾。一方面，市场机制得以发挥和有效运行离不开政府对基本市场规则与秩序的维护；另一方面，如果政府干预，那么往往会影响"看不见的手"发挥其基础性调节作用，因此如何把握好市场力量和政府力量的边界是一个永恒主题。

什么是政府引导的发展战略呢？第二次世界大战后刚刚获得政治独立、经济不发达的国家急于探索如何发展本国经济，"战略"一词便进入经济领域①，迄今为止，经济发展战略已经广泛用于概括各国的经济发展方针和基本原则方面。战略一词由军事领域到经济领域的本质含义未变，只是适用对象发生了改变。同样地，一个经济社会的经济发展全局由各种局部因素构成，通过分析这种局部因素之间的相互影响找出能够决定全局的局部因素和环节，并分析一系列的影响机制，在此基础之上才能做出战略决策。一个经济社会的发展因素错综复杂、相互交织，从地理空间视角看，它由各个地区的经济发展构成；从行业视角看，它由各个行业部门构成；从经济运行过程视角看，它由产出、收入、需求等相互联系、周而复始的环节构成。产业结构往往是在经济结构中起决定性作用的局部结构因素，它决定了国民收入分配结构，而国民收入分配结构又决定了需求结构，遵循此思路，应当把促进各个产业协调发展作为政府引导发展战略的核心内涵。

概括而言，迄今研究发展战略的学者从不同的角度赋予了发展战略不同的内涵，有基于对外开放视角的出口导向型发展战略和进口替代型发展战略，还有基于产业发展的先后顺序视角的全面工业化发展战略和部门优先发展战略（郭熙保，2000）等。其中，林毅夫（2002）把政府发展战略定义为对所有产业政策的总和的抽象与概括，按照产业政策对总体产业结构的激励方向与一国要素禀赋结构是否吻合，政府发展战略分为违背比较优势发展战略和比较优势发展战略。违背比较优势发展战略在后发国家通常表现为赶超战略：发达国家的核心发展结果即拥有大量领先和高端的产业更容易被观察到，后发国家经济落后的原因往往被简单归结为缺乏先进产业并把其作为赶超的主要对象，因而后发国家制定的产业政策在总体上不可避免地偏向激励超越当前要素禀赋结构的产业技术的发展。

研究政府引导的发展战略具有重要的理论与现实意义。

首先，深入研究政府引导的经济发展战略可为转型经济理论和发展中国家的宏观经济理论提供新的经验证据。一方面，政府本身可以视作一国最重要的制度（林毅夫，2010），中国政府的经济发展战略转型对应着中国的经济体制转型（陆

---

① "战略"一词首先出现在军事领域，它的本意是能够决定战争全局的规律性的东西（毛泽东，1991），战争全局由许多局部因素构成，这些局部因素之间相互联系，某些局部因素能够对其他局部因素起决定性影响，因此应抓住这种能够决定全局的重要规律，做出相应的统筹和决策。

铭,2008);另一方面,在当前"调结构"的大背景下,中国不仅是市场经济转型国家,还是开放宏观经济环境的大国。因此,研究政府发展战略的经济结构效应不仅可以为转型经济理论提供新的经验事实,还可以为源自于发达国家经济实践的宏观经济理论中的开放宏观经济大国模型提供新的经验证据。

其次,产业的升级、收入分配的调整、消费和投资关系的协调长期以来都是西方主流经济理论所研究的重要领域。但是,基于发达国家的相关经济理论并不能充分解释中国的消费与投资比例持续失衡、收入分配"国富民弱"、产业结构升级动力不足等结构性失衡现象。从经济运行环境的客观背景条件看,这主要源于发达国家经济运行更多的是市场主导资源配置而非政府干预,因而,以西方发达国家经济运行规律所总结出来的相关经济理论,很少有从政府的角度来解释经济结构的变化的。相对而言,发展中国家尤其是中国政府干预经济的实践较多,关于政府扭曲经济结构的研究文献也较丰富,但现有的相关研究大多是从某类具体的政府行为出发来展开的,大部分研究者并没有有意识地甄别和选取能够影响经济全局的政府行为。但从中国经济的现实情况看,中国的经济结构失衡是系统性失衡并非局部失衡,用某些具体但并不能影响经济发展全局的政府行为来解释当前的经济结构失衡,显然是不全面和不科学的。

最后,深入研究政府经济发展战略也可为其他类似问题的研究提供有益借鉴。与中国的情况类似,许多转型中的发展中国家不仅面临深刻的经济结构调整乃至变革,还经历着持续的制度变迁。

第三节 政府引导的发展战略与中国经济发展的结构性问题

2015年9月27日,习近平在南南合作圆桌会议上发表重要讲话,认为各国要根据自身禀赋特点,制定适合本国的发展战略,要发挥各自的比较优势。中国是典型的政府主导型市场经济体,在中国经济运行进入新常态的当前阶段,经济增长下行压力巨大、结构性问题日益突出,因而,制定和推行适当的政府发展战略,对于改善中国经济长期以来一直存在且持续累积的结构性矛盾进而促进中国经济可持续平衡增长显得尤为迫切和必要。

自1978年中国政府开始推行市场经济体制改革以来,一方面,从总量的角度看,中国经济飞跃式发展,创造了举世瞩目的增长奇迹;另一方面,从结构的角度看,中国经济的增长是非平衡的,产业结构扭曲状况持续存在、国民收入分配结构失衡问题严重、总供给和总需求长期不匹配现象突出,导致中国经济在不同的阶段持续存在各种"病症",经济运行处于"亚健康"状态。具体而言,作为政府主导型的市场经济体,中国取得了举世瞩目的增长和发展成绩,2010年中国国民经济总量跃居全球第二,在世界经济不景气的大环境下还保持了7.8%的高增长率。然而近年来，伴随着美国次贷危机爆发，外部因素叠加内部结构性因素影响之下，结构性矛盾也越来越凸显，中国经济运行逐渐步入增速换挡的新常态时期，与此同时，不同层面的结构失衡问题相互交织和相互影响。例如，中国经济中最明显的结构失衡问题是消费投资比例的不协调，即消费率过低、投资率过高，究其原因，本质上与消费主体（居民）和投资主体（企业和政府）的收入比例失衡有关，而收入结构的失衡往往可以追溯到生产结构的失衡，即生产结构过分偏向于资本密集型产业，这是更深层次的经济结构失衡。

在过去 40 年，因为较多地关注于经济总量扩张，所以往往忽视资源和环境的约束，中国经济长期运行在粗放式增长的路径之上，具体体现为供给端依靠大量要素投入、需求端依靠出口导向和各种人为刺激。在供给端，与已经基本实现完全竞争的商品市场形成鲜明对比，中国的要素市场依然存在明显的制度性障碍，离市场决定要素资源配置的要求还有很大差距，劳动和资本要素价格长期被压低，从而激励和支持着要素投入的急剧与持续扩张。在需求端，尽管政府长期倡导消费和投资双驱动，但因为居民消费更多地取决于居民收入和消费习惯，不直接受政策影响或者受政策影响较小，所以政府的需求管理很大程度上体现在对投资的刺激上，投资率的不断攀升拉动着总需求的持续增长。因此，政府对供给端与需求端的引导和管理与粗放式的增长模式存在密切的关联性，尽管也极大地促进了总量增长，但经济结构失衡严重，未来增长的可持续性前景令人担忧，主要表现为经济结构失衡使得这种增长模式越来越不可持续、受到的约束日益凸显。例如，持续低迷的消费越来越不能消化持续走高的投资所形成的产能，使得产能过剩；国民收入在各经济主体之间分配的不合理使得广大民众并未充分分享国家经济增长的成果，习近平总书记在党的十九大报告中指出人民日益增长的美好生活需要和不平衡、不充分的发展之间的矛盾日益凸显；资源、环境、人口和创新等因素的束缚，使中国面临产业结构升级动力不足等诸多问题，急需转变发展战略。

关于中国的经济发展中呈现出的结构性问题，不少研究认为作为典型的由政府引导和推动发展的转型市场经济国家，中国经济发展中出现的结构性失衡与政府引导的发展战略有着密不可分的关系。自 1978 年改革开放以来，中国经济开启了持续的市场经济转型和快速工业化之路，政府坚定地把国内生产总值的快速扩张作为发展经济的首要目标任务，国内生产总值"翻几番"是历次"五年计划"或"五年规划"的首要计划或规划目标。在此目标的激励之下，一方面，中国经济取得了举世瞩目的增长奇迹；另一方面，中国经济的市场化转型之路因其独特的渐进方式而存在着明显的改革不彻底问题，为了快速追赶上其他先发国家，中国经济实际上采取了某种非平衡的经济增长方式和发展战略（郭熙保，2000；刘伟，2016），所以在此期间的中国经济积累了不少结构性问题。直到 2008 年美国金融危机全面爆发，中国经济增速换挡需要使得内在的结构性问题更加突出，"调结构"问题已经上升为中国经济转型过程中刻不容缓的任务，也成为当前中国政府经济工作的重中之重。

从整体的经济发展战略角度来看，中国政府引导经济的方式是推行某种旨在促进经济增长的发展战略。因此，中国政府引导发展战略的一个重要体现就是其在推动投资方面所扮演的重要角色（Du et al.，2013），在以国内生产总值增长为中心的发展战略指导下，与凯恩斯经济学派主张的政策措施类似，中国政府自上而下地推动了对基础设施建设的大量投资，既吸引了大量外商直接投资，也创造了对国内上游产业诸多产品（多为资本密集型产品）的需求。同时，因为国有企业是国家和政府意志的重要载体，所以直接投资于国有企业并通过多种方式主导国有企业发展，也是政府发展战略最直接的一个体现。相比之下，因为医疗、卫生、教育等领域的投入并不能立竿见影地拉动经济增长，所以投资支出中与社会福利相关的投资也相对有限，这也是中国政府在引导经济增长过程中广泛关注的一个问题，在很大程度上助推了中国经济中的需求结构失衡问题。

相比较而言，改革开放的前30年如果中国经济中广泛存在的结构性失衡困境与中国政府所引导的旨在促进经济增长、对市场进行直接或间接性干预的发展战略有关，那么，同样以"强政府"著称的东亚模式国家在快速工业化和追赶先发工业强国的历程中，为什么不但经济增长成果显著，而且在经济结构方面没有出现像中国这样严重的失衡甚至其国内经济结构反倒呈现持续优化的趋势（八代尚宏，1994；林毅夫等，1999；曾国安等，2009）？一个可能的直观解释是，尽管同样是强政府主导本国经济增长模式，东亚模式的国家可能采取了与中国有不同侧重点的发展战略，换而言之，东亚模式中的相关国家采取的发展战略可能不同于中国政府的发展战略，那么，东亚模式中的国家又推行了何种不同于中国的政府发展战略？这种战略对于未来中国经济结构转型有何借鉴意义呢？为此，后面还将专门分析东亚模式中比较典型的日本经济发展。

第四节　政府引导发展战略与经济结构失衡的关联性

一国政府所推行的经济发展战略对于该国经济发展前景和内部系统性经济结构起着决定性作用，如果一国的经济结构出现系统性失衡，那么在很大程度上可以归因于政府推行了不合理的经济发展战略。从经济运行过程视角看，经济是由产出、收入、需求等相互联系、周而复始的环节构成的，经济结构失衡分为以下三种：深层的产业结构失衡、中层的国民收入分配结构失衡和表层的需求结构失衡。因此本节从经济运行的三个基本环节即产出、收入、需求（支出）来考虑政府发展战略与经济结构失衡的关联性。

一、政府发展战略与产业结构失衡的关联性

对于究竟是政府还是市场决定一国的产业结构及其演变过程的争论问题，平新乔（2016）认为，产品分类决定产业，产业是由生产同类产品的企业所构成的，因此，产业的基本元素是产品及生产产品的企业。既然产品由企业选择，企业按市场价格和盈利原则选择产品生产的种类与数量，那么，作为企业集聚结果的产业，当然也可以基本上由市场价格机制来决定和调节。因而，产业结构应该由市场所主导。并且，政府在产业结构的塑造和重塑过程中，应该恪守公共服务的角色，政府对于产业投入应该主要限于国防工业、基础设施、战略新兴产业的早期研发和绿色环境工业等产业。与此同时，平新乔（2016）认为，政府可以为企业解决产业结构调整的滞后问题，以及在位企业因为既得利益抵制产业结构重塑的问题。

在产业结构失衡的成因方面，国内的很多学者从中国政府治理结构的某些特征入手进行分析。例如，白重恩等（2004）从地方保护主义在中国区域经济的广泛存在这一现实出发，认为地方保护主义导致了中国的产业结构扭曲地分布在不同区域；钟笑寒（2005）则更加中性地讨论了地方保护主义对于社会福利和效率的分析；有一部分学者分别从中国的中央-地方治理结构相关制度角度进行分析，例如，Young（2000）和陆铭等（2004）认为中央-地方财政分权制度是中国产业结构失衡的重要成因，其逻辑机制在于，地方政府倾向于选择价高利大的产业进行大规模投资，导致各地的产业结构趋同现象严重；也有部分学者认为中国地方政府的国内生产总值锦标赛竞争是产业结构扭曲的成因，其基本逻辑是，地方政府官员受限于政绩考核压力，可能会不顾本地区的比较优势而投资于能创造较大产值的产业，这种行为导致各地的产业结构趋同现象严重，典型的研究学者如周黎安（2004）等。而刘瑞明（2007）、王燕武和王俊海（2009）的研究则在一定程度上调和了财政分权和国内生产总值锦标赛竞争这两种研究视野的逻辑。王燕武和王俊海（2009）的分析表明，近年来导致中国产业结构趋同的关键因素并非地区间相对绩效竞争，而是由国内生产总值增长率等绝对绩效指标带来的晋升激励扭曲。而财政分权下的地方政府有极大的激励来追求对地方财政收益的控制权，这可能有利于地区产业结构的差异化。段国蕊和臧旭恒（2013）从制造业企业的省级面板数据层面，研究了中国式分权背景下地方政府干预对于制造业部门资本深化的影响，认为制造业部门的投资行为在很大程度上受制于其所处的制度环境。财政分权确实对制造业部门的资本深化起到了推动作用。金融信贷的扩张和对国有企业的干预是地方政府干预制造业部门资本深化的主要途径，而且这种影响在中西部地区和东北地区表现得更为显著。

然而，仅仅从地方政府行为的角度分析可能会低估甚至忽略中央政府对一国经济结构的影响，因而，很多学者倾向于从更加宏大的研究视野出发，考虑一国政府的发展战略对本国产业结构的影响。例如，陈斌开和林毅夫（2012）通过理论分析与数值模拟分析发现，政府发展战略是金融抑制和产业扭曲的根本原因。他们的理论逻辑是，一国政府为支持违背本国比较优势的资本密集型产业的发展，通过金融抑制的方式来降低这些产业的生产成本。赵秋运和林志帆（2015）从赶超战略下的金融抑制政策对产业结构扭曲的影响这一视角，分析这一机制对一国在进行经济追赶时陷入中等收入陷阱的影响，他们通过使用跨国面板数据实证检验，发现在政府实行赶超战略时，其更易采用金融抑制政策，这种做法使得本国的产业结构更加偏向于工业部门，从而造成本国的产业结构扭曲，对本国经济增长造成负面影响，从而使得一国易于陷入中等收入陷阱。

二、政府发展战略与国民收入分配结构失衡的关联性

庄巨忠和坎布尔拉维（2013）通过对亚洲各国过去20～30年的经济增长的分析，认为技术进步、全球化和市场取向的经济改革给许多亚洲国家创造了空前的发展机会与财富，但这些机会与财富并没有给亚洲各国的所有人带来同样的益处。其中，高技术工人、资本、城市与沿海地区相对于低技术工人、纯劳动力、农村与内陆地区得益更多。由制度缺陷、市场扭曲和社会歧视等造成的机会不均等使得技术进步、全球化和市场取向经济改革对收入分配的影响进一步扩大。政府应该采取财政政策等有效措施，通过消除机会的不均等来缩小收入差距。具体到中国层面，董法尧等（2016）认为在自由市场体制下，资本的回报率远高于劳动的回报率，贫者更贫、富者更富是难以避免的结果。因而，一方面，政府需要退出初次分配中对生产要素自由流动的干扰；另一方面，中国政府也要坚持社会主义分配正义原则，政府应当积极介入再次分配领域，规范和引导市场行为，确保居民收入差距保持在合理的范围内。刘长庚等（2016）则在包容性增长的理念下构建并测算了改革开放以来中国经济的"包容性增长指数"，认为在改革开放过程中，中国在基本经济制度、市场经济体系和外向型发展模式三者的共同影响下，经济增长的包容性水平不断提升。蔡萌和岳希明（2016）使用中国家庭收入项目调查（Chinese Household Income Project Survey，CHIP）数据计算中国的居民市场收入基尼系数和可支配收入基尼系数，并与发达国家比较分析，发现政府收入的再分配政策效果不明显是我国居民收入分配差距状况比发达国家的居民收入分配差距严重的主要原因。因而，需要从政府层面加大转移支付力度来改善这一问题。

在导致中国居民收入差距过大和居民消费在中国经济总需求中占比过低的因素分析方面，任太增（2011）认为，中国的国民收入分配谈判机制是在政府

主导和企业偏向的制度环境下进行的。住户部门所占份额偏低，政府偏向、企业偏向严重是这种国民收入分配决定机制的必然结果。也有一部分研究从中国政府治理结构特征的角度对此问题进行了分析，例如，马万里等（2013）考察了中央-地方财政分权制度对于收入分配差距的影响，分析表明中国式财政分权是收入分配差距的体制根源。第一，政治激励扭曲了地方政府的行为选择，使收入分配倾向于企业和政府，所以劳动的报酬下降；第二，财政激励进一步扩大了收入差距。上述两个机制的相互叠加使得中国的收入差距处于循环累积状态，进而陷入不断僵化的失衡陷阱。在这种理论逻辑下，要解决中国收入差距过大的问题必须先矫正地方政府的激励机制，理顺中央政府与地方政府之间财-事权错位的情况。汪伟等（2013）使用 DSGE（dynamic stochastic general equilibrium）模型，从国有企业和民营企业在借贷约束与投资扭曲方面的差异角度出发，分析发现国有银行主导的体制内金融融资压缩了中小民营企业的信贷获得能力，导致其减少了对居民部门的利润分配，降低了家庭劳动收入的份额，进而导致居民消费的下滑，这可以解释中国的消费占国民收入比例持续下滑的现象。陈斌开和林毅夫（2012）通过理论分析与数值模拟分析发现，政府发展战略是金融抑制的根本原因。其逻辑在于，为支持违背本国比较优势的资本密集型产业的发展，政府通过金融抑制的方式来降低这些产业的生产成本。在此过程中，金融抑制导致穷人面对更高的贷款利率和更低的存款利率，造成金融市场的机会不平等，使得穷人财富增长更慢，甚至陷入贫困陷阱，故而拉大了居民的收入分配差距。但在比较优势发展战略下，"先富带动后富"的"涓滴"机制将发生作用，促使一国的收入分配格局改善；若政府推行重工业优先的发展战略，则个体财富收敛速度将减慢，收入分配趋于恶化，甚至造成长期两极分化的态势。

三、政府发展战略与需求结构失衡的关联性

现有文献对于中国需求结构失衡的研究不乏从政府发展战略角度进行解释的。史晋川和黄良浩（2011）基于可得的跨国统计性数据，比较各国在经济发展过程中的需求结构变化，总结出中国的需求结构变化特征，发现投资和消费的关键转变时点都与中国的市场经济转型和经济体制改革的重大时点相呼应，并进一步对此做了计量检验，从而得出影响经济结构最重要的因素在于制度和政府发展战略层面的结论，最后在此基础上提出针对治理需求结构失衡的政策建议：政府未来应当采取内生发展战略，即所有的政府行为和政策都要从以增长动力为宗旨转换成以经济发展的内生变量（如居民消费、产业创新）为宗旨。进一步地，吕炜（2004）认为在制度和经济发展战略约束下的财政政策

是经济体制扭曲最重要的体现，他从 1998 年以来财政政策在恢复经济自主性增长方面（如提高居民的边际消费倾向、有效地鼓励私人投资等）的失灵、2002年以来经济增速明显受到严重的结构性制约这两个典型的经济现象入手，进一步分析发现，经济体制转轨和财政政策之间很可能存在强烈的内在联系，即财政政策失效以及结构性失衡的根本原因在于转轨经济体制的背景和约束。因此，要想解决财政政策失灵和严重的结构性问题，最根本的还是要通过改革来消除体制性约束，引入更多市场机制的成分，从而化解资源配置扭曲和结构性扭曲。李永友和丛树海（2006）同样认为财政制度、财政分权体制、财政政策等财政因素是中国经济体制的核心内容和重要组成部分，并重点从财政角度剖析了需求结构失衡的机制。

此外，中国经济具有鲜明的政府主导和投资驱动的特征，因此政府发展战略对于经济的影响很大程度上体现在政府支出领域，而关于政府支出对需求结构影响的实证文献非常丰富（谢建国和陈漓高，2002；李广众，2005；王宏利，2006；杨大楷和孙敏，2009），因为运用的经验数据、处理方法和计量模型都存在差异，所以得出的结论也大不相同。

第五节　政府引导发展战略和中国经济结构失衡的特征性事实

我国经济的增长是非平衡的，在市场经济转型的过程中，政府一直积极引导、干预经济，鼓励特定的发展战略以保证经济的增速。许多市场机制还未完全建立起来，政府对产业的干预较为明显。政府本身作为一种制度，政府发展战略促使中国经济高速增长。但在经济增长的同时，产业结构扭曲状况持续存在、国民收入分配结构失衡问题严重、总供给和总需求长期不匹配现象突出。我国经济中最明显的结构失衡问题是消费投资比例的不协调，即消费率过低、投资率过高，这是中国经济结构问题中长期存在的最表层、最直观的失衡问题。

一、中国政府引导发展战略的特征性事实

放眼世界，市场经济首先带动了其发源地的快速工业化发展和经济结构升级，西起东落的现象使得西方国家成为"发达"的代名词、东方国家成为"落后"的代名词，由此，我们见证了市场机制的力量；随后，市场经济传入东方，日本在第二次世界大战后快速完成了工业化和产业结构升级并加入发达国家的行列，由此，我们见证了政府干预的力量，具有"强政府"特征的东亚模式一度受到广泛关注和肯定。

自 1978 年开始,中国的计划经济逐步向市场经济转轨。与东亚模式十分类似,中国的经济增长过程也有着明显的政府干预特征(林毅夫等,1994;林毅夫和姚洋,2006;张五常,2009):"自上而下"地开启快速工业化进程;以经济增长和经济建设为全国全党工作的第一要务;允许一部分人先富起来等。作为处在经济转型中的国家,中国许多市场机制还未完全建立起来,政府干预和主导特征明显,经济增长目标被提升到前所未有的战略高度。为了实现经济增长,政府所采取的一系列干预经济的政策可以概括为政府发展战略。在任何一个经济体中,政府本身就是最重要的制度,政府发展战略为各经济主体提供了一个有效的激励结构,从而对经济运行产生根本性的重大影响。在政府发展战略的推动下,中国经济创造了举世瞩目的"增长奇迹"。

虽然中国快速工业化的起点非常低,如 1978 年时人均收入只是美国的 1/50,工业体系亦不健全,但是中国快速工业化却以如此低的起点进入了高速增长的轨道,在之后 30 多年里取得了显著的追赶成效(图 2-1),从数据上来看很明显,中国的人均国内生产总值正在加速追赶美国的人均国内生产总值,具体而言,物质极大丰富、人民生活水平不断提高、交通设施日益发达、城市面貌日新月异,翻天覆地的变化贯穿始终,其间,中国不仅完成了从落后农业国向现代工业国的转变,还正在加速赶上美国,现在已成为世界第二大经济体,人均国内生产总值已接近美国的 1/6,中国经济高速增长的持续时间长达 40 年是史无前例的、世界范围内罕见的,自 2012 年开始虽然增速减缓,但也仍然在中高速增长区间,比同时期的其他国家增速高很多。

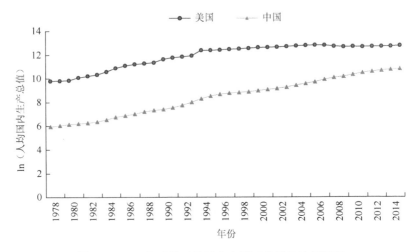

图 2-1　1978 年改革开放以来中国对美国的追赶情况

美国人均国内生产总值、中国人均国内生产总值都以人民币计价然后做对数化处理
资料来源:美国人均国内生产总值来源于世界银行官网,中国人均国内生产总值来源于国家统计局官网

在政府的积极推动和干预下，中国经济增长的成绩显然值得肯定，然而，与此同时，增长波动过大、经济忽冷忽热也是不争的事实，其背后所隐藏的结构性问题不容忽视。

从图 2-2 来看改革开放以来中国经济增长的过程，总体而言，其平均经济增速大概保持在 10%的水平，可以称得上是超高速增长，但是增长率在其线性趋势线上下波动的幅度较大且频率较高，大幅的上升或下降要么是受到了外部性冲击，要么是出于政府的结构性调整。从数据上来看，经济增速存在明显的波动周期（图 2-2）：1978～1981 年，经济增速连续下滑，这是因为 1978 年政府刚刚确立了向市场经济转型的基本方针，开始渐进地增量改革，处于"调整、改革、整顿、提高"的改革起步和试行阶段，以产业结构为核心的经济结构有一个逐步调整和适应的过程，为以后的产业结构升级和高速经济增长打下基础。1982～1986 年，经济增长率连续三年大幅提高后有小幅回落，这一阶段的城市改革以国有企业改革为核心内容，经历了放权让利、利改税两个重要改革阶段，无论政府让渡部分经营权给国企，同时国企职工的工资与企业经营状况挂钩的放权让利，还是旨在促进国有企业利润在企业与政府之间重新分配的利改税，这些对国企的初步试探性改革措施给国企经营引入了更多市场成分，从而初步释放和激发了企业活力，推动了经济增长率的持续上升，与此同时，这一时期支持企业发展的信贷激增、通货膨胀严重，有经济过热的症状，针对这种情况，政府开始实行紧缩的政策，于是，经济增速有所回落。1987～1990 年，经济增速连续下滑，从 10%以上的高位跌落到 4%的水平，主要伴随通货膨胀在这一时期有愈演愈烈之势，政府开始全面治理和采取紧缩政策以遏制这种势头，为过热的经济全面降温。1991～2001 年，跨越了从市场经济体制初步确立的时点到下一个在中国经济市场化过程中具有里程碑意义的时点，即加入世界贸易组织、进入对外开放的新阶段，这一时期的经济增速呈现出先上升后下降最后微升的波动特点，1992 年经济有过热的初步症状，于是政府连续地在 1993 年出台了 16 项紧缩措施、1994 年采取更为紧缩的措施、1995 年两次提高贷款利率，一系列的治理措施有效遏制了通货膨胀和经济过热的病症，但是又"医治"出了其他方面的病症，经济"硬着陆"叠加亚洲金融危机的外部冲击，有通货紧缩的症状，1999 年国内生产总值增速降至这一时期的最低点 7.6%，后来政府又采取一系列宽松的货币政策才缓解了通缩压力。2002～2011 年，经历加入世界贸易组织后的经济过热—政府抑制过热—经济紧缩的波动周期，值得一提的是，2007～2008 年遭遇通货紧缩叠加全球金融经济危机冲击，经济增速显著下降后，广为人知的政府应对国际金融危机-揽子计划财政刺激使得经济增速呈现明显的 V 型反弹。2012 年至今，经济增长转入新常态，政府适度调低了增速目标，不再一味地"保增长"。

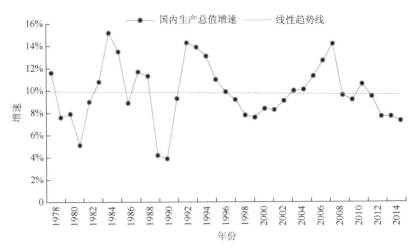

图 2-2　改革开放以来中国经济增长速度的变化过程

资料来源：国家统计局官网

综上所述，1978 年以来，在市场经济转型的过程中，政府一直积极干预经济，采取某种发展战略以保证经济的增速，不可否认的是，中国在经济增长方面的卓越表现不但在经济发展史上，而且在世界范围内都是显著和突出的，然而，也应当看到，在政府的积极干预和治理下，经济不断地在通胀和通缩、过热和过冷之间交替往复，频繁出现大幅波动，其背后隐藏的结构性问题不言而喻，下面详细讨论中国的经济结构失衡问题。

二、中国经济结构失衡的特征性事实

经济结构失衡是一个相对概念，没有严格的定义或量化标准来界定，例如，构建一系列经济结构指标，定义它们在哪些阈值里为失衡。既然失衡是相对而言的，就要找一些参照国家和经济体，拿一些经济结构指标比较中国和其他国家或经济体的结构性差异，才能得出结论。为了更全面和客观，本节主要从两个视角与两种类型的国家进行比较：两个视角分别是相同时期的经济结构比较以及相同工业化或经济发展阶段的比较；两种类型的国家分别是市场机制占主导地位的国家如欧美等国家，以及"赶超"工业化和政府主导型市场经济国家如东亚模式国家。

（一）产业结构失衡的特征性事实

伴随中国经济总量的快速扩张，支撑经济"蛋糕"做大的各组成部分也悄然发生着变化。在产业产出环节，因为1978年向市场经济转轨的同时开始了新一轮的工业化推进过程，所以工业的迅速成长和繁荣成为近40年来支撑经济增长的中流砥柱型产业力量，以制造业为主的工业本身不仅以迅猛之势成为中国产业中的巨人，还带动了第三产业（又称服务业）的较快发展。从数据上看，2012年之前以工业为主要内容的第二产业产值在三种产业中一直占据压倒性份额[①]，并且第二产业和工业的增加值在1978～2013年增速分别为11.20%和11.24%，略高于第三产业的10.73%，农业在所有产业中的份额从20世纪80年代中期开始就不断缩减（刘伟和蔡志洲，2015）。在工业产业内部，明显有工业重型化和偏向资本密集型的趋势，如图2-3所示，重工业作为典型的资本密集型产业，1985年的产值在工业总产值中占比就高达52.9%，并且以较快的速度增加，截至有可比统计数据的2011年[②]，重工业比例已经增加到71.85%。

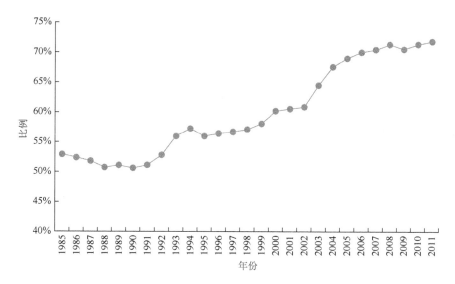

图2-3　1985～2011年重工业产值在工业总产值中的比例

资料来源：1986～2012年《中国统计年鉴》

　　从大的类别来看，农业占国内生产总值的比例已经从1980年的30%降到2012年的10%[③]。发达国家农业通常占国内生产总值的比例为1%～2%，如美国、日本和德国。中国的工业产值占国内生产总值的比例是相对稳定的，1978～2008年占

---

① 由2015年《中国统计年鉴》中的表2-2国内生产总值可知。

② 从2013年下半年起，国家统计局在工业数据发布中不再使用"轻工业""重工业"分类。

③ 根据国家统计局官网的相关数据计算得到。

比一直稳定在 47%～48%①。很多人批评中国的工业占比太高,因为即使在工业鼎盛时期,美国工业占国内生产总值的比例为 37%,英国工业占国内生产总值的比例为 42%。当然后来由于产业转移,这两个国家的工业占国内生产总值的比例下降到 23% 和 20% 左右②。在制造业发达的国家,日本和德国工业占国内生产总值的比例为 28% 和 27%,和 20 年前相比有少许下降②。中国的服务性行业占国内生产总值的比例显著低于美国和其他发达国家,虽然服务性行业已经从之前的 24% 增加到 2012 年的 40%③,但其增长空间仍然巨大,消费型经济转型意味着服务性行业应该比工业和农业增长得更快。

产业结构升级是经济结构调整的一项基础性内容,政府过度干预经济和扭曲资源配置,往往导致三次产业结构存在偏差。政府的积极干预一方面推进了我国的工业化进程的跨越式发展;另一方面因为我国工业化一直是在人均国内生产总值较低的条件下快速推进的,所以偏离了自身的要素禀赋水平和经济发展阶段,生产结构不适应人均收入水平所决定的需求结构,第一产业和第二产业占比过高同时第三产业占比虽有扩大但仍然偏低,遏制了产业链延伸和服务业发展。2006年,中国第二产业比例达到 48% 的峰值④,2013 年这一状况有所改观,第三产业占比首次超过第二产业。

劳动密集型产业、资本密集型产业和技术密集型产业之间的相对比例也存在偏差。因为要素市场化改革不彻底,所以还存在许多非市场化的因素,通过系统性地扭曲要素价格,资本、土地、能源价格被人为压低,客观上形成对企业,尤其是资本密集型企业和国有大型企业的投资补贴,导致生产效率低、增长多靠投资拉动、环境污染、产业结构不合理等相关问题。因此,我国的资本积累速度明显超过国内生产总值增速,这种发展模式曾是中国经济高速增长的源泉,40 年来,我国经济增长对投资的依赖程度日益加深,平均资本形成率从 20 世纪 80 年代的36.1% 升至 21 世纪的 42.6%⑤,未来依靠投资拉动经济增长的空间十分有限。此外,在带有偏向性的金融体制下,激励贷款和投资过多地流向资本与技术密集型产业(对这类产业的投资和贷款通常具有规模大与周期长的特征),那么劳动密集型的中小企业(对这类产业的投资和贷款通常具有规模小与周期短的特征)受惠十分有限。中国人民银行官方网站提供的数据显示,中长期贷款一直是信贷投放的主力,并且呈上升趋势,2000～2014 年,在全部金融机构人民币贷款中,中长期贷款占比从 26.7% 提高到 55.8%。资本和技术密集型产业通常位于距离最

---

① 根据历年《中国统计年鉴》的相关数据计算得到。
② 数据来源于 OECD 官网。
③ 根据国家统计局官网的相关数据计算得到。
④ 数据来自国家统计局官网。
⑤ 从 2013 年下半年起,国家统计局在工业数据发布中不再使用"轻工业""重工业"分类。

终消费端较远的上端产业链条，需要较长周期才能形成生产和供给，极易造成需求和供给的错搭，增加经济波动风险。

政府过度干预产业发展，导致产能过剩和潮涌现象。政府扶持的新兴产业往往是超前发展的产业，受政策导向的影响，企业和投资者在某行业的判断上高度一致，就产生了潮涌现象。从过往经验来看，政策不同程度地存在着非协同性，一方面再三强调要解决产能过剩和重复建设问题，另一方面提出基础设施先行、战略新兴产业规划和区域发展战略，优先行业并非都契合比较优势，这里是产能过剩和潮涌现象的高发领域。例如，2008 年国际金融危机后，为保增长而积极引导和干预的产业几乎都出现了产能过剩问题，传统行业有钢铁、水泥、石化等，新兴产业中最典型的是光伏。

（二）国民收入分配结构失衡的特征性事实

就中国国民收入分配的基本格局而言，存在劳动者报酬过低、资本报酬过高的特征性事实。一方面，劳动者报酬、居民可支配收入、居民收入等指标占比较低；另一方面，代表政府收入的生产税净额、代表企业收入的营业盈余及固定资产折旧等指标占比依然较高。

按照国内生产总值的收入法，国内生产总值是所有劳动者和公司的收入总和，税收和固定资产折旧对于企业来讲是成本，所以它们被加回来以计算国内生产总值。中国劳动者报酬占国内生产总值的比例从 1990 年的 53%下降到 2011 年的 40%，企业年营业收入占国内生产总值的比例从 22%增加到 31%，用收入法计算的国内生产总值是根据各省的数据统计综合而来的，数据起始于 1990 年（陆旻，2015）。相比较而言，美国的劳动报酬长期保持稳定，财政部和劳工部的数据显示，劳动者报酬占国内生产总值的比例为 54%～59%，公司的利润占国内生产总值的比例为 22%～26%（陆旻，2015）。

无论从国际比较的角度，还是从中国自身的国民收入分配格局变化趋势的角度，中国的国民收入初次分配偏向政府和企业，居民收入占比较低早已经是学术界公认的经济发展方面的特征性事实。从国际比较的视角来看，一些学者利用国家统计局自 1992 年以来编制的资金流量表来计算政府、企业、居民等经济主体的收入在国民收入中的占比，与其他国家的收入分配情况进行比较，得出的结论是一致的：无论比较的对象是发达国家还是发展中国家，无论比较的时间是同时期还是相同发展阶段，中国的居民收入占比明显比其他国家偏低，政府和企业收入占据较多的份额。曾国安等（2009）在细致考察中国与日本两国对国民收入分配的核算标准和方法并充分考虑影响核算的其他因素的基础上，比较了中国与日本两国的初次分配格局和再分配格局：一方面，虽然各收入主体在国民收入中的初次占比都是按照居民部门、企业部门、政府部门的次序依次递减的，但是各个收入主体的占比绝对值还是相差甚大，在所考察的1992～2004 年，中国的居民收入在国民收入中的占比平均比日本低 18.7%，相应地，中国企业和政府部门的收入分别比日本高 9.4%和 9.3%。梁季（2012）同样利用中国资金流量表的相关数据，做了更大范围的横向比较，除了中国与日本比较，还把美国、经济合作与发展组织（Organization for Economic Co-operation and Development，OECD）的 23 个国家与中国进行比较，得出的基本结论与曾国安等（2009）的结论是一致的，即中国的居民收入在国民收入中的占比比其他国家明显偏低。

从中国国民收入初次分配格局的演变情况看（图 2-4），总体而言，居民收入一直在国民收入中占比最高，在初次收入分配中，中国的居民收入占比整体上呈下降之势，在 58%～68%不断波动，1996 年达到其历年最高值 67.2%，在之后的10 多年里持续大幅下降约 10 个百分点，2008 年降至 57.6%，之后开始稳步回升，相应地，企业部门收入占比的波动情况大致与居民收入占比的波动情况相反，在整体上呈现波动上升趋势，并于 2008 年之后稳步回落，此外，政府部门的收入占比变化则有持平之势。总之，从数据走势上看，在初次收入分配格局中，居民和劳动所得先下降后上升与企业和资本所得形成对比。

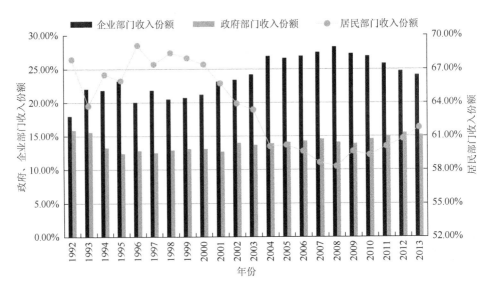

图 2-4　1992～2013 年国民收入初次分配格局

资料来源：2015 年《中国统计年鉴》的资金流量表

从国民收入再次分配的格局看（图 2-5），居民部门收入占比和企业部门收入占比的变化趋势几乎与初次分配时的变化趋势相同，但是企业部门收入占比在整体上有明显的下移，其幅度接近 2 个百分点，而政府部门收入占比在整体上有明显的上升，表明部分企业部门收入转变为政府部门收入。而对居民部门收入占比则相对平稳。

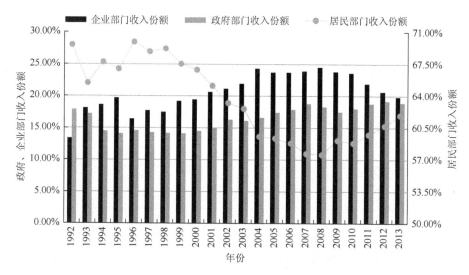

图 2-5　1992~2013 年国民收入再次分配格局

资料来源：2015 年《中国统计年鉴》的资金流量表

　　综上所述，通过国际比较可知中国的居民部门收入占比较低、政府部门收入和企业部门收入占比较高的特征性事实。而从中国历年的收入分配格局来看，劳动收入份额在整体上存在先下降后上升趋势。

（三）需求结构失衡的特征性事实

　　如前所述，中国经济实现跨越式增长和发展的同时，结构性失衡特征明显，在需求层面的结构性失衡，即投资率过高且增长过快、消费率过低且持续低迷也十分突出。无论与市场经济体制健全、自发工业化国家相比，还是与中国发展模式类似、具有"强政府"特征、主动推进工业化的国家相比，都不难发现中国确实存在消费率较低、投资率较高的特征性事实。

　　就经济增长动力而言，通常所说的"三驾马车"消费、投资、出口对经济增长的贡献不平衡，其中，最突出的表现在于内需结构即消费和投资相对大小的不协调，中央政府也针对这种失衡，持续鼓励实行以提升居民消费为主要内容的扩大内需措施。

居民消费具有最终需求的性质，而投资需求则具有双重性，既可形成即期需求，也可在投资后期最终形成产出和供给，消费与投资的比例是否协调决定了宏观经济运行的总需求和总供给是否平衡。

美国的消费率和投资率的波动区间明显不同于中国，具体而言，从中国和美国的可比消费率来看，1978~2014年中国的消费率波动区间在0.35~0.54（图2-6和表2-1），美国的消费率波动区间在0.6~0.7（图2-7和表2-1），显然，中国的消费率运行区间与美国明显不在一个挡位上，显著低于美国的消费率；从中国和美国的可比投资率来看，中国的投资率波动区间在0.21~0.45（图2-6和表2-1），美国的投资率波动区间在0.13~0.21（图2-7和表2-1），显然，中国的投资率运行挡位比美国高。

表 2-1　历年消费率和投资率：中国与美国对比

年份	中国消费率	美国消费率	中国投资率	美国投资率
1978	0.487 880	0.605 194	0.297 842	0.203 004
1979	0.497 849	0.603 89	0.285 040	0.205 045
1980	0.514 815	0.612 961	0.286 916	0.185 188
1981	0.534 088	0.603 395	0.272 238	0.196 574
1982	0.532 325	0.620 000	0.280 951	0.173 692
1983	0.533 845	0.628 487	0.279 826	0.175 229
1984	0.505 848	0.618 259	0.291 622	0.202 960
1985	0.507 307	0.626 383	0.303 897	0.190 857
1986	0.508 682	0.631 432	0.309 399	0.184 981
1987	0.494 821	0.634 902	0.305 904	0.183 196
1988	0.493 814	0.637 189	0.311 541	0.178 388
1989	0.508 274	0.635 028	0.255 897	0.176 697
1990	0.497 406	0.639 775	0.238 702	0.166 148
1991	0.478 988	0.641 432	0.257 576	0.152 948
1992	0.452 521	0.644 671	0.305 561	0.154 910
1993	0.439 040	0.649 977	0.374 681	0.160 902
1994	0.440 871	0.648 670	0.348 989	0.171 916
1995	0.457 743	0.650 331	0.328 059	0.171 905
1996	0.468 407	0.650 367	0.320 725	0.176 798
1997	0.459 326	0.645 955	0.313 892	0.185 352
1998	0.455 791	0.649 452	0.333 318	0.190 919
1999	0.463 418	0.652 858	0.329 524	0.195 04

续表

年份	中国消费率	美国消费率	中国投资率	美国投资率
2000	0.469 536	0.660 431	0.329 383	0.197 748
2001	0.458 250	0.668 728	0.337 986	0.181 57
2002	0.453 017	0.672 658	0.353 505	0.175 359
2003	0.431 725	0.674 633	0.385 419	0.176 175
2004	0.412 006	0.672 918	0.398 507	0.185 476
2005	0.400 668	0.671 628	0.395 330	0.193 001
2006	0.383 362	0.671 483	0.388 631	0.193 463
2007	0.370 309	0.673 489	0.380 836	0.182 606
2008	0.363 646	0.680 336	0.393 976	0.164 744
2009	0.365 616	0.682 933	0.441 409	0.130 254
2010	0.359 234	0.681 765	0.445 642	0.140 387
2011	0.367 117	0.688 837	0.444 904	0.144 343
2012	0.371 274	0.684 023	0.444 606	0.155 472
2013	0.372 645	0.683 680	0.446 009	0.159 933
2014	0.379 161	0.683 988	0.439 582	0.164 860

资料来源：中国国家统计局官网支出法项下的国内生产总值，以及 U.S Bureau of Economic Analysis 官方数据库。

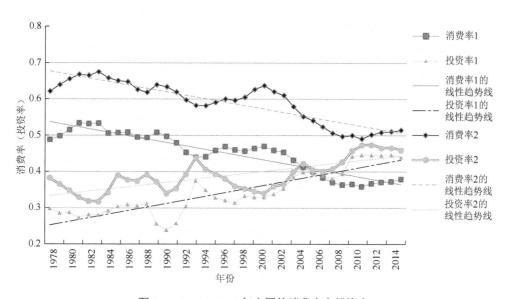

图 2-6　1978～2014 年中国的消费率和投资率

消费率 1 和消费率 2 分别为居民消费和最终消费占国内生产总值的比例，投资率 1 和投资率 2 分别为固定资本形成总额和资本形成总额占国内生产总值的比例
资料来源：国家统计局官网支出法项下的国内生产总值

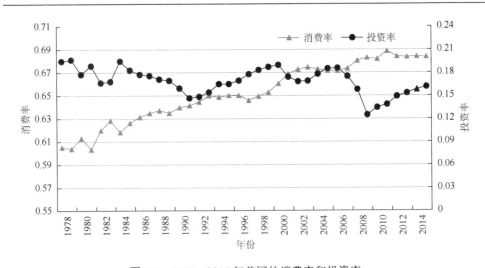

图 2-7　1978～2014 年美国的消费率和投资率

消费率为国内生产总值支出法项下的私人消费支出与国内生产总值的百分比
资料来源：U.S Bureau of Economic Analysis 官方数据库

就消费率和投资率的大致走势而言，中国和美国呈现相反趋势。具体而言，与多数发达国家类似，美国的消费率上升较为平稳，与之相反，中国的消费率无论用居民消费率还是用最终消费率来衡量，都呈现出下降之势；美国的投资率在较剧烈的波动中呈缓慢下降之势，相反，中国的投资率无论用固定资本形成总额占比还是用最终资本形成总额占比来衡量，都呈现上升之势，此外，中国投资率上升的整体速度明显高于美国。

中国的投资有着鲜明的政府投资主导特征（吴敬琏，2008），它直接和明显地受政府政策影响，自改革开放以来，在国内生产总值增速指挥棒和赶超战略的激励引导下，政府投资带动的基础设施建设项目不断上马（Du et al.，2013），其投资规模之大、增长速度之快，创造了"基础设施奇迹"，同时带动其上游产业如钢铁、水泥的迅速扩张，加之基础设施建设的外部性，对经济增长产生了显著的刺激作用。1978 年时中国的投资率（投资率 1）为 29.8%（图 2-6），2014 年上升到44%，尤其值得关注的是，2008 年以来投资率上升速度突然增加，表现为高于改革开放以来的平均上升速度，即 2008 年前后投资率曲线（无论投资率 1 曲线还是投资率 2 曲线）被其线性趋势线穿越，2008 年以前的投资率曲线在线性趋势线下波动，2008 年之后投资率曲线便突然跳跃到线性趋势线之上，表明 2008 年以来的投资率上升速度偏离和高于了其既往的趋势。其原因当然是显然的，应对国际金融危机的一揽子计划对保住经济趋势发挥了积极作用，资金大量流向基础设施建设、房地产、国有企业、地方债务平台，又带动数倍的投资效应，因此投资率在图 2-6 中表现为偏离其整体上升趋势的大幅上升。

比较与中国同样具有政府引导和干预特征的日本经济发展情况，也可以从两个角度展开，一是比较相同发展阶段的中国与日本经济发展情况，二是比较相同时期的中国与日本经济发展情况。

因为日本在 1955 年才恢复到九一八事变之前的水平，所以通常认为它从 1956 年开始了快速工业化进程，进入高速增长的时代，1973 年高速增长时代结束，转向平稳增长时代，直到 20 世纪 80 年代中期完成了工业化进程。中国于 1978 年市场经济开始转轨之际开启了快速工业化进程，迄今为止，按照学界的主流观点，中国正处在由工业化中期向工业化后期转变的阶段，因此，1956～1985 年日本完整的快速工业化过程与中国 1978 年以来的工业化过程具有可比价值。

观察快速工业化阶段日本的消费率和投资率，整体而言是否与中国有明显差异（图 2-8），发现日本居民消费率波动区间在 0.5～0.65，而中国的居民消费率波动区间在 0.35～0.54，虽然日本作为东方国家也有着谨慎和节约消费的传统，但是中国的整体消费率与之相比还是明显偏低；日本的投资率波动区间为 0.22～0.36，中国的投资率波动区间为 0.21～0.45，其整体上行的趋势线斜率明显比日本投资率上行阶段的斜率要大。

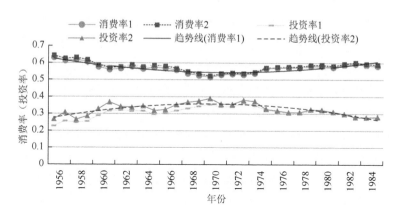

图 2-8　日本快速工业化过程中的消费率和投资率走势

消费率 1 为居民消费支出占国内生产总值的百分比，消费率 2 为民间最终消费支出占国内生产总值的百分比，投资率 1 为总固定资本形成总额占国内生产总值的百分比，投资率 2 为国内总资本形成总额占国内生产总值的百分比
资料来源：日本国家统计局官方网站

就经济指标的走势而言，日本的消费率呈现出工业化过程中典型的 U 型变化规律。在快速工业化起点 1956 年时其消费率为 0.63，然后缓慢下降，在高速增长接近结束的时间即 1970 年到达最底部为 0.52，之后缓慢回升，到 1985 年回复到 0.58；日本投资率的变动路径恰好与消费率的表现相反，呈现出工业化过程中典型的倒 U 型演变路径，在快速工业化的初始点 1956 年，投资率仅为 0.23，然后缓慢上升，同样于 1970 年到达最高点 0.355，之后缓慢地持续下降，

在工业化完成时即 1985 年下降为 0.275。因为中国还未走完工业化这段路程，还处于中后期阶段，所以并不能观察到这种 U 型或者倒 U 型规律，相应地，从可得的统计数据看，1978 年以来消费率呈持续下降之势，这是日本在工业化前半段的消费率走势，然而，中国消费率最高时期的值 0.53 大约与日本 U 型底部的消费率 0.52 相当，与此同时，投资率的持续上升之势与日本倒 U 型规律的前半段相同。此外，中国目前正处于经济增速换挡期，与日本 1973 年前后可比，那时日本正处于高速增长区间到稳定增长区间的转换期，同时消费率和投资率分别在 U 型的底部区域和倒 U 型的顶部区域,限于可得的样本只在 1978 年到目前的增速换挡期，所以仅从简单的数据统计性和特征性描述上分析，中国目前的消费率是否到达底部或者已经开始了 U 型的后半段路程，还难以得出明确的答案。

通过对比中国与日本在各自的工业化阶段时的需求结构整体情况和演变情况，即使考虑工业化前半段消费率下降的普遍规律，中国消费率的下行区间也还是明显低于日本消费率的下行区间，似乎显示中国的消费需求比日本的相应水平偏低。相应地，中国投资率的总体上升速度高于日本，平均投资率也高于日本在相似的高速增长期间的平均投资率。

与同时期的日本相比，中国投资规模和扩张速度过快、消费率明显不足的结构性问题更加突出。如图 2-9 所示，1978 年之后日本处于工业化后期，消费率上升，投资率开始下降，居民消费率在 53%～60% 缓慢上升，而中国的居民消费率在最高峰的时候也只有 55%；就最终的消费率而言，日本最终消费率的上行区间为 69%～82%，中国最终消费率的下行区间为 50%～67%，明显低于日本。

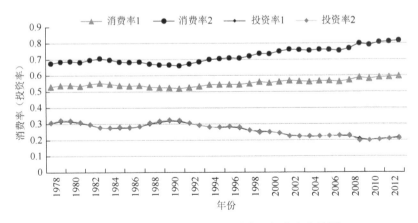

图 2-9　1978 年以来日本的消费率和投资率走势图

消费率 1 为居民消费与国内生产总值之比，消费率 2 为最终消费与国内生产总值之比，投资率 1 为固定资本形成额与国内生产总值之比，投资率 2 为资本形成总额与国内生产总值之比
资料来源：OECD 官方数据库

　　综上所述，无论以自由市场著称的美国还是政府引导和干预特征明显的日本，居民消费率占比均超过 50%，国内生产总值增长主要依靠居民消费，而中国的国内生产总值支出结构并不具备这一特征，自 1987 年以来居民消费率长期不足 50%。相反，中国的投资率平稳增长。

第三章 政府引导的发展战略对经济结构的影响

如前所述，1978 年改革开放以来中国经济快速增长背后持续的经济结构失衡问题也日益凸显，典型的就是需求结构失衡和国民收入分配失衡的结构性问题。由第二章可知，经济结构失衡与政府引导的发展战略有着密切关系。本章从中国经济发展的现实情况出发，研究分析中国发展战略的时变特征和影响，并以日本为例研究东亚模式中的相关国家采取的发展战略。

首先，利用马尔可夫区制转移向量自回归（Markov-switching vector auto-regressive，MS-VAR）模型实证研究两个问题，即对政府发展战略的走向做出科学的分段，以及分析不同时期的政府发展战略对劳动收入份额和消费投资比例的影响。第一节深入分析 1978 年中国政府实行改革开放政策、开始迅速推动工业化以来究竟推行了何种政府发展战略，以及这种发展战略对经济结构的影响机制如何，以期为进入工业化后期阶段后如何从根本上解决经济结构失衡问题，尤其是消费投资比例失衡和劳动收入份额持续低迷等问题提出战略建议。

第二节选用结构向量自回归（structural vector auto-regressive，SVAR）模型研究政府投资行为对经济结构的影响，重点考察两类政府投资的动态经济效应，即分别把政府对基础设施建设投资和政府对国有企业的直接投资引入 SVAR 模型，通过限制变量冲击的作用特征，实现对 SVAR 模型的整体识别和对相应效应的估计。

其次，利用脉冲响应函数分析政府投资的作用机制和特征。实证结果显示：短期内政府基建投资冲击使居民消费下降、私人投资上升，但长期内其对居民消费和私人投资的影响都是积极正向的，从而有利于经济结构的优化和经济的可持续增长；短期内政府直接投资国企刺激居民消费、抑制私人投资，而长期内它对居民消费和私人投资都起到了抑制作用，因此可能恶化结构性关系，不利于经济的可持续增长。

最后，在强政府干预的层面讨论中国政府与日本政府的行为有何异同，即通过对比工业化过程中日本的政府发展战略及其经济结构效应与中国的差异，提供对中国经济发展可借鉴的经验，得出对中国在工业化后期如何转变政府发展战略的有益启示。

第一节 政府引导的发展战略对经济结构的影响分析

1978 年改革开放以来，中国所创造的经济增长奇迹令世界瞩目，但与此同时，一些负面特征和结构性问题也日益凸显，其中，在需求结构层面存在经济增长严重依赖投资驱动导致的消费不足的问题，在国民收入分配层面存在劳动收入份额持续低迷同时资本收入份额不断攀升等结构性问题，上述结构性问题长期困扰着中国经济转型，也受到历届政府的重视。李克强总理在 2015 年的政府工作报告中把 2015 年定位为"稳增长调结构的紧要之年"，在 2016 年的政府工作报告中进一步提出要把握好稳增长与调结构的平衡。国内外众多学者也对此类问题进行了广泛而深入的讨论（钱纳里等，1989；邹卫星和房林，2008；蔡跃洲和王玉霞，2010；白重恩和钱震杰，2010；孙文杰，2012）。

然而，上述的很多研究往往忽略了以下事实：中国经济的快速发展与政府的推动有着密不可分的关系（林毅夫等，1994；林毅夫和姚洋，2006；张五常，2009）。甚至在整个东亚地区，第二次世界大战以来的"东亚奇迹"或"东亚模式"的背后，也有着鲜明的政府推动甚至主导的特征（Stiglitz，2001；张磊，2010；庄巨忠和坎布尔拉维，2013）。所以，要客观深入地分析上述的结构失衡现象，必然不能忽视政府行为这一至关重要的驱动力量。而政府在推动经济增长方面，一个最为重要的做法就是实施某种旨在促进经济增长的发展战略。正如很多学者所证实的，政府实施的行之有效的发展战略，是"中国奇迹"能持续存在的最为重要的支撑因素之一（林毅夫等，1994；林毅夫和姚洋，2006）。

具体而言，1978 年以来我国的消费投资比例和劳动收入份额基本呈下降之势[①]，如果政府发展战略是影响上述经济结构失调的最重要的原因，那么，这是否也意味着，改革开放以来的政府发展战略一直是保持不变的？或者，如果政府发展战略导致了如图 3-1 所示的波动，政府发展战略的变化究竟是怎样的？

对此问题的看法，不同学者之间的分歧较大。郭熙保（2000）指出，改革开放之前，我国资本极度稀缺，为了在短时期内缩小与发达国家先进技术的差距，我国明确提出采取重工业优先发展战略，甚至确立了"以钢为纲"的发展方针，结果是消费品生产被抑制；改革开放后政府虽然没有正式提出明确的工业发展战略问题，但中国在改革开放后实际上采取的是轻工业和出口工业（劳动密集型产业）优先发展战略，符合当时我国劳动人口众多的资源优势。在中国经济发展史上，政府发展战略从"赶超战略"到"比较优势战略"的调整等同于中国经济体制改革从"计划经济"到"市场经济"的调整（陆铭，2008）。吴敬琏（2003）从中国历史上改革战略演变的视角出发，把 1979～1993 年称为增量改革战略阶段或体制外先行战略阶段，在这一阶段，改革的重点放在"体制外"即非国有部门上，通过放活非国有部门，把它们推向市场经济，并

---

① 从消费投资比例和劳动收入份额的线性趋势线看，两者基本都呈下降趋势。

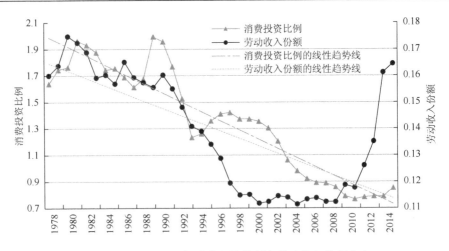

图 3-1　1978～2014 年消费投资比例和劳动收入份额走向

资料来源：历年《中国统计年鉴》

依托它们实现经济增长，因此这一阶段的改革是缓慢的、局部的、边缘的、修补性的；1994 年至今称为整体推进改革战略阶段，在这一阶段，改革不再局限于"体制外"，而是延伸到"体制内"，它的突出表现是国有经济在国民经济中的占比大幅下降了。Brandt 和 Rawski（2008）也认为 1994 年是中国经济转型的重大转折点，他从政治经济学的视角出发，分别分析了 1978～1993 年和 1994 年至今这两个时间段内经济转型的显著特点与持续模式，在转型的第一阶段即1978～1993 年，最高领导层权力的分散和相互制衡从根本上决定此阶段的改革表现为谨慎的渐进式增量改革，即从经济体制的边缘部分进行市场化改革，对若干关键部门进行自上而下的谨慎试验，如承包合同制、双规制、放权让利等；在转型的第二阶段即 1994 年至今，最高领导层权力的相对集中使得政府可以执行相对激进的市场化改革方案，并且覆盖经济的各个领域，如国有企业的公司化改革、实行统一增值税的财税改革、外汇管理改革、外贸体制改革、银行体系改革。张军超（2011）分析了 1978 年以来技术选择指数（technology choice index，TCI）的走势图，以之度量我国发展战略赶超程度的变化，TCI 图示在 1992 年左右存在一个明显的转折点。

　　概括而言，相关研究对发展战略进行分段的依据，主要是一些重大事件或数据统计性描述，主观判断的成分较大。本书拟尝试从统计和实证的角度，利用允许机制间存在着时变效应且能灵敏地捕捉这种结构转换的 MS-VAR 模型来回答相关问题：第一，改革开放以来中国政府推行的发展战略是否存在明显转变？第二，不同的发展战略对经济结构的影响分别是怎样的？

　　对上述两个问题进行研究的意义在于：政府的发展战略对于经济的可持续发

展至关重要，尤其是在经济增长进入"新常态"后，增速目标的适度调低赋予经济结构调整以更大的空间，发展战略调整应把握这一重大战略机遇，适时进行调整，从而缓解和改善经济结构失衡，进而推动经济的持续增长。

一、MS-VAR 模型的简要说明

（一）MS-VAR 模型的设定形式

与普通 VAR（p）模型相比，MS-VAR 模型可以捕捉到样本数据生成过程中可能存在的结构性变化，可以看作线性 VAR 模型更为一般的形式。

考虑一个 k 维的、滞后 p 阶的时间序列向量普通 VAR（p）模型的设定形式如下：

$$y_t = (y_{1t},\ y_{2t}, \cdots,\ y_{kt})^y,\ \ t = 1,2,\cdots,T$$
$$y_t = v + A_1 y_{t-1} + A_2 y_{t-2} + \cdots + A_p y_{t-p} + u_t$$
$$u_t \sim iid(0,\ \Sigma)$$

另外，它还可以设定为均值调整的形式：

$$y_t - \mu = A_1(y_{t-1} - \mu) + A_2(y_{t-2} - \mu) + \cdots + A_p(y_{t-p} - \mu) + \mu_t$$

式中，μ 为向量 y_t 的均值，也是 $k \times 1$ 维的时间序列向量，并且 $\mu = \left(I_k - \sum\limits_{j=1}^{p} A_j\right)^{-1} v$。

MS-VAR 模型的一个重要假设是不可观测到的区制服从离散的马尔可夫随机过程，它由转移概率定义：

$$p_{ij} = p_r(s_{t+1} = j \mid s_t = i),\ \ \sum_{j=1}^{M} p_{ij} = 1,\ \ \ \forall ij \in \{1,2,\cdots,M\}$$

更确切地说，区制 s_t 的转移概率服从 M 阶不可约矩阵：

$$\begin{pmatrix} p_{11} & p_{12} & \cdots & p_{1M} \\ p_{21} & p_{22} & \cdots & p_{2M} \\ \vdots & \vdots & & \vdots \\ p_{11} & p_{12} & \cdots & p_{1M} \end{pmatrix}$$

式中，$p_{iM} = 1 - p_{i1} - \cdots - p_{i,M-1}$ （$i = 1,2,\cdots,M$）。

普通 VAR 模型假设参数（$A_1, A_2, \cdots, A_p$），v, u_t, μ 是不变的，Hamilton（1990）等学者构建的 MS-VAR 模型放松了这一假设，允许模型的参数是时变的，并且依赖于不可观测的区制状态变量 s_t。更具体地讲，MS-VAR 模型把非线性数据生成过程看作分段线性，而在每个区制中，数据生成过程都是线性的。因此，相应地，MS-VAR 模型的均值设定形式如下：

$$y_t - \mu(s_t) = A_1(s_t)(y_{t-1} - \mu(s_t)) + A_2(s_t)(y_{t-2} - \mu(s_t)) + \cdots + A_p(s_t)(y_{t-p} - \mu(s_{t-p})) + \mu_t$$

式中，$\mu_t \sim \mathrm{iid}(0, \Sigma(s_t))$，参数 $\mu, A_1, A_2, \cdots, A_p$ 和 Σ 都依赖于 s_t 的变化而变化，

$$\mu(s_t) = \begin{cases} \mu_1, & s_t = 1 \\ \mu_M, & s_t = M \end{cases}$$

此外，带截距项的 MS-VAR 模型的设定形式如下：

$$y_t = v(s_t) + A_1(s_t)y_{t-1} + A_2(s_t)y_{t-2} + \cdots + A_p(s_t)y_{t-p} + u_t$$

根据参数 $(A_1, A_2, \cdots, A_p)$，v，μ 是否依赖状态 s_t 变化以及误差扰动项 u_t 是否存在异方差性的情况组合，MS-VAR 模型又可以细分为许多种不同的模型设定形式，具体分类如表 3-1 所示。

表 3-1　MS-VAR 模型的设定形式

		MSM		MSI	
		μ 变化	μ 不变	v 变化	v 不变
A_j 不变	不存在异方差性	MSM-VAR	线性 MVAR	MSI-VAR	线性 VAR
	存在异方差性	MSMH-VAR	MSH-MVAR	MSIH-VAR	MSH-VAR
A_j 变化	不存在异方差性	MSMA-VAR	MSA-MVAR	MSIA-VAR	MSA-VAR
	存在异方差性	MSMAH-VAR	MSAH-MVAR	MSIAH-VAR	MSAH-VAR

（二）MS-VAR 模型的估计方法——最大似然估计法

MS-VAR 模型一般采用最大似然估计法来估计回归方程的各个参数以及区制转移概率，其中 Hamilton（1990）为此类模型（涉及区制转换的模型）提供的一种迭代的优化算法 EM 包括两个步骤，即期望步（E 步，expectation）和极大化步（M 步，maximization），E 步即创建一个基于当前估计的参数的可能性（用 lg 处理下）的期望函数，M 步即最大化 E 步中算出来的期望，并获得函数最大时参数的估值。由 M 步中获得的新的参数估值，可以更新潜在变量（区制状态变量 s_t）的分布，进而再次迭代到 E 步中去更新 E 中期望函数，即期望函数得到更新，依此法则迭代直至收敛[①]。其中，模型构建的不可观测变量即区制状态变量 s_t 是用来解释 MS-VAR 模型的一种非常重要的工具变量，它的条件概率密度函数为

---

① EM 算法是统计学里最重要的算法之一，它用迭代方法来处理最大似然函数。

$$\Pr(\varepsilon \mid Y) = \frac{p(Y, \varepsilon)}{p(Y)}$$

式中，ε 为关于不可观测的区制状态变量 s_t 的信息集合；Y 为关于可观测变量 y_t 的信息集合。在实际应用中，通常考虑三种形式的条件概率密度函数，即预测概率密度函数、滤波概率密度函数、平滑概率密度函数，它与信息集 ε_t 的对应形式如下：

$$\begin{cases} \varepsilon_{t|\tau}, & \tau < t \quad \text{预测概率密度函数} \\ \varepsilon_{t|\tau}, & \tau = t \quad \text{滤波概率密度函数} \\ \varepsilon_{t|\tau}, & \tau > t \quad \text{平滑概率密度函数} \end{cases}$$

二、变量的选取和数据说明

（一）变量的选取和数据来源

因为我们关注的重点是政府引导的发展战略的影响，所以本书参考林毅夫（2002）的观点把发展战略（development strategy，DS）定义为

$$DS = \frac{TCI}{TCI^*} \tag{3.1}$$

政府本身就是经济中最重要的制度，林毅夫（2002）将相关的经济政策抽象概括为发展战略。依照产业技术结构和要素禀赋结构的吻合程度，发展战略可以分为遵循比较优势的发展战略（DS = 1）和违背比较优势的发展战略（在发展中国家通常表现为赶超战略，即 DS > 1）。式（3.1）中的 TCI 代表一个经济体中某部门或产业（如制造业部门、工业部门、高新技术产业部门）的实际技术选择指数，相应地，TCI^* 代表一个经济体中某部门的最优技术选择指数。TCI 通常按以下公式计算：

$$TCI = \frac{K_i / L_i}{K / L}$$

式中，K_i/L_i 为一个经济体中某部门的资本密集度；K/L 为该经济体的资本禀赋 K 和劳动禀赋 L 之比。因为最优技术选择指数 TCI^* 内生于本国要素禀赋结构，而要素禀赋结构对一个在任何时点上的任何微观决策者，包括政府和企业来说，都是不可改变的、给定的并且是无法被直接观测到的（林毅夫，2002），所以 TCI^* 是政府要面临的和无法改变的客观约束并且是不可测度的，通常 TCI^* 假设为一个不随时间和区域变化而变化的常数。因此，通常文献的做法是把一国的实际技术选择指数（TCI）作为一国所推行的发展战略（DS）的代理变量，TCI 越大，政府

发展战略越偏向赶超战略；TCI 越小，政府发展战略越偏向比较优势战略（陈斌开和林毅夫，2013；Du et al.，2013）。

关于 TCI 的构建，我们有类似的考虑。政府发展战略与经济绩效的研究受到越来越多的重视，即以国内生产总值为核心内容的绩效考核制度从根本上催生了各地方政府的赶超行为（林毅夫，2008；Du et al.，2013）。各地方政府在短期内追求国内生产总值大幅增长，往往会采取拉投资、搞基建、大力发展资本密集型产业等措施。以上政策措施将导致工业增加值的大幅提升。因此，对于推行了赶超战略的国家而言，其人均工业增加值较大，即式（3.2）中的分子较大。这样，在收入水平和其他条件给定的情况下，式（3.2）中 TCI 可以用作政府发展战略的代理变量。

$$TCI = \frac{AVI_i / LI_i}{GDP / L} \tag{3.2}$$

式中，AVI_i 为一国的工业部门的增加值；GDP 为一国的国内生产总值；LI_i 为一国工业部门的就业人口；L 为全国总的就业人口。

劳动收入份额定义为劳动者报酬占国内生产总值的比例，其中国家统计局提供的劳动者报酬的数据来源有三种：国内生产总值核算收入法项下、资金流量表、投入产出表，有关研究通常使用第一种数据来源，但是，因为需要考察的时间跨度较长即 1978～2016 年，在 2004 年全国经济普查之后，劳动者收入报酬的统计口径发生了改变，把城镇个体户的经营收入排除在外，划到企业的营业盈余项下。为了保持统计口径的一致性，我们没有采用收入法项下的劳动者报酬，而是用全国的平均工资乘以全国的职工数得到全国的总工资水平来代替劳动者报酬。尽管这一算法得到的历年劳动收入份额要普遍低于直接采用收入法项下的劳动者报酬计算的劳动收入份额，但总工资水平除以国内生产总值得到的劳动收入份额时间序列可以充分反映劳动收入份额的变动情况，更重要的是保证了数据统计口径的一致性。

消费投资比例用家庭消费支出与总固定资本形成额的比值来确定，家庭消费支出和总固定资本形成额的数据来自以支出法项下计算的国内生产总值。

计算以上三个变量需要用到的数据指标如无特殊说明，均来自于历年《中国统计年鉴》。

（二）序列的稳定性检验

为避免虚假回归，在建立模型之前需对三个时间序列的平稳性进行检验。TCI 为发展战略的代理变量，laborshare 为劳动收入份额，ci 为消费投资比例。使用 EViews 6.0 软件对各个时间序列进行 PP 检验，得到如下结果。表 3-2 的结果显示，各个水平时间序列都至少在 5% 的水平上显著地通过了平稳性检验,因此可直接采用各变量的水平序列建立 MS-VAR 模型。

表 3-2　各个时间序列的平稳性检验

变量	检验形式（C, T, K）	PP 统计量	P 值
TCI	（0, 0, 0）	−4.4357	0.0001[***]
laborshare	（C, 0, 4）	−9.1498	0.0000[***]
ci	（C, 1, 1）	−4.1025	0.0138[**]

注：检验形式（C, T, K）包括三个选项,C 表示序列是否存在常数项,T 表示序列是否存在趋势项,K 表示滞后阶数。各个时间序列的最优滞后阶数 K 由施瓦茨准则（SC）来确定。

* 在 10% 的置信水平上显著。

** 在 5% 的置信水平上显著。

*** 在 1% 的置信水平上显著,余同。

三、实证结果及其解释

（一）模型形式的设定

本书尝试建立包括政府发展战略、劳动收入份额和消费投资比例等三个内生变量的 MS-VAR 模型,并利用 OX 软件在 GiveWin2 平台上完成对模型的估计（Krolzig, 1998）。首先,要确定模型的具体设定形式。对表 3-1 所列的每种设定形式逐个进行尝试,发现 MSIH（2）-VAR（1）模型具有最好的拟合效果（表 3-3）,其中,2 代表样本数据过程可显著地分为 2 个区制,1 代表样本数据滞后期为 1。

表 3-3　模型估计的统计量检验结果

MSIH（2）-VAR（1）模型	VAR（1）模型
对数似然函数值：241.3181	线性系统：219.0876
AIC：−11.7955	线性系统：−11.1715
HQ：−11.3502	线性系统：−10.8952
SC：−10.5198	线性系统：−10.3798

似然比线性检验：44.4609, Chi（9）= [0.0000][**], Chi（11）= [0.0000][**], Davies（线性检验值）= [0.0000][**]

观察表 3-3,根据对数似然值越大越好,AIC、HQ、SC 越小越好的原则,非线性 MSIH（2）-VAR（1）模型的解释力明显强于线性 VAR（1）模型。另外,似然比线性检验统计量也在 5% 的显著性水平下拒绝模型是线性的原假设。也就是说,非线性 MSIH（2）-VAR（1）模型明显优于线性 VAR（1）模型。

（二）政府发展战略及其经济结构效应的转变情况

图 3-2 给出的模型区制转换概率图显示，区制状态在 1994 年和 2013 年发生显著转变，区制 1 所在的时间区间为 1979～1993 年和 2013～2014 年，区制 2 所在的时间区间为 1994～2012 年。其经济含义是改革开放以来，政府发展战略、劳动收入份额和消费投资比例三者之间的关系状态在 1994 年和 2013 年发生了明显转变，当从区制 1 转向区制 2 时，政府发展战略的经济结构效应发生了显著变化。据此可以判定 1994 年、2013 年是政府发展战略的显著转折点。

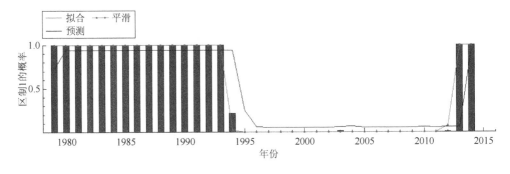

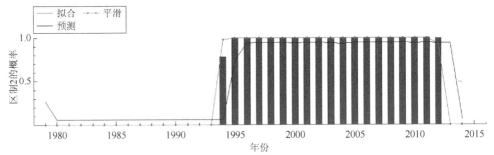

图 3-2　模型的区制转换概率图

从统计数据上看（图 3-1），劳动收入份额曲线在 20 世纪 90 年代前中期、消费投资比例曲线在 90 年代前期都经历了较大幅度的下降并穿越各自的线性趋势线，即在这段时间前后劳动收入份额和消费投资比例均发生了较大偏离其基本下降趋势的波动，这说明可能对以上两者产生根本性影响的政府发展战略有着较为显著的变化，而实证模型灵敏地捕捉到 1994 年是政府发展战略的一个显著转折点。这与蔡昉（2009）的划分是一致的，他认为 90 年代中期以来政府所采取的发展战略有重大转变，即在此之前政府采取的是顺应比较优势的发展战略，而 90 年代中期以来有重返赶超战略之势（Anderson，2008；Rodrik，2010；Du et al.，2013）。

这主要与 1994 年 1 月 1 日启动的分税制改革有关，它改变了地方政府所面临的激励机制，中央政府对地方官员的政绩考核标准把"GDP 至上主义"推崇到了极致，地方政府为了扩大财政收入，极力推动资本技术密集型产业的发展（Peneder, 2003；Lin and Chang, 2009），超越了工业发展的自然顺序，属于违背比较优势的赶超战略。

此外，从模型使用的数据看，劳动收入份额自 2011 年以来明显有偏离其下行趋势线的回升，消费投资比例自 2013 年以来也有偏离其下行趋势线的小幅回升（图 3-1），这说明在此期间政府发展战略可能发生了转变，而我们的计量模型再次灵敏地捕捉到 2013 年是一个显著的区制转换点。事实上，2013 年以来，"调结构"已初见成效[①]，积累和消费比例严重失衡、国民收入分配扭曲的状况得到一定程度的缓解（黄益平，2014；刘伟，2014），经济运行状况正悄然发生变化，正在由高速增长切换到中高速增长的"新常态"，面对经济形势的重大变化，中央政府一改以往一味"保增长"的基调，不仅把增长速度预期定在 8%以下，而且真正能够接受这个增长速度（蔡昉，2014），这意味着政府的政策指挥棒不再唯国内生产总值是图（吴敬琏等，2014；张晓晶，2015），"GDP 至上主义"的政治经济激励体制以及由此衍生的带有浓重"赶超"色彩的政府发展战略已成为过去式，"新常态"下的政府发展战略已然在向比较优势战略迈进的道路上取得了初步成绩。综合而言，我们可以把区制 2（1994～2012 年）称为赶超成分较多的赶超战略区制，把区制 1（1979～1993 年和 2013～2014 年）称为赶超成分较少的赶超战略区制。

表 3-4 给出的区制转移概率矩阵及其状态持续期的估计结果表明，无论从持续概率还是从平均持续期来看，区制 1 和区制 2 都有非常高的稳定性，它们维持在本区制的概率分别高达 0.9412 和 0.9442[②]，相应的平均持续期分别为 17 年和 17.94 年。这一方面说明改革开放以来政府发展战略在短期内具有很高的稳定性而不是朝令夕改；另一方面在某种意义上佐证了政府发展战略的经济结构效应具有显著两区制特点。

表 3-4 区制转移概率矩阵及状态持续期

	区制 1	区制 2	样本数量	频率	平均持续期/年
区制 1	0.9412	0.0588	17.1	0.4867	17.00
区制 2	0.0558	0.9442	18.9	0.5133	17.94

① 2013 年 9 月 10 日中国国务院总理李克强在大连会见出席达沃斯年会的企业家代表并回答企业家提问。在回答如何看待中国经济增速放缓时，李克强说，中国坚持稳中求进的总基调，激发市场的活力，着力调整经济结构，转变发展方式，目前已见成效，8 月份主要的经济指标都出现了回升向好的势头。

② 其含义是政府发展战略对劳动收入份额和消费投资比例的影响关系在本期停留在区制 1，并且在下一期还维持在区制 1 的概率为 0.9412；政府发展战略对劳动收入份额和消费投资比例的影响关系本期停留在区制 2，并且在下一期还维持在区制 2 的概率为 0.9442。

四、政府发展战略对经济结构的影响机制

在赶超成分较多的赶超战略区制，政府发展战略会导致劳动收入份额和消费投资比例下降，究其原因，一方面，政府大规模地投资基础设施建设、为资本密集型企业提供融资便利，以及通过利率管制压低资本价格等具有鲜明"赶超"成分的政策行为，都将扭曲企业所面临的宏观激励结构，进而使其技术选择更多地偏向资本密集型产业，结果，在政府部门和私人部门的合力下，直接导致国民支出中的投资份额相对提高；另一方面，政府干预市场的行为会扭曲生产要素的价格，资本成本（利率）和劳动工资报酬长期以来被人为地压低，从而使得国民收入分配有利于资本而非劳动，即投资主体（政府部门和企业部门）的收入远大于消费主体（居民部门）的收入，进一步导致投资远大于消费。

在赶超成分较少的赶超战略区制，劳动收入份额持续下降和消费投资比例失衡的局面有所好转。政府发展战略更加偏向比较优势战略，意味着之前国民经济中企业所面临的被扭曲的宏观激励结构将得到一定的纠正，从而整体的企业技术选择结构将在一定程度上回归我国的要素禀赋结构，之前在赶超战略下滋生的产能过剩企业逐渐被市场淘汰，产业结构过高程度的资本密集型偏向将得到改善，因此国民支出中的投资份额会相对降低。另外，生产要素的价格尤其是长期被压低的资本和劳动价格将逐步回归市场，劳动报酬相对资本报酬在国民收入中所占份额会提升，消费投资比例也将得到改善。

总之，虽然中国在向市场经济迈进的道路上取得了重大进步，但其渐进式的改革模式决定了其市场经济体制仍然不够健全和完善，市场价格不能准确地反映生产要素和资源的稀缺程度，所以价格机制对资源配置的调节作用不能得到有效发挥，中国政府所采取的发展战略必然不是遵循其要素禀赋和比较优势的战略，而是像大多数发展中国家一样或多或少地推行了赶超战略。为了达到促进经济增长的目标，一种普遍的观点认为地方经济分权的体制发挥了积极作用，即各地以促进经济增长为目标，并且由于税收共享体制的存在，极大地激励了各地追求当地经济快速增长，催生了更大范围的赶超战略，即重点发展资本和技术密集型产业来促进当地经济增长。如前所述，首先，赶超战略直接影响经济运行的产出环节，导致产业结构偏差，即明显超越了当前中国的要素禀赋优势更多地偏向于资本密集型产业；其次，产出环节的结构偏差会传导到收入环节，即国民收入分配结构更偏向于资本和政府而非劳动；最后，收入环节的结构偏差会传导到需求环节，即被压低的劳动收入份额与被提升的资本和政府收入份额将鼓励储蓄及投资同时抑制消费，于是消费投资比例明显失衡。总之，赶超战略导致经济结构失衡

的机制遵循赶超战略扭曲产业结构、产业结构扭曲收入分配结构、收入分配结构扭曲消费投资比例的逻辑链条。

五、结论和政策含义

1978 年改革开放以来中国经济快速增长背后持续的经济结构失衡问题显得尤为突出，尤其是需求结构失衡、国民收入分配失衡的结构性问题。我国的经济发展由政府主导，因此上述结构性问题的产生可能与政府所推行的发展战略有着根本关系。而对于 1978 年以来中国政府所采取的发展战略的走向问题，学者之间的争议很大。单从数据统计性描述或者重大历史事件很难对这些争议做出科学的判断。因此，我们亟须一个行之有效的计量模型来解决两个问题：一是对政府发展战略的走向做出科学的分段；二是分析不同时期的政府发展战略对劳动收入份额和消费投资比例的影响。为此，利用 MS-VAR 模型来实证研究和回答这类问题具有客观性，实证结果表明，自 1978 年改革开放以来，中国政府或多或少地推行了赶超战略，以 1994 年和 2013 年为转折点，政府发展战略存在显著的差异。在赶超成分较多的赶超战略区制，政府发展战略对劳动收入份额和消费投资比例的影响是负向的；在赶超成分较少的赶超战略区制，政府发展战略对劳动收入份额和消费投资比例的负向影响有所缓解。

现有的很多研究和本书的实证结果都表明，有效的政府发展战略对于经济结构的优化和经济的可持续发展至关重要。因此，在中国经济增长进入"新常态"、增速目标的适度调低赋予经济结构调整以更大的空间、由工业化中期向工业化后期转变的当前阶段，政府应该牢牢抓住这一重大战略机遇，实施更为顺应比较优势的发展战略。尤其是自 2013 年以来，政府发展战略显著地转换到赶超成分较少的赶超战略区制，"调结构"效果因此初步显现。进入工业化后期阶段后，中国政府应该进一步从赶超战略向比较优势战略转型并为此做出持续的努力，才能从根本上解决经济结构失衡问题，尤其是消费投资比例失衡和劳动收入份额持续低迷问题，这对于中国经济未来健康和可持续发展、顺利完成对先发国家的追赶以及自身的工业化进程具有重大战略性意义。

第二节　政府投资行为对经济结构的影响分析

被誉为"中国奇迹"的持续 40 年的高速增长，创造了世界经济发展史上的神话；然而，结构性问题日益突出，表现最为明显的是经济增长依靠大量资本投入、政府投资挤占了私人投资、居民消费萎靡不振等。如第二章所述，政府是这一过程的主导者，或多或少地推行赶超战略在有效推动经济增长的同时，也导致持续的经济结构失衡问题。在中国，政府推行赶超战略更多地体现在政府投资领域（Du et al.，2013）：在实施赶超战略、以推动国内生产总值跨越式增长为第一要务的战略指导下，政府自上而下地推动了对基础设施建设的大量投资，既吸引了大量外商直接投资，又创造了对其上游产业产品（多为资本密集型产品）的需求；直接投资于没有自生能力①的国有企业是赶超战略最直接的一个体现；在赶超战略政府投资中与社会福利相关的投资非常有限，如医疗、卫生、教育等领域，因为投资于这些领域并不能立竿见影地拉动经济增长。因此，在第二章考察了抽象的政府发展战略对经济结构失衡的影响后，很有必要进一步考察赶超战略指导下的政府投资对经济结构的影响。

尤其是 2008 年金融危机以来，世界经济不景气、外需放缓，中国经济也陷入增速放缓和增长乏力的困境。以应对国际金融危机的一揽子计划为代表的经济刺激计划，迅速带动资金涌入基础设施建设、房地产和重化工业，立竿见影地达到了"稳增长"效果，与此同时，国有企业和地方政府融资平台快速扩张、经济杠杆率快速上升、金融风险聚集明显、经济结构重型化、国企快速扩张以及产能过剩等，结构失衡问题再次受到各界关注（马骏，2014）。

对中国经济增长严重依赖投资尤其是政府过度投资的担忧由来已久，尤其是在对金融危机以来的刺激方案进行反思时，一个重要观点是，是否可以通过调整投资结构既达到短期内"稳增长"的目的，又达到避免在长期迸发刺激后遗症和结构失衡问题的目的（Ahmad，2013；Spence，2014）？对此问题的探讨具有重大的现实意义和理论意义。一方面，自 2008 年以来中国经济就一直面临增长放缓的压力，并且在由工业化中期向工业化后期转型的当前阶段，中国经济可能会持续面临这种压力。当政府在未来的某个时期需要采取必要的投资性的刺激方案时，究竟应该采用何种投资结构才能尽可能避免留下过多的后遗症？因此，有必要深入分析政府投资结构和经济结构失衡之间的动态关系，在此基础之上，才能提出针对性的解决方案。另一方面，现有相关文献多基于总量视角，即研究总体的政府投资对经济结构的影响（Finn，1993；Finn，1998；Sturm，1998；Romp and De Haan，2007；胡永刚和郭新强，2012；饶晓辉和刘方，2014）；而基于结构视角的文献较少，即对政府投资进一步细分并分别考察不同类别的政府投资的经济结构效应（张晓娣和石磊，2013；杨大楷和孙敏，2009）。总量视角的研究往往会忽视不同类别的政府投资对经济结构的作用方向和大小之间存在的差异。同时，无

---

① 林毅夫（2010）对自生能力做出定义，如果一个企业在开放、自由和竞争的条件下，通过正常经营管理能够获得正常利润，那么这个企业是有自生能力的，反之，如果不能获得正常利润，那么这个企业是没有自生能力的，在市场上就不会存在，除非政府愿意扶植。

论基于总量视角还是基于结构视角的研究，基本只停留在静态的层面上，缺乏对其影响机制的动态剖析。我们可以尝试分析各类政府投资对居民消费和私人投资的动态影响机制，作为对现有研究的补充。

基于以上研究视角，后面将重点考察体现赶超战略的两类重要政府投资即政府对基础设施建设的投资和政府对国有企业的直接投资，分别分析两类政府投资的动态经济结构效应。为此，本书引入了 SVAR 模型。首先，它考虑到内生变量之间的同期相关关系，更准确地描述了经济变量之间的相互作用关系，从而更贴合经济运行现实。其次，要识别 SVAR 模型，关键是对模型施加约束条件，这往往需要基于一定的经济或理论背景，使得此模型更具经济基础而非单纯由数据结构驱动，同时能够减少模型未知参数，从而提高自由度。最后，通过对模型参数空间的限制可分离出只作用于政府投资的结构式冲击，从而便于分析政府投资冲击的净效应。

一、实证模型的设定和数据说明

如前所述，政府投资的政策目标往往是追求经济增量即刺激经济产出（y）和社会就业（n），本书的考察重点是政府投资对经济结构的影响，于是选取在数据上表现最为明显的需求层面的失衡变量，即居民消费（c）和私人投资（i），以利于更好地捕捉到政府投资与结构失衡之间的关系。综上，分别把两类政府投资引入 SVAR 模型，即建立 SVAR01 模型（包括投资基础设施建设、居民消费、社会就业、经济产出、私人投资等 5 个内生变量）、SVAR02 模型（包括直接投资国企、居民消费、社会就业、经济产出、私人投资等 5 个内生变量）。

（一）数据处理与数据来源

基于数据的可得性，本书选取样本的时间跨度为 1982～2014 年。基建投资数据通过对基础设施存量差分得到，而存量数据的计算主要参照张军等（2007）的做法，认为基础设施存量主要涵盖四个领域即交通、能源、通信、城市，并分别选取公路里程、能源消费总量、邮路总长度和人均铺装道路面积作为上述四个领域的代表性指标，利用降维技术即主成分分析法[①]得到代表基础设施存量的综合性指标，相关数据来源于中经网统计数据库。直接投资国企则近似采用国有经济固定资产投资数据，数据来源于历年《中国固定资产投资统计年鉴》，居民消

[①] 主成分分析法得到的综合指标基建投资 ii 数据形式是标准化的，为了保持左右指标数据的一致性，便把其他指标都做了标准化处理，这丝毫不会影响这些数据的平稳性以及 SVAR 估计结果。

费数据来源于支出法项下核算的国内生产总值。社会就业用职工数来表示，因为 1998 年以后职工数的统计口径发生了变化，所以我们比照全国就业人口的增长速度重新计算了 1998 年以后的职工数。经济产出则采用国内生产总值数据。现有的统计资料没有与私人投资直接对应的数据，本书则参照杨子晖（2008）的做法，对按资金来源分类的固定资产投资项下的国内贷款、自筹资金、利用外资以及其他资金加总作为私人投资数据。以上变量指标如无特殊说明，则均来自于国家统计局官网。

（二）单位根检验

在做正式的回归分析之前，需对各变量序列进行平稳性检验，基建投资、直接投资、居民消费、社会就业、经济产出、私人投资分别用 ii、di、c、n、y、i 表示[①]，如表 3-5 所示，各水平序列都是非平稳的，而一阶差分序列都通过了平稳性检验，利用 SVAR 模型进行回归分析则要求模型中的变量都是平稳的，因此，后续采用差分变量 Δii、Δdi、Δc、Δn、Δy、Δi 来建模。

表 3-5　变量的平稳性检验

变量	检验形式（C，T）	ADF 检验	PP 检验
ii	（1，1）	−3.2039	−3.0936
di	（0，0）	−0.3687	−0.4081
c	（0，0）	−1.176	−1.1812
n	（1，1）	−1.0304	−1.0939
y	（0，0）	−0.5889	−0.835
i	（0，0）	−1.0101	−1.0372
Δii	（0，0）	−7.3990***	−8.8077***
Δdi	（0，0）	−2.9655***	−2.9251***
Δc	（1，0）	−3.3859**	−1.9386**
Δn	（1，0）	−4.3148***	−4.3039***
Δy	（1，0）	−3.4288**	−2.0964*
Δi	（0，0）	−2.1085**	−2.0964**

注：检验形式（C，T）中各项分别代表单位根检验方程中的常数项、时间趋势项。$C=0$ 表示不存在常数项，$C=1$ 表示存在常数项；$T=0$ 表示不存在时间趋势项，$T=1$ 表示存在时间趋势项。Δ 表示取一阶差分。原假设为存在单位根。

---

① ii、di、c、n、y、i 都做了取对数和标准化处理。

二、模型的设定及约束

SVAR 回归方程的基本设定形式：

$$A_0 X_t = C + A_1 X_{t-1} + A_2 X_{t-2} + \cdots + A_p X_{t-p} + u_t, \quad t = 1, 2, \cdots, T \tag{3.3}$$

式中，X_t 为 k 维内生向量；p 为滞后阶数；u_t 为 k 维扰动向量，其协方差为单位矩阵即 $E(u_t u_t') = T$，并且扰动项之间不存在序列相关性；A_0 为同期相关矩阵。实际上，SVAR 模型构建了一个动态的经济系统，反映了变量之间的动态互动关系，在此系统下，每个内生变量不仅受到自身滞后项和其他内生变量滞后项的影响，还受到其他同期内生变量的影响，即期初的冲击不仅在当期发挥作用，它的影响还将通过同期内生变量和滞后期的内生变量而持续数期。以 SVAR01 模型系统为例，其回归方程可表示为如下矩阵形式：

$$\begin{pmatrix} 1 & a_{12} & a_{13} & a_{14} & a_{15} \\ a_{21} & 1 & a_{23} & a_{24} & a_{25} \\ a_{31} & a_{32} & 1 & a_{34} & a_{35} \\ a_{41} & a_{42} & a_{43} & 1 & a_{45} \\ a_{51} & a_{52} & a_{53} & a_{54} & 1 \end{pmatrix} \begin{pmatrix} \Delta ii_t \\ \Delta c_t \\ \Delta n_t \\ \Delta y_t \\ \Delta i_t \end{pmatrix} = C + A_1 + \begin{pmatrix} \Delta ii_{t-1} \\ \Delta c_{t-1} \\ \Delta n_{t-1} \\ \Delta y_{t-1} \\ \Delta i_{t-1} \end{pmatrix} + \cdots + A_p \begin{pmatrix} \Delta ii_{t-p} \\ \Delta c_{t-p} \\ \Delta n_{t-p} \\ \Delta y_{t-p} \\ \Delta i_{t-p} \end{pmatrix} + \begin{pmatrix} u_{1t} \\ u_{2t} \\ u_{3t} \\ u_{4t} \\ u_{5t} \end{pmatrix}$$

在 $t = 1$ 期，如果 Δii 受到随机扰动项 u_{11} 的冲击并且 $a_{21} \neq 0$，$a_{31} \neq 0$，那么此冲击将通过 Δii 即时传导到 Δc 和 Δn；如果 $a_{43} \neq 0$，那么冲击将即时由 Δn 传导到 Δy；如果 $a_{54} \neq 0$，那么冲击会即时从 Δy 传导到 Δi。那么，具体到每个模型，变量之间的动态互动关系到底是怎样的？这依赖于对相关参数所做的约束。

若 A_0 可逆，则结构式方程式（3.3）可以表示为以下缩减形式：

$$X_t = A_0^{-1} C + A_0^{-1} A_1 X_{t-1} + A_0^{-1} A_p X_{t-p} + \varepsilon_t \tag{3.4}$$

式中，$\varepsilon_t = A_0^{-1} u_t$，即简化式残差 ε_t 是一种复合式冲击，它可以表示为结构式残差 u_t 的线性组合。对式（3.3）的扰动项施加的同期约束如下：

$$\begin{pmatrix} 1 & 0 & 0 & 0 & 0 \\ a_{21} & 1 & a_{23} & 0 & 0 \\ a_{31} & a_{32} & 1 & 0 & 0 \\ a_{41} & 0 & a_{43} & 1 & 0 \\ a_{51} & 0 & 0 & a_{54} & 1 \end{pmatrix} \begin{pmatrix} \varepsilon_{1t} \\ \varepsilon_{2t} \\ \varepsilon_{3t} \\ \varepsilon_{4t} \\ \varepsilon_{5t} \end{pmatrix} = \begin{pmatrix} u_{1t} \\ u_{2t} \\ u_{3t} \\ u_{4t} \\ u_{5t} \end{pmatrix} \tag{3.5}$$

SVAR01 模型包含 5 个内生变量，但至少需要施加 $k(k-1)/2$ 即 10 个零约束条件模型才可被识别，而式（3.5）给定的约束条件有 12 个，其余的都是待估参数，显然，模型是过度识别的。同期约束矩阵的设置依据如下：在第二行，本书重点关注的需求结构变量即居民消费（c）会受到基建投资（ii）的影响，同时，消费和劳动供给作为影响家庭部门效用的两项重要的可供选择的经济行为，彼此相互影响，因此居民消费（c）会受到社会就业（n）的影响；在第三行，社会就业（n）作为政府投资的政策目标之一显然要受到基建投资（ii）的影响，此外，如前所述，消费和劳动供给相互影响，因此，社会就业（n）会受到居民消费（c）的影响；在第四行，政府投资的主要目的就是刺激经济增长，基建投资（ii）显然会影响经济产出（y），此外，社会就业（n）作为生产的重要投入要素毫无疑问会影响经济产出（y）；在第五行，私人投资（i）如何受到政府投资包括基建投资（ii）的影响是本书的研究重点，此外，私人投资（i）规模不可避免地受到经济产出（y）规模的限制。

SVAR02 模型的同期约束矩阵为

$$A_0 = \begin{pmatrix} \Delta di \\ \Delta c \\ \Delta n \\ \Delta y \\ \Delta i \end{pmatrix} \begin{pmatrix} 1 & 0 & 0 & 0 & 0 \\ a_{21} & 1 & a_{23} & 0 & 0 \\ a_{31} & a_{32} & 1 & 0 & 0 \\ a_{41} & 0 & a_{43} & 1 & 0 \\ a_{51} & 0 & 0 & a_{54} & 1 \end{pmatrix} \qquad (3.6)$$

SVAR02 模型包含 5 个内生变量，但至少需要施加 10 个零约束条件模型才可被识别，而式（3.5）给定的约束条件有 12 个，显然，模型是过度识别的。同期约束矩阵的设置依据如下：在第二行，本书重点关注的需求结构变量即居民消费（c）会受到直接投资（di）的影响，同时，消费和劳动供给作为影响家庭部门效用的两项重要的可供选择的经济行为，彼此相互影响，因此居民消费（c）会受到社会就业（n）的影响；在第三行，提供社会就业（n）作为国有企业承担的一项很重要的社会职能，显然要受到直接投资（di）的影响，此外，如前所述，消费和劳动供给相互影响，因此，劳动就业（n）会受到居民消费（c）的影响；在第四行，政府投资的主要目的就是刺激经济增长，直接投资（di）显然会影响经济产出（y），此外，社会就业（n）作为生产的重要投入要素毫无疑问会影响经济产出（y）；在第五行，私人投资（i）如何受到政府投资包括直接投资（di）的影响是本书的研究重点，此外，私人投资（i）规模不可避免地受到经济产出（y）规模的限制。

三、模型估计：政府投资冲击的作用

本部分利用脉冲响应函数来详细考察政府投资冲击的作用特征，并重点考察居民消费和私人投资在此过程中的动态反应。模型估计按照以下三步进行。

第一，确定 SVAR 模型的滞后阶数。根据似然比检验（LRT）、FPE、AIC、SC、HQ 等准则综合判断，SVAR01 和 SVAR02 模型应滞后 1 阶。

第二，检验以上把滞后阶数设定为 1 的各个模型的稳定性。它们的 AR 根均位于单位圆内，说明以上三个模型均是稳定的。同时，只有基于稳定模型的脉冲响应分析才是可信的和有效的。

第三，参数估计。施加同期约束条件后，可以得到各个模型中的矩阵 A_0、A_1 以及扰动向量 u_t 的估计值。各个模型通过了针对过度识别的似然比检验，说明本书所施加的同期约束条件是合理的。

由于模型中的每个变量指标采取的是对数差分形式，脉冲响应图的纵坐标代表变量的波动率，当变量数据在零线以上波动时，说明变量本身是增加的，只是其增长速度在不断变化；反之，当变量数据在零线以下波动时，说明变量本身是减少的，只是其负增长速度在不断变化。

（一）政府投资基建对经济结构的动态影响机制

对于 SVAR01 模型，由图 3-3～图 3-6 可知，在 $t = 1$ 期初期，直接作用于基础设施建设投资的扰动项 u_{1t} 增加一个单位，政府占用经济资源，于是产生负的私人财富效应，居民消费即时做出负向反应；同时家庭部门为了最大化其即期效用必然会同时增加其劳动供给，表现为就业的正向响应。劳动就业的增加将直接提升经济产出，表现为经济产出的正向响应。受限于资源约束，经济产出的上升和居民消费的下降共同增强了私人投资上升的实际可操作性，结果表现为私人投资的正向波动。从 $t = 1$ 期到 $t = 2$ 期期末，居民消费和劳动供给继续对初期的冲击 u_{1t} 做出反应，随着期初的基建投资越来越多地转化为资本存量，企业的资本要素和劳动要素的效率也会提高，由此产生的正私人财富效应会超过因政府占用经济资源而导致的负私人财富效应，于是非国企家庭消费做出正向波动同时其劳动供给做出负向波动，资本要素和劳动要素效率提升的正产出效应大于劳动供给下降的负产出效应，最终经济产出呈正向波动，从而私人投资也做出正向响应。在 $t = 3$ 期及以后，因为基建投资具有正的自相关性并且越来越多地转化为资本存量，平均劳动生产率得以持续提高，所以产生了跨期替代效应，导致家庭部门的消费和劳动就业均增加，经济产出便做出正向波动，进而私人投资也表现为正向波动。鉴于政府往往更关注其政策的累积效果，本书还给出了居民消费和私人投资对基建投资冲击的 10 年的累积脉冲响应图。如图 3-7 和图 3-8 所示，给定一单位直接作用于基建投资的冲击，居民消费经历短暂的累积下降，在 $t = 2$ 期之后便一直呈累积上升之势，私人投资则一直累积向上波动。

基础设施建设作为中国政府投资浓墨重彩的部分，在改革开放以来的 40 年里，实现了跨越式发展，高速公路、轨道、通信电缆、机场、车站以及城市公用事业等得到了极大的改善。政府投资所造就的"基础设施奇迹"成为我国经济增

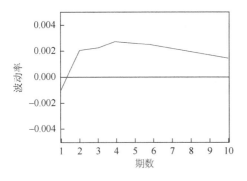

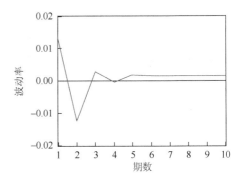

图 3-3　居民消费对基建投资冲击的脉冲响应　　图 3-4　社会就业对基建投资冲击的脉冲响应

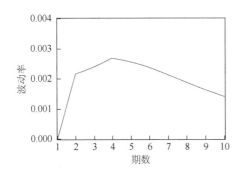

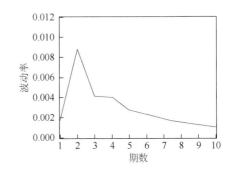

图 3-5　经济产出对基建投资冲击的脉冲响应　　图 3-6　私人投资对基建投资冲击的脉冲响应

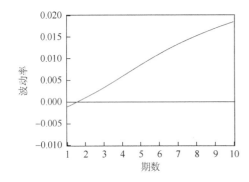

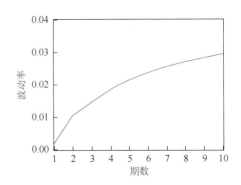

图 3-7　居民消费对基建投资冲击的累积脉冲　　图 3-8　私人投资对基建投资冲击的累积脉冲
　　　　　响应　　　　　　　　　　　　　　　　　　　响应

长最显著的加速器以及中国政府成功拉动经济增长的重要手段（Demurger，2001；刘生龙和胡鞍钢，2010；林毅夫，2013）。

　　另外，以上脉冲响应结果出乎意料地显示，作为赶超战略重要体现的政府基建投资在长期居然没有对中国业已失衡的经济结构进一步扭曲，反而对经济结构有改善性影响，但进一步分析就会发现这种结果又在情理之中。其极强的外部性对于企业而言，能够为企业提供更好的生产经营环境、便利的产品流通并能产生人力资本集聚效应，因而会吸引更多的私人投资落地；对于居民而言，很多基础设施都与民生息息相关，投资基建有利于提高居民福利水平，使得居民更愿意消费从而使整体居民消费增加。因为基建投资极强的外部性所带来的经济结构改善效应超过了其作为赶超战略重要内容所导致的经济结构扭曲效应，所以最终政府投资基建的净经济结构效应表现为对经济结构的优化和改善。

（二）政府直接投资国企对经济结构的动态影响机制

对于 SVAR02 模型，由图 3-9～图 3-12 可知，在 $t=1$ 期期间，直接作用于政府直接投资国企的扰动项增加一个单位，居民消费表现出正向波动，这与国企所承载的社会责任有关，政府直接投资和创办国企的一个重要政策目标就是利用国企吸纳剩余劳动力和失业人口，通过提高这一部分人的收入促使居民消费在总体上表现出上升波动；另外，在国企的技术选择不变的情况下，其劳动需求会增加，于是国企的劳动投入增加带动社会就业增加，整个经济的产出呈正向波动。由于经济资源的稀缺性，更多的资金流向国企使得私人投资被挤出。在 $t=2$ 期及以后，随着期初的直接投资越来越多地转变为国企的资本要素存量，国企的平均劳动生产率将持续上升，这会导致跨期替代效应和收入效应的持续存在，在两种效应的共同作用下，居民消费先短暂地上升，在 $t=3$ 期便开始转为下降态势，社会就业则上下波动，有限的经济资源被政府人为地分配给生产效率低的国企，使得直接投资需求最终没能转化为强大的生产供给，从而对经济产出的刺激效果只能是昙花一现，产出最终呈负向波动，从而私人投资也呈负向波动。此外，政府直接投资冲击的累积效果如图 3-13 和图 3-14 所示，居民消费经历短暂的小幅累积上升之后，大概从第 4 期开始便一直累积下降，而私人投资从期初便一直累积下降。

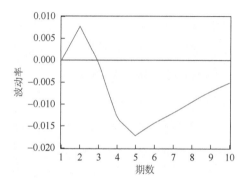 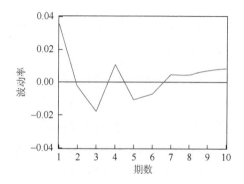

图 3-9　居民消费对直接投资冲击的脉冲响应　　图 3-10　社会就业对直接投资冲击的脉冲响应

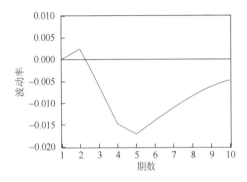

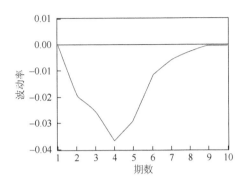

图 3-11　经济产出对直接投资冲击的脉冲响应　　图 3-12　私人投资对直接投资冲击的脉冲响应

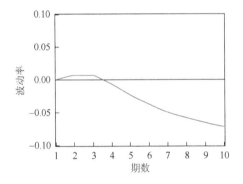

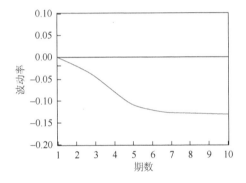

图 3-13　居民消费对直接投资冲击的累积　　　　图 3-14　私人投资对直接投资冲击的累积
　　　　　脉冲响应　　　　　　　　　　　　　　　　　　脉冲响应

　　国有企业是政府意志和赶超战略的重要载体与具象体现，长期致力于新结构经济学研究的林毅夫，更是把国有工业部门的技术选择指数作为度量发展战略赶超程度的重要指标之一（林毅夫，2002）。以上脉冲响应结果不出意料地显示政府直接投资国企会导致经济结构失衡的加剧，从长期累积效果看，将持续挤出私人投资并抑制居民消费。

　　具体而言，直接投资于不符合要素禀赋优势因而没有自生能力的国有企业，使其能够生存下来，必然是要采取某些扭曲市场的措施：在生产经营环节，一方面通过扭曲的要素市场低成本地获取和占用资源尤其是占有大量资本，另一方面预算软约束使其没有充分有效地利用资源的激励导致生产效率低；在产出实现市场价值的过程中尤其在开放竞争的条件下，政府又在国际贸易部门进行一系列的扭曲。政府通过严重扭曲有限资源的配置使得国有企业（往往是资本密集型的大企业）生存下来，但同时一些符合要素禀赋优势、有自生能力的企业（往往是劳动密集型的中小企业）没有获得应得的资源，所以其生存空间被压缩、私人投资（i）被挤出，以上两种类型的企业所面临的宏观激励结构被扭曲。因此，中国整体的产业和技术结构超越了其要素禀赋结构，更多地偏向资本密集型产业和技术，又因为资本密集型产业吸纳的就业人口相对劳动密集型产业较少加之劳动工资被长期压低，所以国民收入分配中劳动的份额持续下降，即消费主体（居民部门）的收入占比持续下降，进一步地，导致整体居民消费（c）的低迷。

四、结论与政策含义

历经 40 年的高速增长，中国经济的结构性问题日益突出，表现最为明显的是经济增长依靠大量资本投入，同时政府投资挤占了私人投资、居民消费萎靡不振等。政府是这一过程的主导者，或多或少地推行赶超战略在有效推动经济增长的同时，也导致持续的经济结构失衡问题。由于政府推行赶超战略更多地体现在政府投资领域，为了更细致地考察赶超战略在推动经济增长的同时是如何影响经济结构的，有必要分析各类政府投资对经济结构的影响：政府自上而下地推动了对基础设施建设的大量投资，既吸引了大量外商直接投资，又创造了对其上游产业产品（多为资本密集型产品）的需求；政府直接投资于没有自生能力的国有企业是赶超战略最直接的体现，为此，研究需建立在对政府投资与居民消费、私人投资等结构性因素之间作用机制的动态分析基础之上。

第一节和第二节的相关问题选用 MS-VAR 模型和 SVAR 模型展开实证研究，重点考察两类政府投资的动态经济结构效应，实证结果显示：在短期内，政府基建投资冲击使居民消费下降、私人投资上升，但从长期看，它对居民消费和私人投资的影响都是积极正向的，从而有利于经济结构的优化和经济的可持续增长；在短期，政府直接投资国企冲击刺激居民消费、抑制私人投资，而从长期看，它对居民消费和私人投资都起到了抑制作用，从而恶化了经济结构，不利于经济的可持续增长。

具体而言，政府投资基建一方面成为我国经济增长最显著的加速器，另一方面作为赶超战略的重要体现，长期对经济结构有改善性影响，可能是因为基建投资极强的外部性所带来的经济结构改善效应超过了其作为赶超战略重要内容所导致的经济结构扭曲效应，最终政府投资基建的净经济结构效应表现为对经济结构的优化和改善。

国有企业是政府意志和赶超战略的重要载体与具象体现，政府对其中缺乏要素禀赋优势而没有自生能力的个体进行直接投资。政府直接投资于不符合要素禀赋优势因而没有自生能力的国有企业（往往是资本密集型的大企业），使其能够生存下来，必然会扭曲市场和资源配置，同时一些符合要素禀赋优势、有自生能力的企业（往往是劳动密集型的中小企业）没有获得应得的资源，从而其生存空间被压缩，私人投资被挤出，因为国有企业和私有企业所面临的宏观激励结构被扭曲,所以中国整体的产业和技术结构表现为超越其要素禀赋结构、更多地偏向资本密集型产业,又因为资本密集型产业吸纳的就业人口相对劳动密集型产业较少加之长期压低劳动工资,使得国民收入分配中劳动的份额持续下降,即消费主体(居民部门)的收入占比持续下降,进一步导致整体居民消费低迷。

鉴于以上实证结果,政府在工业化后期进行发展战略转型的过程中,第一,应当逐步减少对国有企业的直接投资和扶植,把国有企业改革作为重点内容和重要抓手,让资源得到更有效率的配置。具体措施是缩减其数量和规模、硬化预算约束、允许与放开其破产、推动其向混合所有制方向发展等。第二,政府投资基建由于其极强的外部性,表现出持续改善经济结构的净效应,其实,这种净效应还有很大的提升空间。由于基建投资多依托于政府和国有企业,在过多占用经济资源的同时还出现生产效率低的情况,这既不利于经济增长,又会恶化经济结构,如果配套更多的私人资本参与、积极推广 PPP(public-private-partnership)模式,那么将会缩小因扭曲资源配置带来的经济结构恶化效应,从而放大政府投资基建对经济结构改善的净效应。

第三节 东亚模式下政府引导的战略对经济结构的影响: 以日本为例

第二次世界大战后日本开启了"自上而下"的工业现代化和经济现代化进程。日本模式在东亚地区被成功复制,东亚模式逐渐成形。与欧美等先发国家相比,日本所处的境遇截然不同。其大幅落后于发达国家经济地位的现状决定其必然以追赶为目标,而推动日本经济追赶的最初原动力来自外部,这决定了其经济追赶的实现必然不能单纯依赖于自发的民间力量,必须要有政府的介入、组织和引导(崔岩,2009)。

与日本经济的相同点在于,中国在追赶先发国家和推动工业化的过程中,也具有鲜明的政府干预和主导特征,在不同的阶段都制定有明确的产业政策。但是,中国与日本比较也存在明显的差异。日本的国民收入分配较为合理,经济结构不断优化,而中国在产业结构升级的过程中需求结构和国民收入分配结构却未能持续改善。鉴于这种反差现象,本章试图选取能够捕捉经济变量之间时变关系的 MS-VAR 模型来分析此中缘由,并实证检验日本快速工业化过程中政府发展战略及其经济绩效的时变特征。对于各国经济发展得失的讨论,跳出传统的政府干预与自由市场之争,在强政府干预的层面讨论中国政府与日本政府的行为有何异同,即通过对比工业化过程中日本的政府发展战略及其经济结构效应与中国的差异,提供对中国经济发展可借鉴的经验,得出对中国在工业化后期如何转变政府发展战略的有益启示。

第二次世界大战后东亚地区国家作为后发国家，以日本为领头羊先后开启了"自上而下"的工业现代化和经济现代化进程，使得整个东亚地区的经济从20世纪60年代中期至90年代呈现出持续高增长的景象，表现出巨大活力。"东亚奇迹"首先发生在日本，之后日本模式在东亚地区被不同程度地复制，成就了"亚洲四小龙"和"亚洲四小虎"。从1956年起，日本政府在战略的高度上确立了其后经济发展目标以经济增长为第一要务、快速赶超欧美等先发工业国家，这标志着日本政府开始采取某种旨在推动经济增长的发展战略。

在1956~1980年的经济追赶阶段，日本利用其后发优势，倾举国之力快速推进工业化，实现了经济跨越式发展。日本经济的巨大成功使得政府主导的经济发展模式在世界的一片赞扬声中被学者广泛研究，美国商务部报告形象地把政府主导型市场经济体制比喻为"日本股份公司"，整个日本经济就像一个大的股份公司，而日本政府就是这家公司的总经理。青木昌彦（2001）从博弈论和信息经济学的角度深入与系统地剖析了日本经济体制的运行机制。经济合作与发展组织也提出"三种神器"来描述日本现代企业制度的特征，即终身雇佣制、年功序列制和企业内公会。今井贤一和小宫隆太郎（1995）也讨论了企业制度及经营方面的特征。小宫隆太郎等（1988）还总结了日本在产业政策方面的特点。总而言之，日本工业化的起飞不同于欧美等先发国家，它不是源于市场经济的自然发展、缺乏先发国家所具备的自由制度背后的原动力，而是政府主导、政府替代、自上而下推动的另类过程，即政府采取了某种旨在促进经济增长的发展战略，从而人为地掀起一场工业化运动（徐平，2012）。

与东亚模式的代表日本相同，在追赶先发国家和推动工业化的过程中，中国的快速经济增长也具有鲜明的政府干预和主导特征，在不同的阶段都制定有明确的产业政策；但是，与日本的国民收入分配较为合理、经济结构不断优化形成鲜明对比（图3-15），前已述及，中国在产业结构升级的过程中其需求结构和国民收入分配结构未能充分优化。同样是由政府主导增长过程和被政府所广泛干预的经济体，为什么中国和日本的经济结构特征存在差异？日本的政府干预和发展战略与中国有何不同？日本的政府发展战略是更加偏向赶超战略还是更加偏向比较优势战略？日本经济追赶阶段的经验教训对中国经济增长有何启示？本着他山之石可以攻玉的态度，有必要有针对性地研究日本的相关问题。

当然，有关这类问题的既有文献中不乏有价值的研究，但是多基于定性和简单的统计性描述分析。为此，本章试图从统计和实证的角度，选取能够捕捉经济变量之间时变关系的MS-VAR模型来回答上述问题，实证检验日本快速工业化过程中政府发展战略及其经济绩效的时变特征。希望通过对比工业化过程中日本的政府发展战略及其经济结构效应与中国的差异，提供对中

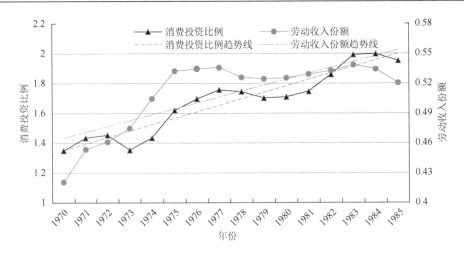

图 3-15　　日本快速工业化过程中消费投资比例和劳动收入份额走向

资料来源：经济合作与发展组织官方统计数据库

国经济发展可借鉴的经验，得出对中国在工业化后期如何转变政府发展战略的有益启示。

一、政府发展战略对经济发展影响实证分析

由于日本所采取的政府发展战略旨在促进经济增长，本章构建包括政府发展战略和经济增长速度两个内生变量在内的非线性的 MS-VAR 模型，以便有效捕捉政府发展战略的经济增长效应转变和政府发展战略的转变，在此基础上，分析和比较在不同的政府发展战略区制下，其经济结构表现有何差异。如果政府发展战略对经济增长的影响机制是不变的，则可以建立一个包括政府发展战略和经济增速等两个内生变量在内的普通 VAR 模型，来研究两个变量之间的动态关系。考虑 p 阶 k 维的 VAR 模型，其表达式如下：

$$y_t = v + A_1 y_{t-1} + A_2 y_{t-2} + \cdots + A_p y_{t-p} + u_t, \quad t = 1,2,\cdots,T \qquad (3.7)$$

扰动项 u_t 独立同分布，即 $u_t \sim \text{iid}(0, \Sigma)$。$y_t$ 为二维列向量（strategy，sgdp），其中，strategy 代表政府发展战略，sgdp 代表经济增长速度。在 VAR 系统中，经济增速不仅受到滞后的政府发展战略的影响，还受到自身滞后项的影响，而政府发展战略不仅受到滞后的经济增长速度的影响，还受到自身滞后项的影响。在线性 VAR 模型下，政府发展战略以某种特定的作用机制影响着经济增长速度。

如果政府发展战略对经济增长的影响机制是随时间而变化的，则两者表现出

非线性关系，可以建立一个包括政府发展战略和经济增长速度等两个内生变量在内的 MS-VAR 模型，来研究两个变量之间的动态关系是如何随着区制状态的转换而发生变化的。在 p 阶 k 维的 MS-VAR 模型中，式（3.7）中的截距项 v、系数矩阵 A、扰动项 u 都可以是状态依赖型的，假定 s_t 有 M 种状态，即 $s_t \in \{1, 2, \cdots, M\}$，且服从遍历不可约的一阶马尔可夫过程，关于此模型的有关设定可以参见 Krolzig（1998）的观点。

（一）变量的计算说明和平稳性检验

同样可以参考林毅夫（2002）把政府发展战略定义为政府产业政策的抽象概括，按照一国的整体产业技术结构与其要素禀赋的吻合程度，发展战略可分为赶超战略和比较优势战略。第二次世界大战后日本政府正是推行了某种发展战略才成功促进了其产业和技术的快速升级，造就了经济增长奇迹，同时使经济结构持续改善。

遵循现有文献的通常做法，本书把技术选择指数（TCI）作为赶超战略的代理变量，即

$$TCI = \frac{AVI / LI}{GDP / L} \qquad (3.8)$$

式中，AVI/LI 为人均工业增加值，其中，AVI 代表工业增加值，LI 代表工业就业人口；GDP/L 为人均国内生产总值，其中，GDP 代表国内生产总值，L 代表全国就业人口。事实上，TCI 基于一国的产业发展结果而构建，而产业结构的现状可能是经济结构自然升级的结果，也可能是政府推动的结果，在日本这样典型的政府主导型市场经济体中，其现有产业结构在很大程度上是政府推动的结果，因此，本书用 TCI 来描述政府发展战略是非常明智的。TCI 越大，表明政府所采取的发展战略越偏离比较优势发展战略；反之，TCI 越小，表明发展战略越偏向比较优势发展战略。

通常认为，第二次世界大战后日本快速工业化的起点是 1956 年，经过近 30 年的发展，其于 20 世纪 80 年代达到或超过西方先发国家（徐平，2012）。普遍的观点认为：到 80 年代中期，日本已完成追赶和工业化进程，各种重大经济指标都表明，日本的经济水平已跻身发达国家前列，其制造业整体技术水平在世界范围内都是领先的，产业结构和消费结构也都与发达国家趋同（张舒英，2007）。因此，基于本章的考察重点和宏观数据的可得性，样本的时间跨度为 1970～2014 年[①]。无论线性的 VAR 模型还是非线性的 MS-VAR 模型，都要求模型中的内生变量是平

---

① 样本数据从 1970 年开始的原因：日本自 1956 年就开始了其经济追赶，应从 1956 年开始考察政府发展战略经济增长效应的转变情况。然而，限于宏观数据的可得性，本书只能考察日本 1970～2014 年的经验数据，需要说明的是，这并不影响捕捉变量之间关系状态的转换，因为，待实证检验的转换点 20 世纪 70 年代初在可得的样本时间区间内。

稳的,因此,先对相关变量序列做单位根检验。表 3-6 的检验结果显示,变量 strategy 至少在 10% 的显著性水平上通过了平稳性检验;变量 sgdp 至少在 1% 的显著性水平上通过了平稳性检验。因此,可直接采用变量的水平序列建立实证模型。

表 3-6 各个时间序列的平稳性检验

变量	检验形式（C, T, K）	ADF 统计量	PP 统计量
strategy	（C, 0, 0）	−2.779 4* （0.069 5）	−2.746 6* （0.074 5）
sgdp	（C, 0, 0）	−4.676 703*** （0.000 4）	−4.665 9*** （0.000 5）

注:检验形式（C, T, K）中的各项分别代表常数项、趋势项、滞后项。滞后阶数根据 SIC 确定。

* 在 10% 的水平上拒绝时间序列存在单位根的原假设。

*** 在 1% 的水平上拒绝时间序列存在单位根的原假设。

（二）模型设定形式的确定和模型估计

主要通过似然比检验和滞后阶数检验（利用 AIC、HQ、SC 等三个准则综合选择滞后阶数）等两类检验来共同判断何种模型形式对样本数据过程的解释力更强。第一,通过上述两类检验能够判定 MS-VAR 模型的多种设定形式当中 MSIH（2）-VAR（1）[1]的拟合效果最好,对数据的解释力最强[2]。第二,比较 MSIH（2）-VAR（1）模型和其线性形式的 VAR（1）模型,表 3-7 的检验结果显示,无论似然比检验还是滞后阶数检验都表明 MSIH（2）-VAR（1）模型明显优于 VAR（1）模型。因此,最终选定对 MSIH（2）-VAR（1）模型展开实证研究。对模型中各参数和区制转移概率的估计采用最大似然估计法,而本书运用最大似然估计法时是基于 Hamilton（1990）提供的一种迭代算法即 EM 算法。需要提出的一点是,EM 算法对扰动项 u_t 的假设条件更加严格,进一步要求其服从正态分布。

表 3-7 对模型设定形式的统计检验

	MSIH（2）-VAR（1）模型	VAR（1）模型
滞后阶数的统计检验	AIC：0.0093	AIC：0.3232
	HQ：0.2499	HQ：0.4585
	SC：0.6581	SC：0.6881
似然比统计检验	LR（linear model，线性模型）：44.4609，表明非线性模型能够更好地拟合样本数据过程	

① MSIH（2）-VAR（1）中的 I、H 分别表明此模型的截距项、误差方差项均为状态依赖型;2 表明此模型存在两个区制状态;1 表明模型滞后一阶。

② 因为此模型可供选择的设定形式多达 16 种,所以就不再一一列举每种设定形式下的相关统计检验结果,如有兴趣,可向作者索要。

二、政府发展战略影响效应实证结果分析

（一）政府发展战略经济增长效应的区制转换情况

图 3-16 表明，在日本快速工业化过程中（1956～1985 年），变量 strategy 和 sgdp 之间的关系状态在 1973 年发生区制转换，即在 1970～1973 年，两者的关系状态处于区制 1，从 1973 年开始短暂地跳跃出区制 1，1974～1976 年在区制 2 短暂停留后，1977 年又跳跃回区制 1。变量 strategy 和 sgdp 之所以在 1973 年发生区制跳跃，是因为该时变的非线性模型捕捉到 1973 年世界性经济危机对日本经济的巨大冲击。

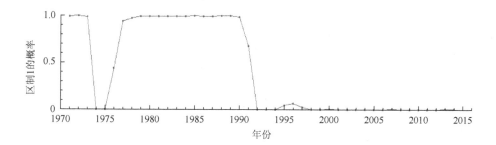

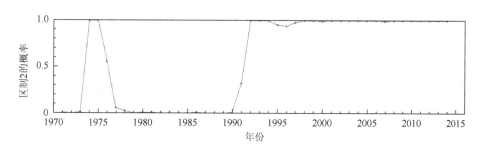

图 3-16　区制的平滑转化概率图

总体来看，工业化过程中以经济增长为优先目标的日本政府发展战略取得了其目标效果，这与徐平（2012）的观点一致，该研究也把"赶超增长"的日本模式分为赶超试验、泡沫试验等几个阶段，认为这一模式在赶超试验和泡沫试验阶段（第二次世界大战后至 20 世纪 90 年代初期）绩效相对显著。

如果进一步细致地分析政府发展战略的经济增长绩效，会发现绩效显著的工业化过程又可以细分为经济高速增长和平稳增长两个阶段，区制的平滑转化概率

（图 3-16）表明 1973 年发生了区制跳跃，结合日本经济增长走势（图 3-17），可以发现政府主导的经济增长绩效以 1973 年为界存在明显差异，因此以经济增长为优先目标的政府发展战略在 1973 年有明显转变。

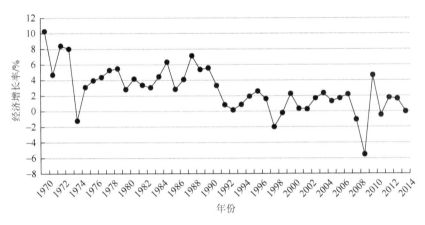

图 3-17　1970～2014 年日本经济增长率走势

资料来源：经济合作与发展组织官方网站

此外，从重要的结构性变量的变化（图 3-15）来看，劳动收入份额线性趋势线和消费投资比例线性趋势线分别在 1973 年前后和 1974 年前后穿越劳动收入份额曲线和消费投资比例曲线。具体而言，劳动收入份额曲线在 1973 年及以前、消费投资比例曲线在 1974 年及以前呈波动性上升之态，而在 1973 年之后和 1974 年之后两个结构性变量在各自的线性趋势线之上呈波动上升之态，两个变量曲线明显偏离其趋势线的波动说明对经济结构产生重要影响的政府发展战略存在显著转变，而本章的实证模型灵敏地捕捉到 1973 年是一个转变点：鉴于两个结构性变量曲线从趋势线下转到趋势线上波动，政府发展战略在转变点以后更加偏向比较优势战略。

（二）政府发展战略的非线性经济增长效应

在实证分析了日本经济结构化时变特征后，还有必要对照其实际经济发展历程，分析和梳理其经济发展战略与结构变化的现实背景与具体措施，以期从中发现对我们具有借鉴意义的经验。

关于第二次世界大战后日本经济的崛起，一个比较具有共识的看法是：日本的政府发展战略较好地利用了第二次世界大战后世界经济发展的有利局面，恰当地发挥了其后发优势。后发优势是指后进国家所具备的一种潜在优势，日本政府行之有效的发展战略在很大程度上把这种潜质充分发挥出来。从文献发展的角度看,后发优势最初是由 Gerschenkron(1962)基于经济与技术的差距提出的,郭熙保(2000)对后发优势有着比较全面的总结。概括而言,后发优势就是发展中国家作为后来发展者所具有的优势,主要包括四个方面:一是可以低成本利用先发国家的先进产业技术;二是可以借鉴先发国家在经济发展方面的其他经验,如在经济制度、宏观调控、企业管理、金融保险、财政税收、证券期货、社会保障等领域的成功或失败经验;三是资源从传统农业部门向工业部门的流动可显著提高资源的配置效率从而促进增长;四是越来越开放的世界经济,使得后发国家获得远大于损失的益处,例如,为国内生产提供了更广阔的市场,从而为生产实现规模经济和提高生产效率提供了有利条件,也为国外先进技术、资金、管理经验的顺利进入提供了有利条件。林毅夫(2003)对后发优势的内容也做了深刻的剖析,他认为后发国家在产业结构、技术水平和收入水平上与发达国家差距明显,恰好可以利用这种以技术水平为核心的差距,通过技术引进和模仿的方式,实现技术的加速升级变迁,从而推动经济的加速增长和发展。因此,后发优势的核心是低成本地利用先发国家所具有的大量先进技术而不必支付创新试错的成本。

1956~1973 年,日本的政府发展战略具体表现为重点推进产业政策,遵循其要素禀赋优势,以偏向劳动密集型的产业结构为起点,大力推进产业结构向重工业方向发展[①]。这一阶段日本经济的最大特征和优势是拥有巨大的以技术为核心的后发优势,依靠引进—模仿—创新式的低成本技术进步,通过"硬性"的行政指导结合间接的经济杠杆调控等手段来激励和保护重点技术的快速变迁与产业发展[②]。这一时期的产业政策旨在培育具有潜在发展前景的先进技术产业,并且注重这些产业的技术和生产特征符合要素禀赋结构所决定的最优技术选择。

在政府的鼓励引导下,此阶段也是技术的全面引进时期。日本政府主要采取直接的优惠税收政策和间接的经济政策来促进技术引进,从而极大地促进了技术进步。具体来说,直接的优惠政策包括对引进重要先进技术的企业给予所得税方面的优惠,对高技术含量的产业机械设备尤其是日本国内不能自主生产制造的机械设备免除进口税;间接的经济政策包括金融机构提供的以促进设备投资为直接目的的低息贷款,它在客观上达到间接助力技术引进的效果,以及旨在促进经济增长的宏观经济政策,在客观上扩大了国内需求,从而间接地促进了技术引进(生延超,2013)。

1977~1985 年,政府发展战略中引入了更多比较优势的成分,在产业技术进

---

① 从人均国内生产总值能较好地反映一国要素禀赋结构的指标来看,此阶段起步时日本人均国内生产总值是美国人均国内生产总值的 25%以上,这表明资本要素相对劳动要素不是那么的稀缺,同时,本阶段刚开始所瞄准的重点产业并非资本特别密集的重工业如造船、钢铁等(林毅夫等,1999)。

② 例如,财政金融政策、资金资助、通过设置关税或非关税壁垒来限制进口、限制外国对日本的直接投资。

步方面引入了更多自主创新的成分，产业政策的干预手段由信息诱导的"软"方式取代之前的行政指导为主、经济杠杆为辅的"硬"方式。

具体地，此阶段作用于全局产业而非个别重点产业的政策在全部产业政策中占有绝对主导份额，如应对石油危机的产业政策、解决公害问题的产业政策、应对日元升值和贸易摩擦的产业政策、对萧条产业的调整型政策等都是为适应国际国内经济环境巨变而出台的具有全局意义的产业政策；相应地，重点产业政策占比大幅缩减，外部能源环境冲击直接促使可供利用的技术选择转向（李毅，2013），在扶持知识技术密集型产业的计划中，只涉及微电子、信息产品、飞机等数个制造行业，并且扶持内容为高风险的高新技术研发而非鼓励生产规模的扩大。

此外，产业政策的干预手段由信息诱导的"软"方式取代之前的行政指导为主、经济杠杆为辅的"硬"方式（国家计委赴日产业政策研讨团，1990），1977年"禁止垄断法"的进一步完善和1980年对石油卡特尔事件的裁决都使得传统的以限制竞争为目的的行政干预手段难以为继，同时，石油危机之后经济增速的下滑直接导致政府财政收入大幅缩减，优惠税收和财政金融等经济杠杆手段因为缺乏强有力的财政资金后盾，其运用频率也大幅降低，取而代之的是以带有软指导性质的各种"展望"为主的干预手段，即通商产业省以审议会报告或文件的形式定期发布"长期经济展望"，内容包括未来产业结构变化、国内经济走势预测、国际经济环境变化、重点经济政策等，这些信息为企业未来的行为决策提供了可参考的依据。1973年石油危机后，"1975年展望"即《产业结构的长期展望》明确提出，要在稳增长的前提下，大力发展能够节省能源和资源的技术密集型产业与知识密集型产业，从而推进产业结构的高级化，提升出口产品的附加值；后来出台的"20世纪80年代展望"又提出，为了克服资源的匮乏，需确立"技术立国"的产业和经济发展路线，针对技术和产业发展提出"创造性知识集约化"构想，即把依托尖端技术的知识密集型产业定位为主导产业，来带动全局产业的知识集约化，使每个产业领域都实现软件化、系统化、专门化、反馈自动化（陈韶华，2011）。

实践结果表明，无论是占主导地位的全局性产业政策还是少部分重点产业政策，都取得了可观的效果。例如，替代石油的节约型能源的开发成功克服了石油危机；电动汽车替代有铅汽油汽车对公害的防治有突出贡献；有害气体排放标准的出台有效减轻了大气污染；经济结构从"出口导向型"到"内需导向型"的成功转型明显缓解了与其他国家的贸易摩擦。此外，半导体、集成电路、电子等知识技术密集型产业成为全球领导者，带领日本走向工业经济的巅峰（任云，2006）。

总体而言，1956～1973年，日本政府通过产业政策的推动，使巨大的后发优势得以充分发挥，从而推动了经济的高速增长；1977～1991年，虽然与先发国家的差距越来越小、后发优势越来越弱，但日本政府实施的更加偏向比较优势的发展战略，有效地推动了此阶段经济的平稳增长（表3-8）。

表 3-8　　日本在不同发展阶段和后发优势下其政府发展战略绩效

时间区间	政府发展战略	经济增长绩效	后发优势
1956~1973 年	偏向比较优势战略	高速增长	巨大
1977~1985 年	更加偏向比较优势战略	平稳增长	微弱

资料来源：日本内阁府官网。

（三）政府发展战略下的经济结构表现

1956~1973 年，第二次世界大战后日本政府实施比较优势战略积极干预经济，以推动经济增长，实施各种经济计划是最重要的干预形式之一，在此期间最为著名和影响最大的是池田内阁出台的"国民收入倍增计划"，该计划以高速增长、提高国民生活水平为目标，事实证明，该计划实施后，经济实现持续的高增长，国民收入的分配结构持续优化，产业结构和消费结构互动升级促使消费投资比例协调发展。

缩减各种收入差距是"国民收入倍增计划"的一项重要内容，它以保障劳动者的最低收入为基础，以促进劳动力的自由流动为有效手段，以缩减行业间、区域间、企业间、经济主体间、高中低收入阶层之间的收入差距为重要领域。为此，"国民收入倍增计划"指出应设立就业指导性质的机构以缓解劳动力市场信息不对称问题、出台解决流动劳动人口的住宅问题的相关政策、对因产业结构升级而失业的劳动者尤其是中老年劳动者提供职业培训和其他保障。事实证明该计划成效显著，在实现经济高速增长的同时，各种收入分配更加均衡和公平。张车伟等（2010）搜集了 1961~1973 年日本在某些方面的收入分配数据，并做了简单的统计性描述，例如，用来度量区域间收入差距的人均国内生产总值和工资的变异系数分别从 1961 年的 0.38 和 0.13 逐步下降到 1970 年的 0.28 和 0.13；用来度量企业间收入差距的小型企业与大型企业职工工资之比、中型企业与大型企业职工工资之比分别从 1961 年的 0.65 和 0.78 提高至 1970 年的 0.78 和 0.85；1961~1973 年各行业工资增速逐渐追赶上国内生产总值增速甚至在 1971 年超过国内生产总值增速，此外，虽然"国民收入倍增计划"中没有明确地把要素收入分配格局作为改善的目标，但实际上伴随"国民收入倍增计划"的实施，1961~1973 年劳动收入份额从 49.3%上升至 60.2%，大学生初任工资水平提高了 2.63 倍即从 15 700 日元上升至 57 000 日元。

产业结构和消费结构在良性互动中升级，从而投资和消费比例较为协调，不存在产能过剩的问题。"国民收入倍增计划"首先推动了产业和技术的升级，工业产业占比越来越大的事实带动了城镇化和居民收入的普遍提高，国民有了更高层次的消费需求，从 1953 年的"旧三件"（洗衣机、冰箱、吸尘器）升级到 20 世

60年代末的"新三件"（彩色电视机、空调、小汽车）；反过来，城镇化的推进和生活水平的普遍提高催生了国民对住房、交通、耐用消费品需求的急剧增加，此类消费需求的结构升级引导产业结构向重工业以及更多的固定资产投资方向发展。这一阶段的消费虽然在国内生产总值中所占份额最大，但绝对值没有增长，投资总额迅速扩张，成为此阶段经济增长的主要动力。

1977～1985年，日本政府实施更加偏向比较优势的发展战略间接干预产业发展，继续积极推动经济增长。随着工业化进入后期，主导产业由资本密集型的重工业向知识技术密集型产业转型和升级，加之上阶段的收入分配制度方面的保障性建设，劳资的收入分配格局在这一阶段更加公平合理（图3-15）；消费主体劳动者的收入占比相对投资主体资本所有者的收入占比增加；积极的财政政策和货币政策，使此阶段的消费率有缓慢上升之势、投资率持续走低，经济增长动力由投资转向消费。

因此，通过不同阶段的纵向对比可以发现：日本政府发展战略在有效推动经济增长的同时，还伴随着经济结构的不断优化。1956～1973年政府采取了因势利导的比较优势战略，这个战略"外壳"与本阶段落后的经济发展水平"内核"相匹配，借助巨大的后发优势，通过促进和便利技术引进模仿式创新，推动了产业向有潜在发展前景方向转变、符合日本实现具备要素禀赋优势的重工业快速升级的要求，不但实现了跨越式经济增长，还使得各方面经济结构不断优化；1977～1985年，经济发展水平已极大地提高，在经济发展状况"内核"已经发生质的改变的情况下，比较优势发展战略这个"外壳"也随之改变，即本阶段日本政府采取了更加偏向比较优势的发展战略，为了顺应后发优势极大减弱的情况，日本政府推动和便利自主创新以继续引导产业结构随着要素禀赋结构的升级而升级，在后发优势越来越小的情况下，该政策仍然推动了此阶段经济的稳定增长，并促进了各方面经济结构不断优化。

三、中日发展战略绩效对比及对中国的借鉴意义

中国和日本在快速工业化与经济发展过程中都有着鲜明的"政府主导"或"政府干预"特征，都推行了某种旨在促进经济增长的政府发展战略，并且都创造了令世界瞩目的经济增长奇迹；然而，中国在此过程中的结构特征未能充分优化。日本的历史经验值得研究和借鉴。

现有文献很少有直接研究日本政府发展战略对经济结构影响的，本书尝试从统计和实证的角度，选取能够捕捉变量之间时变关系的非线性MS-VAR模型，来实证分析日本政府的发展战略与经济增长、经济结构（不仅包括产业结构，还包括国民收入分配结构和需求结构）在不同历史时期的关系状态。

　　把本章基于日本经验的实证结果与第二章基于中国经验的实证结果进行对照可以发现：一方面，从总体上看，在经济追赶和快速工业化过程中，中国和日本政府所推行的政府发展战略存在一定的差异，即中国政府自1978年以来或多或少地推行了赶超战略，在推动经济高速增长的同时经济结构调整缓慢；而日本政府自第二次世界大战后快速工业化以来或多或少地推行了比较优势的经济发展战略，在推动经济高速增长的同时，经济结构也呈现出持续改善之势。另一方面，就政府发展战略的转变而言，在经济追赶和快速工业化过程中，中国和日本政府发展战略的变化轨迹也存在差异，即中国经历了由较弱的赶超战略到较强的赶超战略，再到较弱的赶超战略的转变过程，日本在1956～1973年存在巨大后发优势的阶段，其政府采取了比较优势战略，在经历经济高速增长以后，于1977～1985年进入微弱后发优势阶段，日本政府采取了更为市场化的发展战略，这不但维持了经济的稳定增长，且进一步促进了其经济结构优化。

　　根据林毅夫（2010）的研究，日本政府采取比较优势战略很大程度上源于其资源的贫乏。政府难以动用和集中足够的资源去长期扶植没有自生能力的企业，从而在客观上不得不"自主地"选择比较优势战略，为符合要素禀赋优势、具有近期可得增长前景的企业提供政策支持。日本政府在快速工业化过程中实行的比较优势战略，不但取得了理想的经济增长绩效，而且使经济结构持续改善，这对现阶段处于艰苦转型过程中的中国而言极具借鉴意义。第一，中国政府亟须推动赶超战略转向比较优势战略。近年来经济增长放缓、资源和环境约束日益严峻的现实，表明中国政府所推行的赶超战略和依靠大量要素投入的粗放型增长模式已不可持续，随着追赶进程的推进，中国可利用的后发优势明显削弱，加上人口老龄化和国际市场需求转向"利空"，政府以往推行的赶超发展战略亟须向比较优势战略转型，按照自身的要素禀赋情况，引导和鼓励具有近期可见的发展前景的产业技术自主创新，因势利导地实现技术进步，实现增长动力的转换，从而实现经济结构的改善以及可持续的增长和发展。第二，实现战略转型要把国企改革作为重中之重的抓手，如果能有效地推动国有企业的改革从而纠正资源配置的扭曲，那么政府发展战略的转型就可以事半功倍。国有企业改革的基本方向是引入更多的市场机制成分，使其更多地与市场经济融合。

下篇　对外开放战略的影响

第四章　贸易开放战略对劳动收入占比的影响研究

在上篇讨论了政府引导的发展战略的理论逻辑，以及在投资和经济结构上调整发展战略所带来的经济绩效，而本篇将分析对外发展战略的经济影响。具体而言，在本章中将分别基于劳动收入和企业生产率两大视角分析对外经济发展战略，并由此对中国经济发展提供可借鉴的政策意见启示。在劳动收入视角中，着重实证分析经济发展、贸易开放、发展战略三大类因素对劳动收入造成的影响。同时结合中国国情，为提高劳动收入份额，将从经济体制、经济战略等几大方向探讨如何扭转中国所处的不利现状，改变求大求快的思维，注重各产业协调发展，破除制度藩篱，从根本上解放生产力，最终突破阻碍企业生产率发展的障碍以提升中国经济实力与贸易地位。

在企业生产率视角下，本书分为两种方向，一个方向着重于分析企业出口生产率现状与状态，其着眼于分析企业研发投入对于企业关键性竞争力——企业全要素生产率的作用机制。经过实证分析可以发现，第一，企业研发投入与中间品进口之间相互影响，相互促进，更为重要的是，研发投入与中间品进口对企业全要素生产率有"协同促进效应"，这一生产率促进机制要比企业研发投入或中间品进口对生产效率的单独促进影响更大；第二，价格加成、中间品等因素是影响企业出口"生产率悖论"的主要因素。进出口企业价格加成最大，只出口企业价格加成最小，不同出口企业之间的价格加成存在巨大差异，一些针对中国的实证研究发现中国出口企业存在"生产率悖论"。中国出口企业产生"生产率悖论"是部分出口企业的生产率低所导致的，不同出口企业之间的生产率存在巨大差异。在此框架下本书拓展了异质性企业贸易理论，将国家之间的比较优势和要素禀赋差异纳入分析框架中，并考虑企业进口状态对企业价格加成的影响，中国出口企业价格加成所呈现出的复杂特点是可以得到解释的。

劳动收入是全球各国长期关注的重点问题。第三章提到1956～1973年，第二次世界大战后日本政府实施比较优势战略期间最为著名和影响最大的是池田内阁出台的"国民收入倍增计划"，其中缩减各种收入差距是其一项重要内容。进入21世纪以来，尤其是2008年全球金融危机后，全球经济缓慢复苏，劳动力市场的相关问题对各国经济发展形成挑战。

进入工业化中期阶段后，虽然经济增长仍然是经济发展的主要动力，但是保障就业和收入水平受到越来越多的关注。劳动者工资的持续提高以及劳动力市场发展既是经济可持续发展的驱动机制，也是经济增长和经济发展的目的。反之，劳动收入下降则明显限制了居民消费对经济的拉动力量，极易形成中等、高等收入陷阱。

当前国际范围内收入分配"资强劳弱"局面普遍存在，要素间收入差距拉大的全球性趋势显然无法简单地由经典的宏观经济理论和经典的对外贸易理论解释。本章基于开放型经济背景，着眼于劳动收入占比来对贸易开放战略模式进行具体研究，并将其分解为三个循序渐进的问题：要素收入如何由多方面因素共同决定？作为供给侧的生产要素投入具有什么长期特征？发展中国家劳动要素丰裕但并未受益，是否源于外来冲击造成的经济结构扭曲？

本章针对中国赶超发展战略中的技术选择、分配效应，运用偏向型技术进步的分配理论，强调要素增强型技术存在要素偏向，因而用常数替代弹性（constant elasticity of substitution，CES）生产函数代替科布-道格拉斯生产函数弥补后者在解释经济现实上的不足；基于偏向型技术进步的分配理论，划分技术给定和技术内生两种情况并对分配效应进行实证分析；检验资本深化过程中要素禀赋变迁等经济发展过程、对外开放、对内发展战略这三大类因素的分配效应。

第一节　劳动收入的国际国内趋势

横向对比表明，第一，全球无论发达经济体还是发展中经济体自 20 世纪 80 年代以来经历趋势性下滑。日本、德国、美国劳动收入份额每 10 年分别下降 4 个百分点、3 个百分点、2.9 个百分点（图 4-1），只有英国上升了 1 个百分点；第二，我国劳动收入份额与同期发达国家存在明显差距。中国劳动收入份额与美国、英国、法国、德国、俄罗斯及西班牙等后工业化国家相比，低 5～10 个百分点[①]。

纵向对比表明，我国劳动收入份额自 1996 年达到 51.76% 的高位后持续下降（图 4-2），目前处于历史低位。即使排除 2004～2007 年统计口径缩窄的数据（期间自我雇佣所得纳入资本收入），1993～2012 年劳动收入份额仍整体下降 3 个百分点。分省际来看，无论经济发展水平如何，多数省区市近十几年都经历了劳动份额的大幅下降。表 4-1 中各省区市按降幅大小排序。按照年平均值来看，前三名依次是西部地区的西藏、广西、宁夏和湖南（其中宁夏和湖南并列第三名），后三名依次是中东部地区的上海、天津和黑龙江。乍看之下劳动收入份额与经济发展水平呈负相关关系。

20 世纪 90 年代以来，中国经济总量增长创造的国民收入并没有成比例地落入居民口袋，工资涨幅远不及经济增长速度。《中国统计年鉴》数据显示，1978～2012 年中国经济保持年均 9.87% 的增长，而城镇就业单位在岗职工工资的年均增

[①] 具体数据参见中国统计出版社出版的《2015 年国际统计年鉴》。

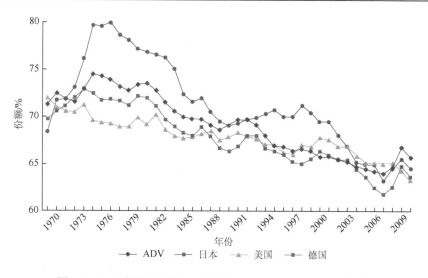

图 4-1　主要发达经济体劳动收入份额变迁（1970～2010 年）

ADV 为 16 个高收入的 OECD（经济合作与发展组织）成员国劳动收入份额的平均值

资料来源：国际劳工组织. 全球工资报告 2012—2013 年：工资与平衡性增长[R]. 日内瓦：国际劳工组织，2013：43

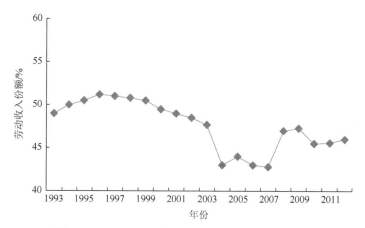

图 4-2　1993～2012 年我国劳动收入份额变化情况

资料来源：1994～2013 年《中国统计年鉴》中生产总值收入法构成数据

表 4-1　中国省际劳动收入份额概况（1993～2012 年）

地区	劳动收入份额			地区	劳动收入份额		
	平均值	标准差	变化幅度		平均值	标准差	变化幅度
全国	0.4753	0.0302	−0.0301	河南	0.5449	0.0832	−0.0382
陕西	0.5012	0.0974	−0.2012	新疆	0.5394	0.0577	−0.0359
江西	0.5342	0.0882	−0.2006	湖北	0.5207	0.0709	−0.0344

地区	劳动收入份额			地区	劳动收入份额		
	平均值	标准差	变化幅度		平均值	标准差	变化幅度
西藏	0.6474	0.0982	−0.1930	天津	0.4183	0.0700	−0.0279
内蒙古	0.5182	0.1030	−0.1759	浙江	0.4371	0.0361	−0.0133
吉林	0.5224	0.1104	−0.1553	江苏	0.4557	0.0471	−0.0117
四川	0.5250	0.0559	−0.1331	山西	0.4471	0.0671	−0.0039
安徽	0.5089	0.0483	−0.1188	重庆	0.5184	0.0308	−0.0024
青海	0.5619	0.0794	−0.1179	广西	0.6007	0.0822	0.0025
贵州	0.5591	0.0731	−0.0771	辽宁	0.4638	0.0296	0.0170
山东	0.4262	0.0499	−0.0757	河北	0.5036	0.0600	0.0172
湖南	0.5640	0.0763	−0.0720	云南	0.4655	0.0198	0.0211
福建	0.4914	0.0335	−0.0613	上海	0.3636	0.0221	0.0307
广东	0.4680	0.0424	−0.0604	宁夏	0.5640	0.0643	0.0429
甘肃	0.5002	0.0505	−0.0557	北京	0.4661	0.0290	0.0543
黑龙江	0.4191	0.0498	−0.0443	海南	0.5372	0.0510	0.0548

注：①摘编自 1994～2013 年《中国统计年鉴》；②"变化幅度"历经的时间跨度为 1993～2012 年。

长速度仅为 7.64%。劳动要素在初次收入分配中地位下降是其主要原因。在收入法核算的国内生产总值构成中，劳动收入份额由 1993 年的 48.61% 逐渐下降到 2012 年的 45.59%（图 4-2）；同时资本所得和政府税收收入占比逐渐上升，一定程度上呈现资强劳弱局面。而中国国内需求是工资领导型，劳动收入停滞不前最终会抑制消费，拖累经济增长（黄乾和魏下海，2010）。

把握收入分配的决定机制有利于实施有效措施扭转收入差距拉大的局势，保证经济活力。但是，收入分配在世界范围内的各种趋势常常背离经典的经济增长理论与国际贸易理论的预期。新古典经济增长理论认为生产要素的收入份额应为常数，与要素禀赋、资本深化程度无关；经典的贸易开放理论，从赫克歇尔-俄林模型即要素价格均等化理论到斯托尔帕-萨缪尔森定理（S-S 定理）皆表示，贸易开放加大，有助于发达国家资本要素价格及收入份额上升和发展中国家劳动要素价格及收入份额上升。这显然无法解释全球劳动收入份额下降、后发国家工资增长步伐远低于其经济增速的现实。而考虑技术进步的内生经济增长理论基于资本与劳动要素的互补性认为劳动收入份额应该上升，在研发路径完全依赖上一期的极端情形下甚至为常数。

对于现实与理论的偏离，学者也从产业结构、政府政策、技术引进等不同角度进行剖析。总之，国民收入在要素之间的初次分配机制错综复杂，理论解释莫衷一是，现实冲击因素纷繁复杂。建立统一的理论框架并用实证检验分辨各因素的净效应实属必要。本书考虑中国改革发展的历史阶段，以技术内生的经济模型为基准，分析开放经济下对外开放战略的影响，政策冲击下对内赶超发展战略的影响；同时考虑技术引进、中国贸易结构等重要因素。

　　劳资分配差距持续扩大不仅影响居民增收和幸福感增加，还会因为抑制消费而减少投资，阻碍产业结构转型升级和经济向可持续增长方式转型。因此，深化收入分配制度改革被中国政府列入重要议程。初次收入分配决定着分配的公平性。初次分配应符合生产要素的贡献率，即功能性分配，一旦存在结构性不均，借助税收及转移支付等再分配手段会引致大量的无谓损失。

　　中国改革开放40年，经济结构以及政策刺激面临深刻转型。对内改革发展、对外贸易开放的基本国策推动了中国发展"奇迹"的诞生，那么这些政策对福利分配的影响如何呢？在国内大量人口就业得到解决的同时，劳动收入在国民收入中占比反而减少，单位劳动报酬与劳动者地位更大幅度地下降了。通过条分缕析地分解各因素的净效应，有利于全面客观地评价政策措施。通过认清成效、消除机制扭曲，可以调整激励措施适应新常态，释放对要素市场、产品市场、金融市场的各项供给侧抑制，有利于发展全民受惠的包容性增长方式，实现共同富裕。

　　此外，了解技术进步和全球化的长期影响，有利于我国顺应要素禀赋的比较优势推进创新，升级产业结构，提高对外开放质量。

第二节　贸易开放影响劳动收入占比的理论概述

　　按要素分配是功能性收入分配，主要考察各生产要素的回报份额是否与其贡献相匹配的问题。国民收入在初次分配中分为劳动者报酬（居民部门收入）、生产税净额（政府部门收入）、营业盈余和固定资产折旧（即资本报酬，企业部门收入）三类。劳动者报酬指劳动者从事生产所获得的全部报酬，包括工资、奖金和津贴。劳动者报酬即劳动要素的收入，为居民部门收入。生产税净额指企业在经营活动中被征收的各项税金及附加费、规费扣除掉生产补贴后的净额，为政府部门收入。固定资产折旧指在使用寿命对应计提折旧进行系统分摊。营业盈余指生产增加值扣除前三类后的余额。固定资产折旧与营业盈余之和是资本要素收入，为企业部门收入。各要素收入占国民收入的比例即劳动收入份额或占比、资本收入份额或占比、政府收入份额或占比，简称为劳动份额、资本份额与政府份额。

　　在新古典经济学早期，要素收入分配的相关研究集中在两个层面。一是资本与劳动之间的收入分配。因为资本与劳动间为单位替代弹性，所以劳动收入份额为常数。二是劳动者内部的收入差距，对技能溢价即熟练劳动者与非熟练劳动者的相对报酬的研究逐渐热门起来。

随着经济现实的变迁，收入分配研究依次衍生出开放经济、技术进步、制度冲击三大类理论。20 世纪中期，南北国家贸易扩大对经济较发达国家与后发国家的劳动收入产生了相反的影响；20 世纪 70 年代开始，对技术进步的认识与生产函数的改进，促进了对偏向型技术进步的考虑；20 世纪末 21 世纪初，对发展中国家尤其是制度经济学研究的兴起，为收入分配研究引入了制度、政策的考虑。按照收入分配理论的发展脉络，先后对开放经济效应、技术进步效应、制度干预效应梳理既有文献，框架图如图 4-3 所示，为提出本书研究思路提供借鉴。

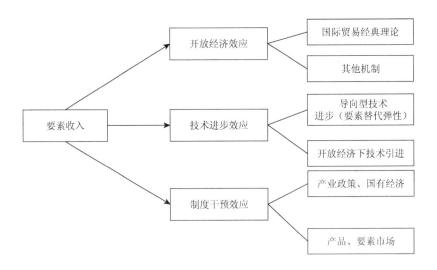

图 4-3　要素收入分配主要理论发展框架图

一、开放经济的收入分配效应

随着全球化背景下南北贸易扩大，工业化国家与后发国家的收入分配分别向资本要素、劳动要素倾斜，20 世纪中期学者开始侧重研究开放经济下国际贸易对收入分配的影响。随后，延伸到对加工贸易、国际直接投资、国际金融的分配效应的研究。

国际贸易经典理论李嘉图模型的核心含义是，国际贸易模式取决于比较优势，各国劳动生产率的差异在贸易中占重要地位。赫克歇尔-俄林模型论证了在给定商品价格时，各国要素价格会逐渐均等化。20 世纪 40 年代萨缪尔森与斯托尔帕用一般性框架解释商品价格与要素价格的一一对应关系。根据经典的 S-S 定理，各国以要素禀赋决定的比较优势参与贸易，其相对丰裕要素的回报会上升。经过贸易品价格趋于一致，要素价格或回报逐渐均等化。这实质上是不存在技术变迁、政府影响的理想情形。

尤其是 20 世纪 70 年代以来，经济全球化向纵深发展。贸易开放对世界各国各地区乃至世界范围内的分配格局带来了深刻改变[①]。贸易往来、跨国投资对于各国的产品价格、生产要素丰裕度以及要素价格带来了冲击。发达国家劳动收入份额下降、发展中国家经历短暂的劳动收入份额上升，符合 S-S 定理预期。发展中国家出口结构以劳动、资源密集型产品为主，应使劳动报酬特别是非熟练劳动者报酬上升，技术溢价缩小且劳动收入整体上升。但长期趋势是全球化压低了发达国家、发展中国家的劳动收入水平（Harrison et al.，2004；Matthew，2007），有违理论预期与发展贸易的愿景。

其实，近几十年的经济开放效应深受政治经济环境的影响。20 世纪初资本主义国家与殖民地及民族独立国家间（南北国家间）以产业间贸易为主，而现在国际贸易形式更加细致复杂。一方面，技术进步、外商直接投资、国内要素价格管控会因为"共振"效应而产生内生性问题，即一些因素与自变量、因变量同时相关，混淆两者间的真实关系；另一方面，随着国际分工细化，跨国贸易逐渐以产业内贸易为主。在多个国家分担生产环节的贸易模式下各国的比较优势需要更细致地划分，剔除其他制度经济因素作用。

我国出口的比较优势仍在廉价劳动力上，但劳动者受惠较少。我国在参与全球分工的过程中尽管经历了出口结构的动态变化，但若只观察最终产品，我国出口以资本技术密集型产品为主[②]。但从价值链的增值环节来看，中国的比较优势仍体现在廉价劳动力上。但诸多研究表明机电产品出口受传统劳动力优势驱动的因素仍很大（张乃丽和崔小秀，2009；陆春平，2005；林浩等，2005）。值得注意的是，出口品中加工贸易也占了一半以上，外资企业及出口加工贸易构成贸易顺差的主要来源，我国在国际贸易中仍旧处于劳动密集型环节（殷功利，2012）。

考虑错综复杂的政治经济环境，学者给出的实证分析和理论解释众说纷纭，包括出口生产的规模经济、资本在世界的强势地位、国际产业分工、出口企业的工资水平。

（1）Helpman 和 Krugman（1985）认为，规模收益递增会使所有生产要素都得到好处，甚至包括一些稀缺要素。但该说法无法解释发展中国家劳动报酬的下降。

---

　①　西方国家与新兴经济体的经济往来继续深化，资本品出口价格上涨，资本要素重新回到强势地位，同时其国内工会势力被海外廉价劳动力削弱，企业利润快速上升而工资增长缓慢。

　②　2003 年中国机电产品出口在出口品总值中占比首次超过 50%，并逐年攀升。

（2）Harrison 等（2004）、Slaughter（2007）从世界市场"资强劳弱"的格局出发，认为全球化使资本在世界范围内流动性增强，弱化劳动谈判地位，恶化了劳动收入现状。

（3）现代社会的国际分工逐渐脱离了传统的产业间贸易模式，出口结构反映的国际价值链分工受到跨国公司主导。发达国家的先进资本将产业链中的低端环节转移到后发国家，在全球地位强势。中国等发展中国家进出口结构以加工贸易为主，看似符合劳动力丰裕的比较优势，实则"为他人作嫁衣"，抑制了劳动力地位上升。

（4）还有一些学者归因于熟练劳动技术溢价提高给非熟练劳动工资带来的负外部性。当然这也可能是出口企业本身技术含量较高导致的（周明海等，2010）。

二、偏向型技术进步的分配理论

南方国家（泛指发展中国家）的对外贸易相对于发达国家的经济体量较小，显然对近 30 年其资本收入份额平均 10% 的上升解释力不足。应从经济增长自身寻找原因，要素禀赋与技术进步作为供给因素起到根本性作用。对生产函数、生产要素替代弹性的认识的突破，以及 21 世纪初自成一统的导向型技术进步理论推动了偏向型技术进步的发展。

因为对要素替代弹性为 1 的质疑，以及科布-道格拉斯生产函数难以解释经济现实，所以学者意识到不同的生产要素之间存在替代性或互补性。因此要素增强型技术存在要素偏向。CES 生产函数的提出[①]也为建立市场一般均衡、解释工资溢价与收入分配提供了基础。同时，技术发展确实存在要素偏向。因为技术因素逐渐内化到生产要素中，所以要素收入逐渐受到技术偏向的影响。

（一）内生性技术进步理论

内生性技术进步最早可追溯至 Hicks 的引致性创新。技术创新的目的在于节约使用变得昂贵的生产要素。Kennedy（1964）从技术供给的角度，认为"创新可能性边界"决定了要素收入分配，并且在均衡状态下要素收入份额不变。

但是，偏向型技术进步理论基于现实，认为技术不仅能提高某些生产要素的生产率，还改变着要素投入的边际生产率。该理论从微观决策出发，将技术进步内生，增强了对技能溢价、国家间收入差距、劳动收入份额下降等现象的解释。

[①] CES 生产函数是 1961 年由阿罗（J. K. Arrow）和索洛（R. M. Solow）等提出的。

要素禀赋作为供给侧因素决定技术进步方向，实质上契合萨伊定律供给创造需求的思想。

（二）导向型技术进步理论

20 世纪 90 年代，Romer（1990）、Grossman 和 Helpman（1991）、Aghion 和 Howitt（1998）推进了对技术内生变迁的研究。Acemoglu 的一系列论文（Acemoglu，2002a，2002b，2003a，2003b）从微观主体的行为动机出发，将偏向型技术进步理论进一步推进为导向型技术进步，强调各部门利润最大化对技术的导向作用。

（三）导向型技术进步模型

导向型技术进步模型核心在于，设定生产函数为 CES 函数；要素增进型技术进步不等同于要素偏向型技术进步。生产要素间的替代弹性是决定技术进步要素偏向的关键。

$$Y(t) = \left\{ \gamma_l [A_l(t)L(t)]^{\frac{\varepsilon-1}{\varepsilon}} + \gamma_z [A_z(t)Z(t)]^{\frac{\varepsilon-1}{\varepsilon}} \right\}^{\frac{\varepsilon}{\varepsilon-1}} \tag{4.1}$$

如果 Z 为资本，L 为劳动，ε 为劳动密集型产品与资本密集型产品的替代弹性，那么 $A_l(t)$ 增长类似于增加了劳动投入，体现了劳动增进型技术进步，也称为阿罗中性的技术进步；$A_z(t)$ 体现资本增进型技术进步，也称为索洛中性的技术进步。当技术进步使某一生产要素相对边际产品增加时，称其偏向于这种要素。即 $\frac{\partial(\mathrm{MP_z/MP_l})}{\partial(A_z/A_l)} > 0$ 时，技术进步偏向于 Z，若小于 0 则偏向 L。由式（4.2）可知，当 $\varepsilon > 1$ 时，两种生产要素相互替代，资本扩张型技术进步导致资本偏向型技术进步；当 $\varepsilon < 1$ 时，两种生产要素相互补充，资本扩张型技术进步反而导致劳动偏向型技术进步；当 $\varepsilon = 1$ 时，生产函数为科布-道格拉斯形式。

$$\frac{\mathrm{MP_z}}{\mathrm{MP_l}} = \frac{\gamma_z}{\gamma_l} \left(\frac{A_z(t)}{A_l(t)} \right)^{\frac{\varepsilon-1}{\varepsilon}} \left(\frac{Z(t)}{L(t)} \right)^{-\frac{1}{\varepsilon}} \tag{4.2}$$

导向型技术进步强调的是，生产厂商的利润对劳动品和资本品两部门技术、设备研发的导向作用。V_z、V_l 为两部门创新活动价值的净现值，P_z、P_l 为两部门产品的价格水平。价格效应、市场规模效应影响厂商创新活动的利润及技术偏向路径。价格效应鼓励技术创新偏向于稀缺要素；市场规模效应则鼓励技术创新使用丰裕要素利用广阔的消费市场。经济均衡时，技术进步偏向取决于两种要素替代弹性。

Acemoglu 等认为，①资本与劳动存在互补性，因此随着资本积累，长期中技术进步为劳动增进型以及劳动偏向型的。技术研发对过去的状态依赖大，则要素收入份额趋向于常数；②同时，熟练劳动者（技术工人或人力资本）与非熟练劳动者之间存在强替代关系，因此前者供给增多反而能在长期引起工资溢价上升。这一观点强有力地解释了欧美国家高等教育发展对劳动力市场的影响。整个 20 世纪 70 年代，美国高等教育经历史上规模最大的一次扩张。大学生供给骤然上升使得其工资溢价在 70 年代持续下降。但是自 80 年代开始，工资溢价持续走高。这得益于长期中产业间、产业内的结构调整明显增加了对人力资本的需求。熟练劳动者与资本关系更加紧密，与普通工人存在强替代关系。

（四）开放经济与技术进步的相互作用

开放经济实际上会影响一国的技术进步偏向。因为全球化可能会影响到不同国家研发和技术使用的类型，所以将偏向型技术进步理论与国际贸易理论结合，解释不同国家技术进步的方向和收入差距是另一研究方向。

具体来说，在贸易开放的冲击下，各国较丰裕要素价格上涨，对技术进步的价格效应凸显，吸引技术偏向该要素发展。发达国家对外贸易，资本突然变得相对稀缺；资本密集型技术可以在全球范围内获得专利收入，极可能使得其技术朝吸收更多资本要素的方向发展（Acemoglu，2002a，2003a）。而对于发展中国家来说，对外贸易、技术的"拿来主义"很可能使其技术进步偏离自身内生发展轨道，违背劳动较丰富的要素禀赋结构。提前采用发达国家资本密集型的技术，可使资本更加强势。

前面所述的赫克歇尔-俄林模型及 S-S 定理讨论的是技术不变的理想情形：国际贸易通过产品价格、要素价格均等化带来的较丰裕要素收入上升。然而事实上，发达国家的产业资本、发展中国家引入的先进资本显著促进了技能偏向型技术进步。发展中国家扩张劳动密集型产品出口，本应扩张对非熟练劳动的需求且边际报酬并不下降。国际贸易、投资配合是发达国家资本主导的比较优势，并不一定适合发展中国家的要素禀赋结构，转移资本密集型产业并非内生于其比较优势。

（五）生产函数的参数测定

近年，有关生产函数的研究中，测定各参数包括生产要素替代弹性 ε 占有十分重要的地位。有关生产函数的研究对替代弹性的争议越来越大。熟练工人对非熟练工人间替代性非常强（$\varepsilon > 1$）成为共识（Angrist，1995；Card and Lemieux，2001；Acemoglu，2002b），既有研究的分歧集中在资本与劳动要素的替代弹性上。

大多数学者通过测算短期数据，认为替代弹性小于 1（雷钦礼，2013）。但是罗长远和张军（2009a）对中国几十年长期数据的测算发现，中国的替代弹性可能大于 1。Piketty 在 *Capital in the Twenty-First Century* 中呈现了大量数据。针对利润所得逐渐升高的现象，他认为资本与劳动的替代弹性实际上大于 1，否则无法解释资本迅速积累下收益颇丰的现象。而 Karabarbounis 和 Brent（2014）对劳动收入份额的全球性下跌的解释也是该弹性大于 1，越来越便宜的资本替代了劳动投入。

三、政策制度与发展战略关系分析

经济发展起步晚的发展中国家，倾向于实施带有偏向性的产业政策，企图通过不平衡发展优先发展资本、技术密集的产业，以超越自身发展路径，缩小与发达国家的差距。而中国作为社会主义市场经济国家，政府调控和经济制度的影响更为深远广泛。赶超发展战略，指通过扭曲产品和要素价格、以制度安排替代市场机制；提高国家调配资源的能力，突破资金短缺对发展资本密集型产业的制约，从而使产业结构达到发达国家水平的经济发展战略。

实证研究表明，在发展战略的作用下，中国、印度等后发国家的市场机制受到干扰导致要素价格倒挂，收入分配扭曲加剧。赶超发展方式能通过国际贸易、外商直接投资以及技术引进产生间接影响，使得技术发展偏向于资本。国际贸易并未如期缩小中国、印度的要素分配差距、改善劳动者福利，反而加剧了资本的强势地位。人为地压低资本使用成本使得高技术发展继续依赖于或内嵌于资本要素的大量投入，分配时资本所有者攫取大量利润。在就业扩张时期劳动收入份额下降，说明单位报酬增速在更大程度上落后于生产效率与资本报酬的增速。中国的对外开放扩大与对内赶超发展战略超过了 S-S 定理的效应，技术选择违背了后发国家的比较优势而偏向资本（李卓和李智娟，2014）。

发展战略和政策制度对经济的公平与效率影响巨大。顺应比较优势平衡发展还是调度资源进行赶超，是宏观经济政策领域历久弥新的议题。1992 年后中国的发展战略由注重平衡转向非平衡的赶超，既奠定了增长"奇迹"的制度基础；也极可能因为全面干预要素价格、技术与要素的吸收配合情况（即技术的要素偏向）及产品价格，导致最终挤压劳动收入。因为资本技术密集型产业产值高、便于征税（张全红，2010），地方政府在税收激励与政绩竞争下，争相创造宽松环境降低投资成本；常年抑制贷款利率、工资水平、环境保护费用（杨俊等，2010）；与此同时，为保障企业盈利，通过一系列的税收、补贴①抬高资本品价格。简言之，在初次收入分配过程中，政策的产业偏向即向资本要素让渡收入分配；诱导企业加大对较稀缺要素即资本的相对投入，从而增加资本在分配中的占比，加速资本存量积累，最终结果是倾轧劳动收入。

行业间收入差距拉大是要素收入差距加剧的主要渠道（Schwartzman，1960；Pugel，1980；Nickell，1996）。政策制度通过国有经济和垄断力量影响市场化水平，并最终影响收入分配。市场化水平越高，劳动流动越顺畅，越有利于生产要素优化配置。非国有竞争性行业、国有垄断行业、国有竞争性行业，各自的要素回报与其贡献的偏离程度不一。林峰（2013）和张帆（2013）认为垄断行业对收入不平等有显性的贡献。

不同所有制和劳资谈判影响垄断利润转化为劳动或资本收入的比例。如果是非国有企业，且不存在劳资间谈判机制，那么垄断利润为资本所有者攫取，资本要素份额会提高甚至高于其贡献；相反，如果是国有企业且企业所有者“虚位”，垄断利润则转化为劳动（包括高管）收入，劳动收入份额提高。行业收入差距过大，国有垄断行业劳动（包括管理层）收入高于全国平均，私营企业劳动收入低于全国平均（杨兰品等，2015）。

Bentolina 和 Saint-Paul（2003）用抽象函数描述了劳动收入占比的决定方程。他们以资本深化为逻辑主线，在研究经济合作与发展组织国家要素收入份额变动时，基于理论与现实的差距，考虑了上述各主要影响因素。以 SK 曲线表述劳动收入份额 L_s 与资本产出比 K/Y 的下倾关系，其他影响因素可以分为以下三类。

（1）资本深化引起 L_s 在 SK 线上滑动，可以用资本产出比表示，即资本存量与产出的比值；Diwan（2000）发现资本产出比对于富裕国家的劳动收入占比有促进作用、对穷国的劳动份额有反作用。

（2）使劳动收入曲线平移的因素是技术进步。他们发现全要素生产率对经济合作与发展组织国家劳动收入占比产生显著负影响，并解释为技术进步的资本增强性。Guscina（2006）同样暗含资本与劳动的替代性，用单位劳动时间或单位从业人员的国内生产总值衡量技术水平，考察 18 个工业化国家的收入分配。

（3）使劳动收入占比偏离 SK 线的因素各种各样。包括全球化下资本“谈判力量”强化、经济民营化、财政支出和政府消费、人力资本和自我雇佣机会。

---

① 例如，划定产业目录，给予税收优惠、土地使用费减免及各种补贴；实行低工资制度，降低环保要求；提供低成本融资贷款；为大型企业保持垄断地位提供帮助等。在一些行业和企业里，差别化所得税的制度安排一直持续到 2010 年之后。

罗长远和张军（2009b）基于这种分类方法，用抽象函数直接定义劳动收入份额： $L_{sit} = \phi(\text{Moveoff}_{it}) \times \varphi[(K/Y)_{it}, \text{ShiftFactor}_{it}]$ 。Bentolina 和 Saint-Paul（2003）等西方学者的研究对象为工业化国家。而罗长远和张军（2009b）等国内学者侧重于对中国经济，尤其是技术进步效应和各种因素的偏离效应的研究。

总之，劳动收入受到经济发展、贸易开放、发展战略三大类因素的影响。经济发展内涵广泛，不仅指经济总量的扩张，更侧重经济结构变迁，包括技术进步、资本深化、产业结构变迁、市场自由度变化等诸多因素。各因素不仅改变对生产要素的吸收能力（投入量），还改变其边际投入的产品产量与价格水平（要素单位报酬）。本书将既有研究中各因素的作用机制总结如下，理论框架示意图如图 4-3 篇所示。

第一，根据既有的国别实证研究，劳动收入份额随着经济发展先下降后上升而呈现 U 型形态（库兹涅茨曲线，Kuznets curve）。工业化不断推进，产业结构重心依次向二三产业转移。劳动力的跨部门转移速度慢于资本，带来劳动份额先降后升和资本份额先升后降，发展到一定水平后要素收入份额才趋于稳定（李稻葵等，2009）。本书研究的时间范畴内，中国总体向工业化中后期推进，人口城镇化率和人均国内生产总值表明 2011 年后中国逐渐迈入中等收入国家行列。2013 年的统计数据表明中国大多数省区市仍处在劳动收入份额 U 型曲线的下行区间及资本收入份额的上行区间。罗长远和张军（2009b）利用 1987~2004 年省际面板数据发现，实际人均国内生产总值每增加 1%，劳动收入份额就降低 0.13%。

第二，技术进步和市场化水平可以改变生产要素的市场势力。不同于索洛增长模型的希克斯中性技术进步假定，技术进步既非外生也非要素中性。即通常沿着节约稀缺昂贵要素的发展方向来改变要素配置比例。发达国家资本相对丰富，技术进步通常用资本替代劳动，带来资本收入份额上升和劳动收入份额下降（Acemoglu，2003b）。1972~1993 年经济合作与发展组织国家技术进步对劳动份额影响显著为负（Bentolina and Saint-Paul，2003）。1960~2000 年 18 个工业化国家的技术进步对劳动份额也有反向影响（Guscina，2006）。Jaumotte 和 Tytell（2007）以信息技术设备资本占总资本比例来重新度量，发现 1982~2002 年技术进步与劳动收入份额存在非线性关系。而发展中国家的技术进步通常是弱势偏向的，即增进吸收大量廉价劳动力（Acemoglu，2002b）。

国有企业改制和市场垄断势力增强可能是工业部门劳动份额下降的主要原因（白重恩和钱震杰，2009a，2009b）。外资进入对东道国工资水平产生直接效应与溢出效应（邵敏和黄玖立，2010）。因为外资企业工资水平高于内资企业，所以会直接提升工人工资（Haddad and Harrison，1993；Aitken et al.，1996）；而溢出效应即其对劳动工资的外部性取决于东道国。

第三节　中国的对内赶超发展、对外开放战略的分配效应

中国等后发国家不同于西方发达国家的发展路径,其深受政府制定的发展战略影响。既有文献对中国式发展及其对经济平衡的影响的研究颇为丰富。分配失衡可能主要来源于对内赶超发展、对外开放战略两个方面。林毅夫(2002)、Du 等(2013)从国内赶超发展的战略出发对生产、分配、消费、出口各环节的失衡给出一以贯之的解释;张莉等(2012)从外部环境出发寻找贸易条件等对国内经济的反馈机制。然而较少有研究兼顾这两个方面,本书力图以国内战略为背景,将对外贸易存在要素偏向性及其技术进步影响要素收入水平和份额的逻辑贯通起来。

一、中国内外发展战略的确立

20 世纪 90 年代初中国的发展方式和政策制度发生明显转变(Cai and Wang,2009;Bergsten,2009;Rodrik,2006,2010;Anderson,2008),随后的经济跃升、劳动收入趋势转变,很大程度上源于政治经济制度变革。1994 年初我国对内赶超发展、对外全面开放的战略格局基本确立;各省区市面临的制度环境基本一致,这为研究制度变迁的冲击效应提供了良好的自然实验。

1. 十一届三中全会后,注重平衡发展,劳动收入份额先上升后持平

十一届三中全会后,中国强调国民经济的均衡发展。为尽快提高人民生活水平,改革发展以劳动密集的农村和农业为重点;之后才逐步转向城市和工业,先后对应劳动收入份额的上升期和平稳期。1979 年和 1980 年的国民经济计划突出体现了要注意解决国民经济重大比例失调,搞好综合平衡的要求,向地方政府颁布了发展现代农业的一系列政策措施;而对于基本建设,强调不可一拥而上,必须积极地而又量力地循序渐进。分段来看,1978~1986 年,农村和城市逐步推进市场化改革,进行的经营和收入分配体制改革明显解放了生产力,这也是劳动收入提高的主要原因(Lin Y F,1992);1987~1995 年,受农副产品收购价格下降和城镇通货膨胀等因素阻碍,城乡居民收入增长缓慢,劳动收入份额趋于平稳。

2. 20 世纪 90 年代初,强调赶超发展,劳动收入份额下降

1992 年后我国强调加速经济发展应成为地方政府的责任。邓小平南方谈话强调抓住有利时机,集中精力把经济建设搞上去,发展是硬道理,促进经济增

长成为地方政府的核心职责。国内生产总值成为考核地方政绩的重要依据，随后设置的中央-地方分税制度进一步刺激地方经济"做大做强"。除了对内经济搞活，对外经济开放也作为长期的政策贯彻推进。国际交往日益深化，中国政府顺应世界经济形势，确立了对外开放的基本国策和发展方略[①]。1993 年对外开放城市已经遍布全国所有省区市（不包括港澳台），全方位对外开放新格局基本形成，我国真正迈入了改革开放的新时代。1994 年，对外开放重心从引进来转向走出去，即当时的对外贸易经济合作部提出并确立了出口导向型经济发展战略，对外贸易的角色定位从获得外汇收入变为拉动国内经济增长的重要动力。为配合战略实施，政府开始实施出口累退税制，汇率经过改革长期锁定在较低水平[②]。物美价廉的中国制造打开了世界市场的大门，1994 年当年就彻底扭转了贸易收支赤字并在之后 20 年保持顺差。然而贸易成就并未给劳动者带来同等的福祉，劳动收入占比反而逐年下降。

二、中国赶超发展的技术选择、分配效应

发展战略及其政策制度会左右技术选择及要素议价能力，在政策干预广泛的发展中国家尤为如此。

首先，内外发展战略偏向使用资本技术，导致利润侵蚀工资。中国的赶超战略为资本技术增强型，对资本密集产业的优待广泛地干扰了要素市场和产品市场。资本使用成本低廉导致企业加大资本投入而非吸收劳动。同时，分配环节依据要素投入及边际产出，利润颇丰。此外，我国非平衡发展思路下，城乡户籍分割日益固化"资强劳弱"格局；居民城镇化落后于人口城镇化，城镇非户籍人口的就业权利保障不完全，农民工的大量存在赋予厂商谈判的优势（张松林等，2014）。

其次，所有制改革和技术引进未能改善劳动者地位及收入水平。国有企业改制、引进民营资本和外资时，劳动者产权弱化乃至普遍缺失，分配中资本所有者占主导地位（梁泳梅，2009）；追赶思路渗透影响着产业资本投向。政府对资本密集型产业给以政策优惠，却忽视开发利用人力资本和廉价劳动力，加剧了资源错配。

---

① 自 1979 年国务院决定对广东、福建两省的经济活动实行特殊政策和灵活措施以来，我国经历了一个从沿海到内地循序渐进的开放过程。1984 年十二届三中全会首次明确了对外开放的基本国策，并对实践成效予以肯定。

② 直到 2004～2005 年，在巨额贸易顺差的压力下，政府才放松汇率波动幅度、大幅下调出口退税率，但已经无法扭转贸易盈余的积累势头。2008 年全球金融危机爆发后，这两项政策再次成为重要调控手段。此外，为了给外向型经济发展创造宽松的环境，我国制造业平均工资长期维持在较低水平上。增速不仅落后于其他新兴经济体，而且远不及生产率提高速度；每年货币供应量增速高于经济增速十几个百分点，利率维持在低水平以鼓励借贷扩大生产（袁欣，2010）。这些优惠政策恰恰也符合重投资轻消费的赶超发展思路。

最后，与对外开放相结合。资源换资金的惯用方式，通过压低劳动与环境成本招商引资，即便出口扩张了劳动需求，劳动报酬也不一定会上涨。出口生产商及其他企业有压低工资的动机。我国工业强势而农业弱势、资本强势而劳动弱势。效益好的企业在劳动力市场中话语权高，即便愿意提供高工资吸引人才和技术工人，也远低于劳动者应得回报。其他企业竞相模仿行业标杆企业，对工资水平产生负向外溢效应。

总之，各因素对分配的净影响有待研究剥离。

一方面，考虑贸易品种类变化的实际贸易条件存在微小改善[①]，中国经济开放符合 S-S 定理前提。我国以要素禀赋确定的竞争优势参与国际贸易且贸易条件得到改善，则贸易开放度越高越有利于改善相对丰裕要素即劳动的收入，资本收入份额随之下降。

另一方面，地方政府的赶超战略偏好扶持资本技术密集型产业，经由产品价格影响要素价格，对劳动份额有负向作用，对资本份额有正向作用，对市场化水平和技术发展也可能产生重要影响。

第四节　偏向型技术进步下的收入分配模型

本书首先考虑技术内生进步下要素收入份额的平衡增长路径，以及贸易开放冲击下的收入份额变迁。然后基于理论推导，将影响因素划归为趋势因素、平移因素和偏离因素三类。用函数形式表示要素收入分配决定方程，并且用曲线表示收入份额在短期中的下倾趋势，以及长期中技术进步、要素替代下呈现的上倾趋势。

本书理论模型的特征在于，同时考虑两种技术进步，即代表技术的机器设备种类数增加的横向技术进步与质量阶梯提升的纵向技术进步。最终产品的生产函数将两种中间产品作为投入，其中 Y_z 为 Z 要素密集型产品，Y_l 为 L 要素密集型产品。$Z \in (K, H)$，当 Z 取 K 时，模型研究资本与劳动要素之间的收入分配；当 Z 取 H 时，模型研究劳动力市场内部人力资本或熟练劳动力（H）与非熟练劳动力（L）间的收入分配。在市场出清情况下，最终产品能被消费完。

$$Y = \left[Y_z^{\frac{\varepsilon-1}{\varepsilon}} + \mu Y_l^{\frac{\varepsilon-1}{\varepsilon}} \right]^{\frac{\varepsilon}{\varepsilon-1}}, \quad \varepsilon \in [0, +\infty) \tag{4.3}$$

式中，μ 为 Y_l 对最终产品的相对重要性；ε 为两种产品的替代弹性。两部门的生产函数分别为

[①] 钱学锋等（2010）基于种类变化篮子的测算方法，发现 1995～2004 年中国的实际贸易条件大约改善了 1.36%。

$$Y_z = \int_0^{N_z} Z^\beta q_{zj}^{1-\beta} x_{zj}^{1-\beta} \mathrm{d}j , \quad Y_l = \int_0^{N_l} L^\beta q_{lj}^{1-\beta} x_{lj}^{1-\beta} \mathrm{d}j , \quad 0 < \beta < 1 \qquad (4.4)$$

式中, N_s ($s \in (z, l)$) 为部门 s 的技术 (机器设备) 的种类; q_{sj} 和 x_{sj} 分别为 s 部门某种机器设备的质量与数量。

设 P_z、P_l 分别为两种产品的价格, w_z、w_l 分别为生产要素 Z、L 的单位报酬, p_{zj}、p_{lj} 分别为两部门第 j 种机器设备的价格。在最终产品生产利润最大化条件下, 相对产品价格以及两部门的利润分别为

$$\hat{P} = \frac{P_z}{P_l} = \frac{(\partial Y / \partial Y_z)}{(\partial Y / \partial Y_l)} = \mu^{-1} \left(\frac{Y_z}{Y_l} \right)^{-\frac{1}{\varepsilon}} \qquad (4.5)$$

$$\pi_z = P_z Y_z - w_z Z - \int_0^{N_z} p_{zj} x_{zj} \mathrm{d}j , \quad \pi_l = P_l Y_l - w_l L - \int_0^{N_l} p_{lj} x_{lj} \mathrm{d}j \qquad (4.6)$$

1. 技术需求函数

由两部门利润最大化的一阶条件 $\frac{\partial \pi_z}{\partial x_{zj}} = 0$, $\frac{\partial \pi_l}{\partial x_{lj}} = 0$, 可知对机器设备的需求函数如下:

$$x_{zj} = \left[\frac{P_z q_{zj}^{1-\beta}(1-\beta)}{p_{zj}} \right]^{\frac{1}{\beta}} Z , \quad x_{lj} = \left[\frac{P_l q_{lj}^{1-\beta}(1-\beta)}{p_{lj}} \right]^{\frac{1}{\beta}} L \qquad (4.7)$$

技术 (机器设备) 需求分别与两种产品的价格、要素供给正相关, 与设备价格负相关。

2. 垄断竞争的技术研发市场

若机器设备的研发市场为垄断竞争的, 则其价格 p_{zj}、p_{lj} 等于制造的边际成本与 (1-价格需求弹性的倒数) 之比。由式 (4.7) 可知机器设备的价格需求弹性为 $\frac{1}{\beta}$。为简化表达式, 设机器制造的边际成本为 $(1-\beta)^2$, 则其价格为 $(1-\beta)$。所以, 技术 (机器设备) 需求函数为

$$x_{zj} = \left[P_z q_{zj}^{1-\beta} \right]^{\frac{1}{\beta}} Z , \quad x_{lj} = \left[P_l q_{lj}^{1-\beta} \right]^{\frac{1}{\beta}} L \qquad (4.8)$$

因此, 两部门中间产品的生产函数为

$$Y_z = \int_0^{N_z} q_{zj}^{\frac{1-\beta}{\beta}} P_z^{\frac{1-\beta}{\beta}} Z \mathrm{d}j = P_z^{\frac{1-\beta}{\beta}} Z \overline{Q_z}^{\frac{1-\beta}{\beta}} N_z , \quad Y_l = \int_0^{N_l} q_{lj}^{\frac{1-\beta}{\beta}} P_l^{\frac{1-\beta}{\beta}} L \mathrm{d}j \qquad (4.9)$$

其中, 令 $\int_0^{N_z} q_{zj}^{\frac{1-\beta}{\beta}} \mathrm{d}j = \overline{Q_z}^{\frac{1-\beta}{\beta}} N_z$, $\int_0^{N_l} q_{lj}^{\frac{1-\beta}{\beta}} \mathrm{d}j = \overline{Q_l}^{\frac{1-\beta}{\beta}} N_l$, $\overline{Q_s}$、N_s 分别为各部门的总体技术水平, 前者为当期平均的技术效率 (机器质量), 后者为技术种类。

生产利润函数①对 Z 和 L 求一阶条件，可得生产要素的需求曲线，以及两种要素的相对报酬。其中 $\hat{P}$、$\hat{Q}$、$\hat{N}$ 分别为两部门的相对产品价格与相对技术水平。要素相对报酬随相对产品价格 $\hat{P}$ 与相对技术水平 $\hat{Q}^{\frac{1-\beta}{\beta}}\hat{N}$ 上升而上升。

$$w_z = \beta P_z^{\frac{1}{\beta}}\left(\overline{Q_z}^{\frac{1-\beta}{\beta}}N_z\right), \quad w_l = \beta P_l^{\frac{1}{\beta}}\left(\overline{Q_l}^{\frac{1-\beta}{\beta}}N_l\right) \tag{4.10}$$

$$\hat{w} = \frac{w_z}{w_l} = \left(\frac{P_z}{P_l}\right)^{\frac{1}{\beta}}\left(\frac{\overline{Q_z}^{\frac{1-\beta}{\beta}}N_z}{\overline{Q_l}^{\frac{1-\beta}{\beta}}N_l}\right) = \hat{P}^{\frac{1}{\beta}}\left(\hat{Q}^{\frac{1-\beta}{\beta}}\hat{N}\right) \tag{4.11}$$

一、技术给定情形

由 $\hat{P} = \mu^{-1}\left(\dfrac{Y_z}{Y_l}\right)^{-\frac{1}{\varepsilon}} = \mu^{-1}\left[\hat{P}^{\frac{1-\beta}{\beta}}\left(\hat{Q}^{\frac{1-\beta}{\beta}}\hat{N}\right)\dfrac{Z}{L}\right]^{-\frac{1}{\varepsilon}}$ 可解得，均衡的相对产品价格为

$$\hat{P} = \left[\mu^{\varepsilon}\left(\hat{Q}^{\frac{1-\beta}{\beta}}\hat{N}\right)\frac{Z}{L}\right]^{-\frac{\beta}{\sigma}}, \quad \sigma = 1 + \beta(\varepsilon - 1) \tag{4.12}$$

由式（4.12）可得给定 $\hat{Q}$ 和 $\hat{N}$ 时的要素相对报酬及要素相对收入份额如下：

$$\hat{w} = \left(\mu^{\varepsilon}\frac{Z}{L}\right)^{-\frac{1}{\sigma}}\left(\hat{Q}^{\frac{1-\beta}{\beta}}\hat{N}\right)^{\frac{\sigma-1}{\sigma}} \tag{4.13}$$

$$\hat{S} = \hat{w}\frac{Z}{L} = \mu^{-\frac{\varepsilon}{\sigma}}\left(\frac{Z}{L}\right)^{\frac{\sigma-1}{\sigma}}\left(\hat{Q}^{\frac{1-\beta}{\beta}}\hat{N}\right)^{\frac{\sigma-1}{\sigma}} \tag{4.14}$$

（1）在给定技术水平下，要素供给上升带来的价格效应必然拉低要素的单位报酬，即 Z 相对于 L 供给增加，经由 Z 产品的相对价格 $\hat{P}$ 的下降，拉低 $\dfrac{w_z}{w_l}$。要素相对报酬与要素相对供给或某时刻的要素禀赋负相关，导致要素需求函数向下倾斜，体现基本供需关系。

---

① 此时，利润函数为 $\pi_z = P_z^{\frac{1}{\beta}}Z\left(\overline{Q_z}^{\frac{1-\beta}{\beta}}N_z\right) - w_z Z - \int_0^{N_z}(1-\beta)(P_z q_{zj}^{1-\beta})^{\frac{1}{\beta}}Z\mathrm{d}j$ ，$\pi_l = P_l^{\frac{1}{\beta}}L\left(\overline{Q_l}^{\frac{1-\beta}{\beta}}N_l\right) - w_l L -$ $\int_0^{N_l}(1-\beta)(P_l q_{lj}^{1-\beta})^{\frac{1}{\beta}}L\mathrm{d}j$ 。

（2）静态均衡情形下，若两种生产要素相互补充，则 $\hat{w}$ 随 $\hat{Q}^{\frac{1-\beta}{\beta}}\hat{N}$ 增长而下降，技术的要素扩张不等价于技术的要素偏向（$\varepsilon<1$ 随即导致 $\sigma<1$），要素供给冲击的价格效应大于规模效应；只有当生产要素相互替代时（$\varepsilon>1$ 随即导致 $\sigma>1$），技术扩张的方向才等同于技术偏向的方向，价格效应小于规模效应。

（3）静态均衡情形下，若两种生产要素相互补充，则 $\hat{S}$ 随 $\dfrac{Z}{L}$ 或 $\hat{Q}^{\frac{1-\beta}{\beta}}\hat{N}$ 的升高而降低，随其降低而增高，同理，要素供给冲击的价格效应大于规模效应；只有当生产要素相互替代时，$\hat{S}$ 随 $\dfrac{Z}{L}$ 或 $\hat{Q}^{\frac{1-\beta}{\beta}}\hat{N}$ 的升高而增高，随其降低而降低。要素供给反而引致对要素的需求（吸收）增加。

实际上，考虑长期的静态均衡，替代弹性 ε 比短期要大。技术改进、产业内产业间结构变迁能缓慢调整，更多地吸收价格下降的生产要素。因此，Thomas（2014）与 Karabarbounis 和 Brent（2014）认为资本大量积累导致资本使用成本下降，对劳动的替代性最终导致资本所有者与劳动者收入悬殊。

二、技术内生情形

首先考虑技术研发的市场均衡。各种技术的研发利润为 $\pi_{sj}=\beta(1-\beta)\left(P_s q_{sj}^{\frac{1-\beta}{\beta}}\right)^{\frac{1}{\beta}}S$，均衡情形下各种技术的研发利润应该相等，$q_{sj}$ 都应相等，因此都等于 $\overline{Q_s}$。平衡增长路径下两个研发部门满足 $\eta_z N_z^{\delta}\pi_z=\eta_l N_l^{\delta}\pi_l$，其中 η_s 为创新成本。$\delta\in(0,1)$ 为技术研发的进展对上一期依赖程度的状态参数[1]，整理可得

$$\hat{N}=\left(\hat{\eta}\frac{\pi_z}{\pi_l}\right)^{-\frac{1}{\delta}}, \quad \hat{\eta}=\frac{\eta_z}{\eta_l} \tag{4.15}$$

将研发利润代入式（4.15），可得

$$\hat{N}=\left(\hat{\eta}\hat{P}^{\frac{1}{\beta}}\hat{Q}^{\frac{1-\beta}{\beta}}\frac{Z}{L}\right)^{-\frac{1}{\delta}} \tag{4.16}$$

因此，相对产品价格以及相对要素报酬及收入份额可得

$$\hat{P}=\left[\mu^{\varepsilon\delta}\hat{\eta}^{-1}\left(\hat{Q}^{\frac{1-\beta}{\beta}}\frac{Z}{L}\right)^{\delta-1}\right]^{\frac{\beta}{1-\sigma\delta}}, \quad \sigma=1+\beta(\varepsilon-1) \tag{4.17}$$

---

[1] 具体推导见 Acemoglu（2002b）的文献式（25）。

则

$$\hat{N} = \left[\mu^{\varepsilon} \hat{\eta}^{\frac{\sigma}{1-\sigma\delta}} \left(\hat{Q}^{\frac{1-\beta}{\beta}} \frac{Z}{L} \right)^{\frac{\sigma+1-\sigma\delta}{1-\sigma\delta}} \right]^{\frac{-1}{1-\sigma\delta}} \tag{4.18}$$

$$\hat{w} = \mu^{\frac{-\varepsilon(1-\delta)}{1-\sigma\delta}} \hat{\eta}^{\frac{\sigma-1}{1-\sigma\delta}} \hat{Q}^{\frac{(1-\beta)(1-\delta)(\sigma-1)}{\beta(1-\sigma\delta)}} \left(\frac{Z}{L} \right)^{\frac{\sigma+\delta-2}{\sigma(1-\sigma\delta)}} \tag{4.19}$$

$$\hat{S} = \mu^{\frac{-\varepsilon(1-\delta)}{1-\sigma\delta}} \hat{\eta}^{\frac{\sigma-1}{1-\sigma\delta}} \hat{Q}^{\frac{(1-\beta)(1-\delta)(\sigma-1)}{\beta(1-\sigma\delta)}} \left(\frac{Z}{L} \right)^{\frac{(\sigma-1)[2-\delta(\sigma+1)]}{\sigma(1-\sigma\delta)}} \tag{4.20}$$

（1）前述技术不变时的情形，只要要素间相互替代（$\varepsilon>1$ 随即导致 $\sigma>1$），则 Z-密集型产品的相对价格可以随 Z 的供给冲击上升，打破传统的供求-价格关系。

（2）当要素之间为强替代弹性时，即 $\sigma+\delta-2>0$ 且 $(1-\sigma\delta)>0$，相对要素报酬随 Z/L 上升而上涨，即要素需求曲线可以为上倾的。

具体地，为增进理解，考虑技术研发进展对上一期状态依赖的两种极端情形 ① 和 ②，现实经济介于两者之间。

① 当 $\delta=0$ 时，研发进展完全不依赖于上一期的状态。所有变量的均衡增长路径如下：

$$\hat{P} = \left(\hat{\eta} \hat{Q}^{\frac{1-\beta}{\beta}} \frac{Z}{L} \right)^{-\beta}, \quad \hat{N} = \left[\mu^{\varepsilon} \hat{\eta}^{\sigma} \left(\hat{Q}^{\frac{1-\beta}{\beta}} \frac{Z}{L} \right)^{\sigma+1} \right]^{-1} \tag{4.21}$$

$$\hat{w} = \mu^{-\varepsilon} \hat{\eta}^{\sigma-1} \hat{Q}^{(1-\beta)(\varepsilon-1)} \left(\frac{Z}{L} \right)^{\frac{\sigma-2}{\sigma}} \tag{4.22}$$

$$\hat{S} = \hat{w} \frac{Z}{L} = \mu^{-\varepsilon} \hat{\eta}^{\sigma-1} \hat{Q}^{(1-\beta)(\varepsilon-1)} \left(\frac{Z}{L} \right)^{\frac{2(\sigma-1)}{\sigma}} \tag{4.23}$$

结论：给定市场的产品偏好 μ，相对要素份额主要由研发投入 $\hat{\eta}$、生产技术 $\hat{Q}$、要素禀赋结构 $\frac{Z}{L}$ 三大因素决定，其中要素替代弹性是关键。

当 $\varepsilon>1$ 时，$\hat{S}$ 随资本的相对丰裕度（资本要素的相对供给）上升而变大，而 $\hat{w}$ 可能为上倾也可能为下倾；只有当 $\varepsilon>1+\frac{1}{\beta}$ 使得 $\sigma-2>0$ 时，$\hat{w}$ 为要素需求曲线呈现上倾，即要素相对供给增加引致要素相对价格上升。

②当 $\delta=1$ 时，技术研发进展完全依赖于上一期的状态。所有变量的平衡增长路径如下：

$$\hat{P}=(\mu^{\varepsilon}\eta^{-1})^{\frac{\beta}{1-\sigma}}, \quad \hat{N}=\left[\mu^{\varepsilon(\sigma-1)}\eta^{-\sigma}\left(\hat{Q}^{\frac{1-\beta}{\beta}}\frac{Z}{L}\right)^{-1}\right]^{\frac{1}{(\sigma-1)^2}} \quad (4.24)$$

$$\hat{w}=\eta^{-1}\left(\frac{Z}{L}\right)^{\frac{-1}{\sigma}} \quad (4.25)$$

$$\hat{S}=\hat{w}\frac{Z}{L}=\eta^{-1}\left(\frac{Z}{L}\right)^{\frac{\sigma-1}{\sigma}} \quad (4.26)$$

只取决于要素禀赋积累与替代弹性。

第五节　贸易开放对收入分配影响的实证研究

根据既有研究，可以构建理论模型并推导出贸易开放下的要素收入份额决定方程。假定各国存在相同的线性效用函数，对两类最终产品，即劳动密集型产品 Y_l、资本密集型产品 Y_k 的消费函数如下：

$$C^j=\left[\gamma(Y_l^j)^{\frac{\varepsilon-1}{\varepsilon}}+(1-\gamma)(Y_k^j)^{\frac{\varepsilon-1}{\varepsilon}}\right]^{\frac{\varepsilon}{\varepsilon-1}}, \quad \forall j \quad (4.27)$$

式中，ε 为消费替代弹性；γ 为 Y_l 占总消费的份额。

式（4.27）对所有的国家 j 成立：当 $j=0$ 时，用 U 来代表美国等技术先进的发达国家，资本要素相对丰裕；当 $j=1,2,3,\cdots$ 时，代表中国等发展中国家，劳动要素相对丰裕。封闭经济下，各国两类产品的相对价格如下：

$$P^j=\frac{p_k^j}{p_l^j}=\left(\frac{1-\gamma}{\gamma}\right)\left(\frac{Y_k^j}{Y_l^j}\right)^{-\frac{1}{\varepsilon}} \quad (4.28)$$

两类产品的生产函数如下：

$$Y_k^j=\int_0^{N_k}x_k^j(i)^{1-\beta}K^{j\beta}\mathrm{d}i, \quad Y_l^j=\int_0^{N_l}x_l^j(i)^{1-\beta}L^{j\beta}\mathrm{d}i \quad (4.29)$$

式中，β 为要素替代弹性；$x_k^j(i)$ 为与资本扩张型（互补型）技术对应的中间品或机器设备，N_k 为技术（中间品、机器设备）种类，与连续扩张的 $x_l^j(i)$ 和 N_l 含义同理。

由此可得利润最大化下的中间品需求函数，其中 $\chi_k^j(i)$、$\chi_l^j(i)$ 分别为中间品 i 在 j 国的价格。

$$\chi_k^j(i)=\left[\frac{(1-\beta)P_k^j}{x_k^j(i)}\right]^{\frac{1}{\beta}}K^j, \quad \chi_l^j(i)=\left[\frac{(1-\beta)P_l^j}{x_l^j(i)}\right]^{\frac{1}{\beta}}L^j \quad (4.30)$$

为简化计算，假设中间投入品价格 $\chi_k^j(i)$、$\chi_l^j(i)$ 都等于 $(1-\beta)$，则生产函数变为

$$Y_k^j = N_k (p_k^j)^{\frac{1-\beta}{\beta}} K^j, \quad Y_l^j = N_l (p_l^j)^{\frac{1-\beta}{\beta}} L^j$$

单位要素的相对收入之比为

$$W^j = \frac{w_k}{w_l} = \frac{p_k^j \mathrm{MP}_k}{p_l^j \mathrm{MP}_l} = (P^j)^{\frac{1}{\beta}} \frac{N_k}{N_l} \tag{4.31}$$

中间品利润率为 β，利润额 π 可以表示为最终产品价格和要素禀赋的函数。市场出清时中间品利润相等，即 $\pi_k^j(i) = \pi_l^j(i)$，由此可解出 j 国两类最终产品的相对价格 P^j。

$$\pi_k^j(i) = \beta(1-\beta)x_k^j(i) = \beta(1-\beta)(p_k^j)^{\frac{1}{\beta}} K^j$$

$$\pi_l^j(i) = \beta(1-\beta)x_l^j(i) = \beta(1-\beta)(p_l^j)^{\frac{1}{\beta}} L^j$$

$$P^j = \frac{p_k^j}{p_l^j} = \left(\frac{K^j}{L^j}\right)^{-\beta} \tag{4.32}$$

发展中国家主要引进美国等发达国家研发的技术，计算可得各国的相对价格为

$$P^j = \frac{p_k^j}{p_l^j} = \left(\frac{K^U}{L^U}\right)^{-\beta}$$

若产品市场和要素市场为完全竞争，则贸易开放前的要素相对收入份额为

$$\frac{\text{Capital share}}{\text{Labor share}} = \left(\frac{w_k}{w_l}\right)\frac{K^j}{L^j} = \left(\frac{K^U}{L^U}\right)^{-1}\left(\frac{N_k}{N_l}\right)\left(\frac{K^j}{L^j}\right)$$

考虑要素或产品的市场势力，又由式（4.28）可得

$$\frac{N_k}{N_l} = \left(\frac{1-\gamma}{\gamma}\right)^{\varepsilon}\left(\frac{K^U}{L^U}\right)^{1+\beta(\varepsilon-1)}\left(\frac{K^j}{L^j}\right)^{-1}$$

代入上式可得

$$\text{Relative share}^{\text{post-trade}} = \frac{\text{Capital share}}{\text{Labor share}}$$

$$= \frac{\varphi_k}{\varphi_l}\left(\frac{1-\gamma}{\gamma}\right)^{\varepsilon}\left(\frac{K^j}{L^j}\right)^{-1}\left(\frac{K^U}{L^U}\right)^{\eta+1}\left(\frac{K^j}{L^j}\right) = \frac{\varphi_k}{\varphi_l}\left(\frac{1-\gamma}{\gamma}\right)^{\varepsilon}\left(\frac{K^U}{L^U}\right)^{\eta+1}$$

$$\tag{4.33}$$

式中，φ_k 和 φ_l 为要素的议价能力，体现市场势力；$\eta = \beta(\varepsilon-1)-1$。

贸易开放后，各国的产品相对价格逐渐趋于一致，即 $P^j = P^w$，相应地相对要素收入份额为

$$\text{Relative share}^{\text{post-trade}} = \frac{\varphi_k}{\varphi_l}\left(\frac{1-\gamma}{\gamma}\right)^{\varepsilon}\left(\frac{K^w}{L^w}\right)^{-1}\left(\frac{K^U}{L^U}\right)^{\eta+1}\left(\frac{K^j}{L^j}\right) \quad (4.34)$$

式中，K^w 和 L^w 为世界整体的要素禀赋。对于某个发展中国家 j 来说，$\frac{K^w}{L^w} > \frac{K^j}{L^j}$ 带来 Relative share 下降，即贸易开放促进劳动收入份额上升。通过分解，可以发现要素收入份额变动来源于三个方面，即要素的市场势力 $\frac{\varphi_k}{\varphi_l}$、技术进步偏向 $\left(\frac{1-\gamma}{\gamma}\right)^{\varepsilon}\left(\frac{K^w}{L^w}\right)^{-1}\left(\frac{K^U}{L^U}\right)^{\eta+1}$、生产中要素投入组合 $\left(\frac{K^j}{L^j}\right)$。

因此，贸易一方面可以改变一国的要素投入组合，另一方面可以引致偏向型技术进步。而赶超战略及经济发展、所有制改革主要经由要素的议价能力和偏向型技术进步来产生影响。直接引进发达国家资本密集的先进技术，带来资本收入份额的上升，但并不符合发展中国家的要素禀赋。

综上所述，本书可以参考 Bentolina 和 Saint-Paul（2003）的分类思想，将要素收入份额的决定因素分为三类。与其不同的是，本书侧重研究要素供给（当前禀赋结构）与相对收入份额的关系，用人均资本存量而非资本产出比反映资本深化和面对的禀赋条件。根据本章的理论推导，要素收入份额决定方程如下：

$$\hat{S}_{it} = \phi(\text{Moveoff}_{it}) \cdot \varphi[(K/L)_{it}^j, (K/L)_{it}^{us}, \text{ShiftFactor}_{it}]$$

各要素分配效应机制见图 4-4。

（1）不考虑技术变迁时，（资本相对于劳动的）要素相对收入份额对本国要素供给（资本存量/劳动）呈下倾趋势。这一趋势包含三层含义：①可以表示技术水平相同时，由要素禀赋导致的收入分配跨国异质性；②短期国内资本或劳动力供给抑制解除、流动性增加时，收入分配变动；③开放度提高时，资本流入对发展中国家分配的影响。要素供给冲击方程表示为 $(K/L)_{it}^j$，$(K/L)_{it}^{us}$。

（2）随着技术内生变动，资本存量累积带来投资成本下降；再加上生产结构调整空间（弹性）变大带来要素替代性更大，使得资本替代劳动投入。①技术进步下，收入曲线逐渐从 S_1 平移到 S_2；②单个经济体的分配格局随时间变动，则呈现上倾趋势（长期趋势）（图 4-5）。技术进步即方程中的 ShiftFactor_{it}。

（3）考虑现实中各种因素一定程度上扭曲实际收入分配使其偏离 S 曲线，包

括居民消费偏好、市场化水平、生产要素谈判能力、政策制度干预等。这些因素表示为方程中的 Moveoff$_{it}$。

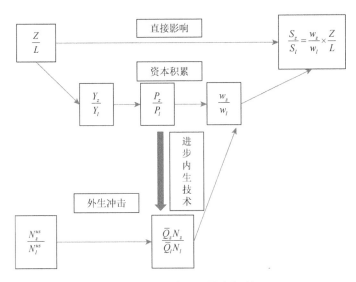

图 4-4　各要素分配效应机制

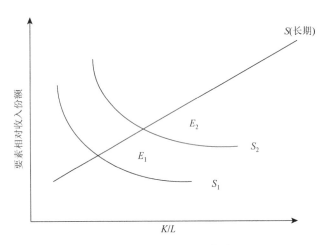

图 4-5　要素收入占比曲线

一、分配效应的实证检验

根据图 4-4 表示的各要素分配效应的作用机制，本章整理各方面的变量。检验资本深化过程中要素禀赋变迁等经济发展过程、对外开放、对内发展战略这三大类因素的分配效应。

（一）变量选取与数据描述

国民收入在初次分配中划分为劳动者报酬（居民部门所得）、生产税净额（政府部门所得）、营业盈余和固定资产折旧（即资本报酬，企业部门所得）[①]。劳动收入份额有两种衡量方法：一是用劳动收入比国内生产总值；二是用劳动收入比劳动与资本收入之和。由于我国税收不断上升，为了真实体现要素份额，采用第一种衡量方法。劳动收入份额表示为 $Laborsh_{it}$，资本收入份额表示为 $Capitalsh_{it}$，其余部分为政府所得记为 $Govshare_{it}$。所有变量的下标 it 表示 i 省（自治区、直辖市）t 年的数据。

最核心的因素来自要素禀赋结构的变迁，人均资本存量与经济增长相互推进，是最重要的供给条件。各省区市资本存量以 1952 年为基期，单位为万元。使用两种方法度量要素相对供给的变量。一方面，用资本存量与就业人口之比 KL_ratio_{it} 表示劳动者人均占有的资本存量；另一方面，为了调整劳动者质量随时间提升，将就业人口与受教育年限相乘，计算各省区市劳动者的总受教育年数，统一度量高技术劳动者与普通劳动者，同样用各省区市资本存量除以总受教育年数，用 Kl_ratio 来表示。KL_ratio、Kl_ratio 体现各省区市两种生产要素的相对丰裕度，毫无疑问 KL_ratio 随经济增长上升，而 Kl_ratio 上升则说明资本积累比劳动者素质提升（简单有效劳动增加）还要快。图 4-6 为部分省区市每单位简单有效劳动占有的资本存量。

对外开放战略含义广泛，涉及国际贸易、国际投资与国际金融各方面。国际直接投资存在促进或替代贸易的两种可能，国际金融对要素供给及其议价能力影响较为复杂；本书侧重考察贸易的收入分配效应，经济开放程度用贸易开放度来衡量。将进出口总额占国内生产总值的比例记为 $Open_{it}$。发展战略 $Strategy_{it}$ 可以采用技术选择指数（technology choice index，TCI）度量。TCI 定义为某一部门或产业的要素密集度（生产投入的资本劳动比）与要素禀赋（经济体拥有的资本劳动比）的比例（林毅夫，2002）。通过衡量产业结构对资本要素的偏向，反映出经济发展政策的赶超程度。

$$TCI = \frac{K_i / L_i}{K / L}$$

基于可获取的数据，考虑两种计算方法。将高技术产业[②]的技术选择指数记为

---

① 为简洁起见，下面将劳动收入份额、资本收入份额简称为劳动份额、资本份额，相应的政府部门收入占比称为政府份额。

② 高技术产业是国家统计局定义的产业分类之一，指国民经济行业中研究开发投入强度（研发经费支出占主营业务收入的比例）较高的制造行业。

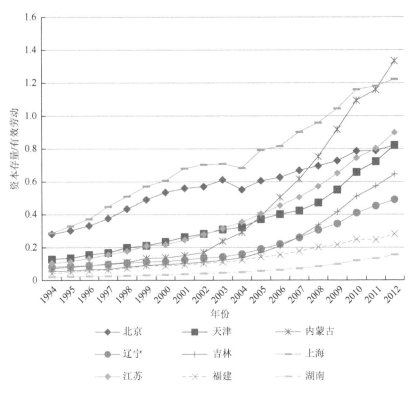

图 4-6 　1994~2012 年部分省区市每单位简单有效劳动占有的资本存量（Kl_ratio）

TCI[1]，等于人均高技术产业生产总值（高技术产业生产总值/高技术产业从业人员）与人均国内生产总值（国内生产总值/总从业人数）的比例。将工业技术选择指数记为 TCI[2]，等于人均工业增加值（工业增加值/工业企业从业人数）比人均国内生产总值。TCI 的值越大，反映地方政府越偏向扶持资本和技术产业。一系列优惠政策通过降低要素投入成本、税负，提升产品资本技术密集型产品价格，有助于提高该产业生产总值和工业生产增加值；同时抑制对非熟练工人的需求，最终导致 TCI 变大。

经济水平用实际人均国内生产总值 $Ragdp_{it}$ 来表示，以 1994 年为基期，单位为万元。考虑可能存在库兹涅茨曲线，即收入分配公平性与经济发展水平的非线性关系（倒 U 型曲线），加入人均国内生产总值的平方项 $Ragdp_{it}^2$。$Laborsh_{it}$ 对 $Ragdp_{it}$ 和 $Ragdp_{it}^2$ 进行回归，预期系数分别为负和正。

用第二产业或工业增加值在国民收入中的占比表示产业结构、工业化发展水平 $Indus_{it}$。用高技术产业年均从业人数表示高技术水平，单位为万人，记为 $Tech_{it}$；取对数后表示高技术水平进步速度，记为 $Techln_{it}$。市场化程度同样含义广泛，本书仅从所有制结构即国有经济控制力体现的市场自由度考虑。工业总产值中剔除国有控股工业企业产值后的份额表示非国有化水平，记为 $Nonsoe_{it}$。工业重化程度指工业企业总产值中的重工业企业总产值占比，将其记为 $Heavyindus_{it}$。高技术产业产值占制造业总产值的比值记为 $Indusbias_{it}$。出口结构可由总出口贸易额中高技术产品占比反映，将其记为 $Exbias_{it}$；取对数后反映出口结构变动，将其记为 $Exbiasln_{it}$。

如前面所述，中国持续不断地提高对外开放的层次和水平。1994 年我国正式确立并深化对外贸易发展战略及市场化改革。故选取 1994～2014 年省级行政区的面板数据，实证研究分析要素收入分配的决定机制。考虑数据的完整性和准确性，未纳入西藏和青海的数据，未纳入四川、重庆各自或加总的数据且不包括港澳台地区的数据。$Laborsh_{it}$ 和 $Capitalsh_{it}$ 来自历年《中国统计年鉴》按收入法计算的地方生产总值项目。TCI^1_{it} 和 TCI^2_{it} 由中经网数据库、中国经济与社会发展统计数据库和《中国高技术产业统计年鉴》整理得到。$Open_{it}$、$Tech_{it}$、$Indus_{it}$、$Nonsoe_{it}$、$Heavyindus_{it}$、$Exbias_{it}$ 的数据来自中经网数据库和中国经济与社会发展统计数据库。变量的描述性统计摘要如表 4-2 所示。

表 4-2　各变量数据统计摘要

变量	含义	平均值	标准差	最小值	最大值	样本数
Laborsh	劳动收入份额	0.4941	0.0829	0.3145	0.7023	513
Capitalsh	资本收入份额	0.3656	0.0718	0.1703	0.5294	513
Govshare	政府收入占比	0.1430	0.0315	0.0643	0.2662	513
KL_ratio	劳动者人均资本存量	1.9682	2.6867	0.0291	18.5352	513
Kl_ratio	简单有效劳动人均资本存量	0.2222	0.2623	0.0054	1.7400	513
TCI^1	高技术产业技术选择指数	11.1767	4.6796	2.7483	31.0384	513
TCI^2	工业技术选择指数	4.5155	2.4936	1.1756	12.4909	513
Open	贸易开放度	0.3405	0.4292	0.0316	2.3275	513
Ragdp	人均国内生产总值	1.2036	1.0272	0.1527	6.2291	513
Indus	第二产业比例	0.4631	0.0770	0.1976	0.6150	513
Tech	高技术从业人数	23.1234	46.2842	0.3279	384.2156	513
Techln	高技术进步	4.9904	0.5843	3.5157	6.5846	513
Nonsoe	非国有经济占比	0.5287	0.2052	0.1012	0.9059	513
Heavyindus	工业重化程度	0.6665	0.1798	0.0020	1.7199	513
Exbias	出口中高技术产品占比	0.0683	0.0683	0.0002	0.4113	513
Exbiasln	出口结构变动	−1.4174	0.5430	−3.6489	−0.3859	513

注：摘编自 1994～2013 年《中国统计年鉴》和中国经济与社会发展统计数据库。

（二）时间、个体固定效应检验

首先，使用虚拟变量法模型检验面板数据是否存在个体效应。使用主要变量对劳动要素份额进行回归，由于 R^2 达到 0.71，变量整体的解释性较好。表 4-3 使用 KL_ratio 回归，省级虚拟变量多数显著不为 0，则认为存在个体固定效应，而不应该使用混合回归。代入 Kl_ratio 进行回归，该变量系数增大 10 倍；其余各变量显著性及系数有微小的改善，说明影响十分稳定。再使用双向固定效应回归检验时间固定效应。年度虚拟变量大多数显著，且 $F(18, 26) = 52.00$，F 值 = 0.0000 表明所有年度虚拟变量联合显著，强烈拒绝无时间效应的原假设。

表 4-3 虚拟变量法模型对劳动收入份额回归（使用 KL_ratio）

项目	系数	标准误	t 值	$P>t$ 的概率
KL_ratio	−0.0042	0.0027	−1.5500	0.1380
Strategy^2	−0.0141	0.0040	−3.5700	0.0020
Ragdp	−0.0470	0.0115	−4.0900	0.0010
Ragdp^2	0.0077	0.0019	3.9900	0.0010
Indus	−0.4480	0.0557	−8.0500	0.0000
Open	−0.0365	0.0155	−2.3600	0.0300
Exbias	−0.0992	0.0631	−1.5700	0.1330
Heavyindus	−0.0002	0.0293	−0.0100	0.9960
Techln	0.0232	0.0253	0.9200	0.3720
Nonsoe	−0.0424	0.0415	−1.0200	0.3210
_Iprovince_2	0.0101	0.0217	0.4600	0.6490
_Iprovince_3	0.0744	0.0163	4.5800	0.0000
_Iprovince_4	0.0007	0.0231	0.0300	0.9770
_Iprovince_5	0.0684	0.0260	2.6300	0.0170
_Iprovince_6	0.0095	0.0149	0.6400	0.5310
_Iprovince_7	0.0345	0.0212	1.6200	0.1220
_Iprovince_8	−0.0147	0.0174	−0.8500	0.4080
_Iprovince_9	−0.0403	0.0128	−3.1500	0.0060
_Iprovince_10	0.0414	0.0228	1.8100	0.0860
_Iprovince_11	0.0192	0.0226	0.8500	0.4050
_Iprovince_12	0.0676	0.0218	3.1000	0.0060
_Iprovince_13	0.0548	0.0202	2.7100	0.0140
_Iprovince_14	0.0631	0.0179	3.5200	0.0020

续表

项目	系数	标准误	t 值	$P>t$ 的概率
_Iprovince_15	−0.0053	0.0181	−0.2900	0.7740
_Iprovince_16	0.1228	0.0197	6.2400	0.0000
_Iprovince_17	0.0607	0.0180	3.3700	0.0030
_Iprovince_18	0.0918	0.0192	4.7900	0.0000
_Iprovince_19	0.0604	0.0178	3.3900	0.0030
_Iprovince_20	0.1526	0.0207	7.3700	0.0000
_Iprovince_21	0.0116	0.0384	0.3000	0.7660
_Iprovince_24	0.1076	0.0239	4.4900	0.0000
_Iprovince_25	0.0634	0.0403	1.5700	0.1330
_Iprovince_27	0.0391	0.0167	2.3300	0.0310
_Iprovince_28	0.0384	0.0255	1.5000	0.1500
_Iprovince_30	0.1086	0.0401	2.7100	0.0140
_Iprovince_31	0.0807	0.0438	1.8400	0.0820
_cons	0.6880	0.1167	5.8900	0.0000

注：部分省区市的固定效应因共线性在回归时被删除。

其次，在随机效应（random effect，RE）回归后使用 Breusch and Pagan 拉格朗日乘子检验。结果强烈拒绝同方差的原假设，说明随机效应回归比混合回归更适宜。

最后，考虑所有解释变量，使用聚类稳健下的 Hausman 检验。结果为 $\chi^2(13)=32.49$，χ^2 值 $=0.0020$，强烈拒绝原假设，表明固定效应回归比随机效应回归更适宜。

因此，使用聚类稳健下的固定效应模型，将各主要影响因素对劳动、资本收入份额进行回归，如表 4-4 和表 4-5 所示。可见资本积累对劳动收入份额有显著的负影响，对资本收入份额的正向影响不显著。经济水平对收入分配确实存在库兹涅茨效应。而值得思考的是，工业化进程和贸易开放度对劳动收入有显著的负效应，显著地有利于资本收入提高，有违经典国际贸易理论。

表4-4　劳动收入份额的主要影响因素（固定效应）

项目	系数	标准误	t 值	$P>t$ 的概率
Kl_ratio	−0.084 88	0.051 698	−1.64	0.113
Ragdp	−0.061 31	0.014 538	−4.22	0.000
Ragdp^2	0.011 171	0.002 779	4.02	0.000
Indus	−0.509 27	0.116 666	−4.37	0.000
Open	−0.032 28	0.016 525	−1.95	0.062
_cons	0.805 635	0.048 419	16.64	0.000

表 4-5　资本收入份额的主要影响因素（固定效应）

项目	系数	标准误	t 值	$P>t$ 的概率
Kl_ratio	0.063 098	0.055 901	1.13	0.269
Ragdp	0.039 358	0.017 823	2.21	0.036
Ragdp^2	−0.007 52	0.003 404	−2.21	0.036
Indus	0.444 411	0.125 6	3.54	0.002
Open	0.039 524	0.017 589	2.25	0.033
_cons	0.103 732	0.049 754	2.08	0.047

（三）固定效应下的面板回归

本书构造回归方程式（4.35）和式（4.36），旨在考虑对内对外发展战略、经济发展水平、产业结构这三大关键作用渠道的影响，同时控制技术进步和非国有化水平等因素，μ_i 表示各省区市潜在的个体特征。为考察各因素对劳动收入份额、资本收入份额作用的具体机制，分别对其回归[①]。

$$\begin{aligned}
\text{Laborsh}_{it} = {} & \beta_0 + \beta_1\text{Strategy}_{it} + \beta_2\text{Open}_{it} + \beta_3\text{Ragdp}_{it} + \beta_4\text{Ragdp}_{it}^{2} \\
& + \beta_5\text{Techln}_{it} + \beta_6\text{Tech}_{it} + \beta_7\text{Indus}_{it} + \beta_8\text{Nonsoe}_{it} + \beta_9\text{Exbias}_{it} \quad (4.35) \\
& + \beta_{10}\text{Exbiasln}_{it} + \text{Dummy}_t + u_{it} + \varepsilon_{it}
\end{aligned}$$

$$\begin{aligned}
\text{Capitalsh}_{it} = {} & \beta_0 + \beta_1\text{Strategy}_{it} + \beta_2\text{Open}_{it} + \beta_3\text{Ragdp}_{it} + \beta_4\text{Ragdp}_{it}^{2} \\
& + \beta_5\text{Techln}_{it} + \beta_6\text{Tech}_{it} + \beta_7\text{Indus}_{it} + \beta_8\text{Nonsoe}_{it} + \beta_9\text{Exbias}_{it} \quad (4.36) \\
& + \beta_{10}\text{Exbiasln}_{it} + \text{Dummy}_t + u_{it} + \varepsilon_{it}
\end{aligned}$$

其中，Dummy$_t$ 代表劳动份额统计口径的虚拟变量，当 $t = \{2004，2005，2006，2007，2008\}$ 时，Dummy$_t = 1$，否则取 0，以排除这 5 年中统计口径缩窄的影响。2004～2008 年，各地区按收入法核算国内生产总值的口径不同于之前、之后的年份。2004 年之后不再对农业计算营业盈余；城镇个体业主收入从计入劳动报酬变为营业盈余。

以省级为单位对所有指标进行聚类分析下的 Hausman 检验，使用 TCI^1 和 TCI^2 分别得到 $\chi^2(11) = 55.84$ 及 $\chi^2(11) = 52.16$，远高于临界值 0.00，拒绝随机效应的原假设，即面板回归应考虑各省区市的固定效应。

---

① 当然也可以契合理论模型将 Laborsh、Capitalsh 作为被解释变量，探究劳资分配差距的综合形成机制，回归结果本质上与表 4-6～表 4-8 一致。

（四）发展战略回归结果

将 TCI^1 和 TCI^2 代入方程进行固定效应下的面板回归。逐个剔除最不显著的变量，得到整体拟合较优的模型，表 4-6～表 4-8 报告了回归结果。

表 4-6　内外发展战略与要素收入份额：高技术产业技术选择指数（TCI^1）

项目	$Laborsh_{it}$	$Laborsh_{it}$	$Capitalsh_{it}$	$Capitalsh_{it}$
$Strategy_{it}$	−0.0024 （0.130）	−0.0029* （0.053）	0.0034** （0.021）	0.0036** （0.020）
$Open_{it}$	−0.0431* （0.054）	−0.0401* （0.057）	0.0465* （0.062）	0.0481** （0.047）
$Ragdp_{it}$	−0.0680*** （0.000）	−0.0653*** （0.000）	0.0368* （0.056）	0.0350* （0.074）
$Ragdp_{it}^2$	0.0085*** （0.000）	0.0081*** （0.001）	−0.0043 （0.139）	−0.0040 （0.177）
$Indus_{it}$	−0.6212*** （0.000）	−0.6078*** （0.000）	0.5636*** （0.000）	0.5481*** （0.000）
$Nonsoe_{it}$	0.0215 （0.566）		−0.0280 （0.459）	
$Techln_{it}$	0.1158** （0.016）	0.1000*** （0.009）	−0.1056* （0.052）	−0.1046** （0.018）
$Tech_{it}$	−0.0002** （0.030）	−0.0003*** （0.007）	0.0004** （0.015）	0.0004*** （0.000）
$Exbias_{it}$	−0.0034 （0.967）		0.0335 （0.776）	
$Exbiasln_{it}$	−0.0133 （0.457）		0.0009 （0.974）	
$Dummy_t$	0.0230*** （0.000）	0.0206** （0.011）	−0.0271*** （0.000）	−0.0241*** （0.003）
截距项	0.2764 （0.228）	0.3817** （0.024）	0.5569** （0.050）	0.5426*** （0.009）
corr（u_i，Xb） 相应的 F 检验	−0.2534 $F(11, 26) = 35.85$	−0.1772 $F(8, 26) = 46.35$	−0.3337 $F(11, 26) = 16.67$	−0.3019 $F(8, 26) = 21.68$
组内 R^2	0.4876	0.4843	0.3869	0.3850

注：①分别代入 TCI^1 到式（4.35）和式（4.36）进行回归，并逐步剔除最不显著变量 Exbias、Nonsoe、Exbiasln。②圆括号内为 p 值或相应检验的 F 值。③按四舍五入保留小数点后四位，余同。

表 4-7　内外发展战略与劳动要素收入份额：工业技术选择指数（TCI^2）

项目	Laborsh$_{it}$	Laborsh$_{it}$	Laborsh$_{it}$	Laborsh$_{it}$	Laborsh$_{it}$
Strategy$_{it}$	−0.0148*** (0.009)	−0.0143*** (0.006)	−0.0145*** (0.007)	−0.0172*** (0.000)	−0.0164*** (0.000)
Open$_{it}$	−0.0486* (0.053)	−0.0498** (0.043)	−0.0457* (0.057)	−0.0414* (0.076)	−0.0398* (0.071)
Ragdp$_{it}$	−0.0515*** (0.002)	−0.0542*** (0.002)	−0.0559*** (0.001)	−0.0499*** (0.001)	−0.0535*** (0.000)
Ragdp$_{it}^2$	0.0072*** (0.002)	0.0075*** (0.002)	0.0078*** (0.001)	0.0074*** (0.002)	0.0077*** (0.001)
Indus$_{it}$	−0.4845*** (0.000)	−0.4930*** (0.000)	−0.4836*** (0.000)	−0.4468*** (0.000)	−0.4426*** (0.000)
Nonsoe$_{it}$	−0.0163 (0.699)				
Techln$_{it}$	0.0726 (0.130)	0.0702 (0.138)	0.0459 (0.261)		
Tech$_{it}$	−0.0002* (0.051)	−0.0002** (0.018)	−0.0002** (0.033)	−0.0001 (0.206)	
Exbias$_{it}$	−0.0355 (0.698)				
Exbiasln$_{it}$	−0.0179 (0.248)	−0.0204 (0.118)			
Dummy$_t$	0.0208*** (0.001)	0.0219*** (0.002)	0.0201*** (0.006)	0.0188*** (0.009)	0.0186*** (0.009)
截距项	0.4694** (0.049)	0.4712** (0.045)	0.6171*** (0.003)	0.8319*** (0.000)	0.8270*** (0.000)
corr（u_i，Xb） 相应的 F 检验	−0.1371 $F(11, 26) = 42.30$	−0.1126 $F(9, 26) = 41.22$	−0.0598 $F(8, 26) = 44.23$	−0.1141 $F(7, 26) = 46.65$	−0.0601 $F(6, 26) = 27.48$
组内 R^2	0.5115	0.5109	0.5045	0.5010	0.4994

注：①各列为分别代入 TCI^2 到式（4.35）进行回归并逐步剔除最不显著变量的结果。②圆括号内为 p 值。

表 4-8　内外发展战略与资本要素收入份额：工业技术选择指数（TCI^2）

项目	Capitalsh$_{it}$	Capitalsh$_{it}$	Capitalsh$_{it}$	Capitalsh$_{it}$	Capitalsh$_{it}$	Capitalsh$_{it}$
Strategy$_{it}$	0.0158** (0.018)	0.0159** (0.018)	0.0155** (0.012)	0.0156** (0.013)	0.0186*** (0.000)	0.0171*** (0.000)
Open$_{it}$	0.0546* (0.055)	0.0516* (0.064)	0.0512* (0.068)	0.0552** (0.049)	0.0505* (0.064)	0.0474** (0.047)
Ragdp$_{it}$	0.0229 (0.216)	0.0223 (0.226)	0.0239 (0.209)	0.0273 (0.152)	0.0207 (0.166)	0.0275** (0.051)
Ragdp$_{it}^2$	−0.0034 (0.183)	−0.0034 (0.187)	−0.0036 (0.193)	−0.0040 (0.147)	−0.0036 (0.173)	−0.0041* (0.107)

续表

项目	Capitalsh$_{it}$	Capitalsh$_{it}$	Capitalsh$_{it}$	Capitalsh$_{it}$	Capitalsh$_{it}$	Capitalsh$_{it}$
Indus$_{it}$	0.4150*** （0.002）	0.4152*** （0.002）	0.4237*** （0.001）	0.4125*** （0.001）	0.3722*** （0.001）	0.3642*** （0.001）
Nonsoe$_{it}$	0.0130 （0.772）	0.0132 （0.769）				
Techln$_{it}$	−0.0701 （0.264）	−0.0661 （0.250）	−0.0652 （0.249）	−0.0503 （0.350）		
Tech$_{it}$	0.0003** （0.033）	0.0003** （0.014）	0.0003** （0.015）	0.0003*** （0.007）	0.0002** （0.047）	
Exbias$_{it}$	0.0776 （0.554）	0.1190 （0.282）	0.1174 （0.287）			
Exbiasln$_{it}$	0.0078 （0.773）					
Dummy$_t$	−0.0235*** （0.001）	−0.0234*** （0.001）	−0.0246*** （0.001）	−0.0227*** （0.004）	−0.0213*** （0.007）	−0.0208*** （0.008）
截距项	0.4119 （0.202）	0.3801 （0.167）	0.3795 （0.160）	0.3122 （0.221）	0.0769* （0.096）	0.0862* （0.053）
corr（u_i, Xb） 相应的 F 检验	−0.4147 $F_{(11, 26)}=16.52$	−0.4205 $F_{(10, 26)}=16.42$	−0.4149 $F_{(9, 26)}=16.95$	−0.3593 $F_{(8, 26)}=26.53$	−0.4322 $F_{(7, 26)}=18.56$	−0.3420 $F_{(6, 26)}=19.26$
组内 R^2	0.4131	0.4124	0.4121	0.4084	0.4034	0.3963

注：①各列为分别代入 TCI^2 到式（4.36）进行回归并逐步剔除最不显著变量的结果。②圆括号内为 P 值。③剔除 Exbiasln，Exbias 的 P 值明显变小但仍不显著；随后剔除 Nonsoe、Ragdp 及其平方仍不显著；再剔除 Exbias、Techln，拟合优度有改善，Ragdp 及其平方 P 值下降，虽然仍不显著但接近 85% 的显著性水平；尝试剔除 Tech，corr（u_i, Xb）下降，Ragdp 及其平方陡然变得显著，说明经济发展水平可能作为偏向型技术的中间渠道作用于资本收入份额。

表 4-6～表 4-8 的结果表明对内对外发展战略、经济发展水平、产业结构三类关键因素影响都比较显著，且符号符合预期。相对于高技术产业技术选择指数 TCI^1，工业技术选择指数 TCI^2 能提升模型整体拟合优度，即式（4.35）中 corr（u_i, Xb）的绝对值明显下降，残差与自变量的相关性明显降低。此时 Strategy 和 Open 等变量更加显著，影响也更大（系数绝对值更大）；而其他指标的显著性或系数绝对值皆相应下降。这可能源于 TCI^2 采用的是产业增加值而非总产值，剔除了生产环节间的重复计算因而更能反映真实经济活动，因此后续实证分析以 TCI^2 为主。

具体来看，库兹涅茨经济事实亦适合描述中国近 20 年的发展。从人均国内生产总值及其平方项的系数符号可以看出，劳动收入份额、资本收入份额与经济发展水平基本呈 U 型、倒 U 型关系。产业结构指标 Indus 系数显著为负，说明进入工业化中后期阶段经济活动对劳动份额有向下的作用。第二产业增加值占比每上升 1 个单位，劳动份额会减少 0.4426 个单位，资本份额上升 0.3642 个单位。

使用 TCI^2 时高技术进步 Techln 对劳动份额、资本份额的解释不够显著。高技术水平 Tech 对资本份额始终保持正的显著影响。高技术从业人数增加,提升资本份额而拉低劳动所得。这表明中国高技术进步是资本增强型的,高技术的引进伴随着资本对非熟练劳动的替代。Nonsoe 完全不显著,不同于舆论的猜想,即所有制改革不是收入差距扩大的来源之一。在不控制赶超战略因素时 Nonsoe 显著,说明所有制构成仅作为赶超战略的中间机制存在。

无论使用哪一个 TCI,赶超战略和对外开放战略对劳动份额影响均为负,对资本份额影响均为正,在理论预期之内。目前看来,S-S 定理发挥的作用机制在要素市场势力的干扰下发生了扭曲。在控制赶超战略对偏向型技术进步的影响后,贸易开放作用也十分显著,其对国内经济着实造成了影响。

（五）稳健性检验

基于稳健性考虑,使用不同的回归方法或工具变量进行回归。

将工业重化指标 Heavyindus 作为赶超战略 Strategy 代入回归。回归结果表明三类关键机制保持了之前的显著性水平,即国内外发展战略、经济发展水平、产业结构仍然是最主要的作用渠道,且 Strategy 系数增大。工业重化指标能够揭示赶超战略的产业导向,并非所有的国家及地区在经济起飞阶段会选择以重工业为依托,重工业企业、大规模企业因为更容易征税而受到中国地方政府青睐（Du et al.,2013）。此外,使用虚拟变量法模型、两步回归等其他估计方法,关键变量的符号保持一致,实证结论比较稳健（表 4-9）。

表 4-9　主要解释变量的变截距回归结果

项目	系数	标准误	z	$P>z$ 的概率
Ragdp	−0.206 38	0.052 797	−3.91	0
Ragdp^2	0.083 63	0.027 818	3.01	0.003
Indus	−0.267 49	0.205 325	−1.3	0.193
Open	−0.401 9	0.138 139	−2.91	0.004
_cons	0.782 988	0.081 129	9.65	0

系数一致性检验:χ^2（130）= 1 923.61,χ^2 值 = 0.000 0

使用虚拟变量法模型对主要因素进行分析。发现各省区市的解释变量影响存在异质性,即各变量影响存在非线性关系。在第二节中使用面板平滑转化模型对这种非线性关系进行进一步分析。

将工业重化指标作为工具变量进行回归，结果如表 4-10 所示，且通过了过度识别检验。技术选择指数（林毅夫，2002）很好地反映了实际生产中要素配置与当前要素禀赋的偏离程度。因而作为赶超战略指标广泛地应用于实证研究，当然包括要素收入分配领域。而工业重化程度展现各地工业化发展思路的产业指向，同样有利于揭示赶超战略的本意与程度。并非所有的国家及地区在经济起飞阶段会选择以重工业为依托。"亚洲四小龙"、拉美经济体以及我国改革开放初期，进行的是工业内部的产业升级，发展重点从资源开发型逐步过渡到初级轻工业再到重化工业。所以工业是否快速重化，与经济发展水平、第二产业占比并不存在必然的联系，主要体现的是制度导向。重化工业企业、大规模企业因为更容易征税而受到中国地方政府青睐（Du et al.，2013）。

表 4-10　工具变量法回归（Heavyindus 作为战略变量）

项目	系数	标准误	z	$P>z$ 的概率
Strategy^2	−0.010 84	0.004 549	−2.38	0.017
KL_ratio	−0.005 97	0.002 939	−2.03	0.042
Ragdp	−0.054 28	0.009 457	−5.74	0
Ragdp^2	0.009 377	0.001 929	4.86	0
Indus	−0.474 66	0.067 02	−7.08	0
Opcn	−0.036 5	0.015 973	−2.29	0.022

使用工具变量的变量：Strategy^2
包括的工具变量：KL_ratio Ragdp Ragdp^2 Indus Open
被排除的工具变量：Heavyindus

Sargan 统计量（所有工具变量的过度识别检验）：0.000
（方程恰好识别）

（六）固定效应下面板回归结果分析

20 世纪 90 年代以来，对内对外政策方针对经济的促进作用明显，解决了国内大量人口的就业问题。但劳动收入份额不增反减，单位劳动收入水平之低可想而知。注重增长速度的资本技术偏向型赶超发展长期侵蚀着劳动报酬；经济发展水平和产业结构演进短期内亦对劳动收入份额带来下行压力。

首先，经济发展和工业化进程不可避免地继续给劳动者报酬带来下行压力。过去 20 年和将来一段时间内我国产业重心转移、工业化深入推进，对生产要素的吸收能力有别，确实给劳动收入带来下行压力，符合理论预期。过多的农业剩余劳动力进一步加重了劳动跨部门转移负担。农业生产率不断上升而土地供给有限，大量进城务工农民因技术有限而只能进入劳动密集型产业。"70 后"（20 世纪 70

年代生人）农民工只有极少数能向高级技工甚至管理层转化，绝大部分滞留为非熟练工人，工资整体停留在低水平。

其次，内外发展战略偏向增强使用资本技术，侵蚀了劳动报酬。中国实行资本技术增强型赶超战略，不仅能加大资本投入，还能保障资本盈利。地方政府竞相让利，对资本密集型产业的各种优待全面干扰了要素价格和产品价格，资本使用成本降低引致企业加大而非节约资本投入；劳动需求相对压缩，供过于求加剧，议价能力更加微弱。而分配时则参照要素投入份额，资本回报丰厚。非平衡发展思路下的城乡户籍分割使得国内资强劳弱格局日益固化。居民城镇化远落后于人口城镇化，城镇非户籍人口的就业权利得不到充分保障；农民工的大量供给赋予厂商谈判优势，有能力通过非全职雇佣、缩减福利保障来降低工资成本（张松林等，2014）。

最后，所有制改革和技术创新未能切实关注劳动者地位及利益改善。市场化改革和技术引进在赶超发展的作用下也偏向资本。国有企业改制，以及引进民营、外资时，由于我国企业产权制度不完善，劳动者产权普遍缺失或弱化，分配中资本所有者占主导（梁泳梅，2009）；赶超发展思路也能渗透影响技术发展方向和非国有资本的产业投向。地方官员倾向于建立或引进规模大、产值高的重化工业，对资本密集型产业给予政策优惠；而忽视了对大量廉价劳动力的开发利用，加剧资源错配。

南北贸易和发达国家间贸易显著促进了技能偏向型技术进步，其效应甚至大于劳动禀赋结构的影响。技术进步本应内生于要素价格即要素相对丰裕程度，但发展战略会干扰市场机制甚至使要素价格倒挂。要素的相对价格本应诱导技术进步偏向丰裕要素（Acemoglu，2002b），中国应沿着吸收劳动、扩大就业的方向包容性发展。然而"拿来"的先进技术确实偏向于资本，人为压低资本使用成本使得高技术发展进一步依赖于（即内嵌于）资本要素的大量投入[①]。

二、非线性机制：面板平滑转化模型

依据既有文献，一个经济体的要素收入份额由经济发展水平、产业结构、市场化水平决定；对外开放程度有利于发展中国家缩小国内收入差距；而资本偏向型的赶超发展路线则很有可能加剧收入不均。不同省区市间发展战略的差别很大，而且战略政策随时间变化。因此，各因素对要素收入份额可能存在非线性影响。

面板平滑转化回归（panel smooth transition regression，PSTR）模型能同时解

---

① 吕朝凤和黄梅波（2012）发现中国工业化发展战略带来偏向型技术冲击，造成实际经济的大部分波动。雷钦礼（2013）发现1995年以后，我国全要素生产率提高远落后于经济增长，经济增长主要依靠要素投入推动。

决数据的截面异质性及时间异质性的影响。按赶超程度不同，可以分为高、低状态的两种机制。此外，对于赶超程度变化的个体，避免了根据某些指标事前将分类固定下来的弊端。相较于 Hansen（1999）提出的面板门槛回归模型，PSTR 模型允许机制转换平滑即存在连续的中间状态，因此更贴合经济实际（Gilert and Christophe，2006）。

设基本的要素收入份额决定模型，μ_i 为个体固定效应，ε_{it} 为误差项。面板的时间长度为 $T(t = 1, 2, \cdots, T)$，个体数为 $N(i = 1, 2, \cdots, N)$，则

$$\begin{aligned}\text{Laborsh}_{it} = {} & \mu_i + \beta_1\text{Ragdp}_{it} + \beta_2\text{Ragdp}_{it}^2 + \beta_3\text{Open}_{it} + \beta_4\text{Indus}_{it} + \beta_5\text{Techln}_{it} \\ & + \beta_6\text{Nonsoe}_{it} + \beta_7\text{Exbias}_{it} + \beta_8\text{Exbiasln}_{it} + \varepsilon_{it}\end{aligned} \quad (4.37)$$

将发展战略 Strategy_{it} 视为影响分配机制的外生变量，将模型拓展为非线性 PSTR 模型。转换函数 $g(\text{Strategy}_{it};\ \gamma, c)$ 是观察对象 Strategy_{it} 的连续函数，且取值标准化为 0~1，对应第 j 个解释变量的系数取值为 $\beta_{j0} \sim \beta_{j0} + \beta_{j1}$，即第 t 年第 i 个个体的 Strategy_{it} 的值决定 $g(\text{Strategy}_{it};\ \gamma, c)$ 取值，从而决定回归系数 $\beta_{j0} + \beta_{j1}g$ $(\text{Strategy}_{it};\ \gamma, c)$。

$$\begin{aligned}\text{Laborsh}_{it} = {} & \mu_i + [\beta_{10}\text{Ragdp}_{it} + \beta_{20}\text{Ragdp}_{it}^2 + \beta_{30}\text{Open}_{it} + \beta_{40}\text{Indus}_{it} + \beta_{50}\text{Techln}_{it} \\ & + \beta_{60}\text{Nonsoe}_{it} + \beta_{70}\text{Exbias}_{it} + \beta_{80}\text{Exbiasln}_{it}] \\ & + g(\text{Strategy}_{it};\ \gamma, c)[\beta_{11}\text{Ragdp}_{it} + \beta_{21}\text{Ragdp}_{it}^2 + \beta_{31}\text{Open}_{it} + \beta_{41}\text{Indus}_{it} \\ & + \beta_{51}\text{Techln}_{it} + \beta_{61}\text{Nonsoe}_{it} + \beta_{71}\text{Exbias}_{it} + \beta_{81}\text{Exbiasln}_{it}] + u_{it} + \varepsilon_{it}\end{aligned}$$

根据 Gonzalez 等（2005），使用逻辑函数设定转换函数。其中一系列 c_j 为转换发生的参数，γ 为转换速度参数。

$$g(\text{Strategy}_{it};\ \gamma, c) = \left[1 + \exp\left(-\gamma\prod_{j=1}^{m}(\text{Strategy}_{it} - c_j)\right)\right]^{-1}, \quad \gamma > 0, c_1 \leqslant c_2 \leqslant \cdots \leqslant c_m$$

应用 PSTR 模型分下列三个步骤：检验模型的非线性；确定转换变量及模型参数估计；进行稳健性检验。

（一）非线性检验

非线性检验的原假设为 H_{01}：$\gamma_1 = 0$ 或 H_{02}：$\gamma_2 = 0$ 或 H_{03}：$\gamma_3 = 0 \cdots$ 分别表示第 1 个、第 2 个、第 3 个解释变量等对被解释变量只有线性影响。对模型在 $\gamma_1 = 0$，$\gamma_2 = 0$ 和 $\gamma_3 = 0$ 处进行一阶泰勒展开，得到辅助回归模型。检验第 j 个变量的多次项系数都为 0，等同于检验 $\gamma_j = 0$。检验的统计量 $\text{LM} = \dfrac{\text{TN}(\text{RSS}_0 - \text{RSS}_1)}{\text{RSS}_0}$，$\text{LMF} = \dfrac{(\text{RSS}_0 - \text{RSS}_1)/K}{\text{RSS}_0/(\text{TN} - N - K)}$。其中，$K$ 为解释变量个数，RSS_0 为原假设约束下的残差平

方和，RSS_1 为拒绝原假设时的残差平方和。原假设下 LM 检验统计量服从 $\chi^2(K)$ 分布。拉格朗日乘数检验（LMF）统计量服从 $F(K, TN-N-K)$ 分布。

（二）确定转换变量，参数估计

对位置参数、转换速度的确定可采用网格搜索法、模拟退火法。本书采用网格搜索法找到参数初始值，随后用非线性最小二乘估计得到最后估计值。

（三）PSTR 结果分析

1. 非线性检验

门槛变量个数用 r 统计，原假设为 H_0，回归方程为线性模型；H_1: PSTR 模型存在至少一个门槛变量（$r=1$）。Wald 检验、拉格朗日乘数检验以及似然比检验 LRT 统计量如表 4-11 所示。Wald 统计量是先对无约束模型得到参数的估计值，再代入约束条件是否成立；似然比检验统计量则分别计算有约束和无约束条件下的参数估计值，再计算两者的对数似然函数是否足够接近；拉格朗日乘数检验统计量则考察约束条件的拉格朗日乘子是否为零。因为如果约束条件成立，那么这个约束条件应该对估计没有影响。各检验结果强烈拒绝原假设，说明模型只有一个门槛变量。

表 4-11　非线性检验

检验方法	统计量	显著性
Wald 检验	$W=62.0075$	1.88×10^{-10}
拉格朗日乘数检验	$F=8.2151$	1.92×10^{-10}
似然比检验	LRT$=66.0873$	2.94×10^{-11}

2. 检验是否存在剩余的非线性关系

检验中可以同时确定机制个数即门槛变量个数及其状态转换次数。

初始状态下假设只有一个门槛变量（$r=1$）、两种极端状态（$m=1$），则确定初始的转换速度及位置参数为（γ, c）=（0.5, 7.5476）。此时不收敛，说明如果使用面板门槛回归模型进行估计，至少有一个位置参数落在其估计范围外。而面板门槛回归模型估计的位置参数范围为 1.7546～7.8229。

再以 $r=1$ 为原假设，$r=2$ 为备择假设进行非线性检验。Wald 检验、拉格朗日乘数检验以及似然比检验统计量如表 4-12 所示。结合拉格朗日乘数检验统计显著性，在给定 $r\leqslant2, m=1$ 时，门槛变量的最优个数为一个（$r=1$）。

表 4-12　是否存在其他非线性的检验

检验方法	统计量	显著性
Wald 检验	$W = 16.357\ 74$	0.037 5
拉格朗日乘数检验	$F = 1.902\ 092$	0.057 8
似然比检验	$LRT = 16.624\ 21$	0.034 3

3. 模型参数估计

在 $r = 1$，$m = 1$ 时，进行初始估计得到（γ，c）=（0.404 330 6，8.308 505）。同样至少有一个位置参数估计值在 PSTR 模型估计的范畴外。根据赤池信息准则（AIC）、贝叶斯信息准则（BIC），当前模型变量的个数及其变换是合适的。最终估计中（γ，c）=（0.404 321 8，8.308 561）（表 4-13）。当 $Strategy_{it} < 8.308\ 561$ 时，赶超战略处于低状态，回归系数揭示各因素对劳动收入份额的净影响；当 $Strategy_{it} > 8.308\ 561$ 时，赶超战略处于高状态，各因素的收入分配效应受到政策干扰。大部分省区市位于低状态中，而安徽、广西、贵州、云南四个省区自 1999 年左右开始基本位于高状态中。

表 4-13　$r = 1$，$m = 1$ 时参数初始估计

估计值	估计值
$RSS = 0.936\ 007\ 5$	收敛 = 0
$AIC = -6.198\ 492$	$BIC = -6.049\ 71$
$\gamma = 0.404\ 321\ 8$	$c = 8.308\ 561$

赶超战略在两种极端状态下的回归系数如表 4-14 所示，过渡时期宏观经济对收入分配的影响是两者的加权。纠正异方差后转换速度的标准差，以及相应的纠正后的 t 值如表 4-15 所示。结果表明经济自身发展水平、产业结构、贸易开放战略这三类关键因素影响显著且符号大多符合预期；在控制各省区市异质性以及时间变迁因素后发现，赶超程度不同对经济演化的体制造成冲击，在高状态的极端情况下，因素影响的总方向（符号）甚至发生逆转。

表 4-14　高、低两种状态下回归系数估计

解释变量	系数 β_{j0}	系数 β_{j1}
Ragdp	−0.107 154	0.036 487 8
Ragdp^2	0.007 650 7	0.103 118 3
Open	−0.054 078 6	0.160 983 6

续表

解释变量	系数 β_{j0}	系数 β_{j1}
Indus	−0.397 741 3	0.018 387 8
Techln	0.023 804 5	−0.025 131 1
Nonsoe	−0.005 167 3	−0.423 913 7
Indusbias	0.013 503	0.005 065 1
Exbias	0.234 909 9	−1.229 252 5

表 4-15　转换速度的标准差以及回归系数的 *t* 值

变量	低状态（*t* 值）	高状态（*t* 值）
Ragdp	0.011 661（−9.188 9）	0.082 18（0.443 998）
Ragdp^2	0.002 165（3.533 307）	0.035 624（2.894 652）
Open	0.022 078（−2.449 46）	0.234 109（0.687 643）
Indus	0.076 574（−5.194 19）	0.342 643（0.053 665）
Techln	0.020 285（1.173 509）	0.041 868（−0.600 24）
Nonsoe	0.035 394（−0.145 995 7）	0.129 863（−3.264 32）
Indusbias	0.027 309（0.494 456）	0.148 549（0.034 097）
Exbias	0.092 774（2.532 062）	0.410 258（−2.996 29）

注：在纠正异方差基础上估计出了转换速度的标准差，随后在该标准差基础上计算出 *t* 值。

第一，与既有研究以及本节固定效应下的面板回归结果一致，经济发展水平对劳动收入份额存在 U 型效应。无论在高低状态还是中间状态，人均国内生产总值上升短期内给劳动收入带来下行压力，但终将起到拉升作用。无论在何种状态下，Indus 反映的工业化持续，都对劳动收入起到不利作用。与资本以及相应技术对劳动的替代相关，工业化程度越高，利润"侵蚀"工资的现象越严重，当然这是经济发展自身的路径，并非人为政策导致的。第二产业的最终下降趋势以及第三产业同时上升，生产供给侧对劳动力的吸收能力提升，才是包容性发展、普惠性发展的重点。

第二，对于高技术发展来说，赶超发展思路扭曲了技术内生发展。在低状态下，高技术人员 Techln 增加和高技术产业占比 Indusbias 有利于劳动收入，说明技术进步至少是劳动扩张的甚至劳动偏向型的，即有利于提高劳动投入对生产的贡献及其单位报酬；但是，在赶超发展的高状态下，高技术人员增加反而不利于劳动增收，甚至使其总效应为负。高技术人员与资本技术高度密集的产业相配套，因此急功近利地引进发展高技术是偏向资本要素的，违背了我国要素禀赋结构内生出的技术进步路径。

第三，所有制改革在发展思路高度赶超的状态下反而加剧收入差距。低状态下，非国有经济占比扩大对劳动收入存在微小的负面影响。如前面所述，可能来源于民营企业、外资企业、混合所有制经济中，劳动报酬的政策性负担较小，资本要素和利润分配相对于劳动力与工资更强势。但在赶超发展的高状态下，Nonsoe对劳动收入显现明显的副作用。这说明市场自由化过程中，高强度的资本产业偏向型政策措施主要使资本所有者、企业家受惠，分配过程中企业并不能像国有企业那样同步改善劳动者福利。政策优惠带来的收入主要流向企业家、资金供给方，不利于居民收入提升，可能存在很大的无谓损失。

第四，可以很明显地发现赶超战略对于贸易的福利效应的扭曲。在发展战略赶超程度较低时，高技术产品出口占比 Exbias 较高，因为这种出口结构内生于我国要素禀赋，所以劳动收入受惠，越有利于缩小初次收入分配差距；但在赶超程度较高时，高技术产品出口占比 Exbias 较高，则越发拉低劳动收入。出口结构可能很大程度上来自国内有偏向的产业激励措施，如对高技术产业不适宜的补贴，因此违背了我国比较优势和国际竞争力，要素价格向世界水平靠拢和劳动报酬改善的效应并不会发生。

第五，安徽、广西、贵州、云南四个省区长期位于赶超发展的高状态中，不利于收入差距缩小。大多数省区市位于较低的赶超发展状态中，经济演进自身的路径如第三产业扩大（产业结构提升）和高技术出口比例逐渐提升（出口结构优化），都有利于要素收入公平，并最终导致居民间收入公平。长期位于赶超发展的四个省区，工业要素密集度明显超越了自身要素供给结构，这将使得收入差距进一步恶化。而其发展思路存在很强的路径依赖，短期内很难改变。

总体而言，资本深化对劳动收入相当不利。要想对抗这种全球趋势，我国必须减轻偏向型政策干预。让技术发展吸收更多的劳动，同时降低对不适宜产业的补贴，减轻出口结构扭曲对劳动地位的压制作用。

控制其他机制后，对外贸易扩大仍然不利于劳动收入份额及水平提高。若贸易开放度每上升 1 个百分点，则劳动收入份额就会下降 0.0398 个百分点，资本收入份额上升 0.0474 个百分点。国际贸易并没有如期缩小中国的劳资分配差距、增进劳动者福利，反而进一步强化了资本的地位。在劳动需求扩张的背景下劳动收入份额下降，反映单位劳动报酬增速更大程度地落后于经济效益和资本报酬的增长。经济开放中劳动者受惠有限并不能说明 S-S 定理在中国失灵。症结在于中国的出口产品受国际资本牵制，引进的先进技术更偏重资本，不符合自身由要素禀赋决定的比较优势。

对外贸易扩张增加了对劳动力的需求，但劳动扩张型增长并不等于劳动偏向型发展。即劳动投入的扩张并不等于其边际收入相对于资本上升。违背比较优势的进出口结构利用并固化了资强劳弱的要素格局。加工贸易为主的进出口结构和城乡户籍分割等制度藩篱不利于生产要素的良性开发，明显削弱了劳动者的议价能力。

地理历史条件使得中国等发展中国家拥有大量劳动力，而资本相对稀缺。20世纪末大量进城务工农民要求的保留工资稍高于务农收入但远低于城市工人工资及自身边际产出①。世界范围内农产品贸易壁垒削减，发达国家大机器规模化生产的粮农产品物美价廉，对传统农业国家形成巨大冲击。世界市场上农产品价格趋于一致并保持在较低水平，这意味着我国农民增收困难，农民工能索取到的保留工资下限也被迫锁定在低位。主观角度来看，国内赶超发展带来的制度扭曲进一步加剧要素市场失灵，拉大分配差距。

国际贸易扩大本应使我国非熟练工人工资得到改善，但出口结构受国际产业链分工牵制，违背了经典贸易理论预期。S-S 定理预期资本和劳动要素在各国内进行生产配置，发展中国家劳动密集型产品出口扩张，非熟练劳动力需求扩大且边际报酬并不会下降。而当代社会，发达国家的先进资本在世界范围内取得强势地位，在全球寻找最便宜的劳动要素；将产业链中的低端环节转移到发展中国家，与其非熟练劳动力结合起来。后发国家惯用资源换资金的方式，通过压低劳动、环境成本招商引资，所以即使出口扩张增加了劳动需求，劳动报酬并不一定会上涨。在当前环境下，出口厂商及其他制造企业有进一步压低工资的动机。国内工业强、农业弱，资本强、劳动弱，经营效益好的企业在劳动力市场中地位非常强势。即使其愿意提供高工资吸引人才和熟练工人，也远低于工人应得报酬。其他企业以此为支付标杆争相模仿，变相挤压劳动报酬，对劳动带来负向外溢效应。

以加工贸易为主的进出口结构看似符合中国劳动力丰富的比较优势，但很大程度上在"为他人作嫁衣"。产业发展和技术进步内生于要素禀赋决定的比较优势，并通过资本积累使比较优势动态变化，牵引产业结构向资本技术密集度更高的环节升级。以加工贸易为目的的外来投资和技术引进只注重开发廉价劳动力，前端设计环节和后端营销环节拿走产业链中的绝大部分利润。虽然客观上有助于东道国资本积累，但其资本报酬及人均资本存量水平与发达国家相去甚远。先进生产力和先进资本在世界市场上很容易取得占优地位，国际产业转移符合发达国家的比较优势；提前植入某些产业可能并不符合发展中国家的内生发展轨迹，东道国贡献大量劳动力和资源环境而资本积累有限。

长远的危害在于，加工出口的贸易模式经由要素市场扭曲使得产业模式固化，发展中国家易落入比较优势陷阱。中国有生产劳动密集型制成品的成本优势，加上资本积累不足，生产难以朝高端环节转化而停留在加工组装环节。一旦国际资

① 农民种田赚不到钱，只要进城务工的收入尚可，就愿意接受辛苦繁重、竞争激烈、收入远低于创造价值的工种。

本将加工出口产业转移到东南亚和非洲，我国就会面临产业失势的危险。在推行出口导向和贸易自由化的过程中，发展中国家劳动收入份额整体下降。只有"亚洲四小龙"成为改善收入分配差距、成功实现产业升级的"模范生"。因此，加工贸易只能作为发展的权宜之计而不能持续推进。

总之，国际贸易对要素收入的作用并未失灵。根本原因在于对内发展战略和扩大对外贸易没有及时调整，给要素市场、产品市场、出口结构带来扭曲。分配差距持续扩大极易招致经济结构失衡和社会矛盾，只有扭转这一趋势才能走上持久发展和共同富裕的轨道。

劳动收入份额处于历史低位的背景下，追求公平摆在了经济发展的首位。改善劳动收入和劳动者地位不仅有利于居民收入倍增，消费潜力释放，转变为内需拉动型的可持续增长模式，还关乎一代人的幸福和尊严问题。经济发展和产业结构转移带来的压力不可避免，但最终会因为达到更高的经济水平而自行消解。关键在于改变求大求快的思维，注重各产业协调发展，破除制度藩篱，从根本上解放生产力。第一，疏解经济体制中阻碍生产力发展的障碍。通过破除城乡户籍限制、推进混合所有制、加速劳动自由流动的方法，让市场在资源配置中起决定性作用。第二，放开管控，让要素价格回归正常，推进技术进步沿着劳动增强型方向实现包容性发展。同时，各级政府还可以通过发展高职高专教育提高劳动者技能，加速就业人员的跨部门转移。

第五章　贸易开放、研究和开发与企业生产率的提升

第四章从要素收入份额的角度分析了对外经济发展战略对福利的效应，本章将从微观企业层面分析贸易开放对效率的影响机制。

从世界各国的经济发展来看，一个经济体的发展速度最终取决于全要素生产率的提升和改善，而企业要提高自身生产率水平，一个重要的途径是通过研发创新来促进技术进步；同时，进口品作为技术信息的载体，有助于企业引进吸收更先进的技术，进口品具有较高的性价比，有助于优化生产要素的资源配置，最终提高生产的效率水平。

本章基于进口品的内嵌技术，研究进口品与企业研发创新的相互作用，及其对生产率的协同促进效应。因此，本章首先基于异质性企业理论和人力资本理论构建理论模型，将企业的中间品进口、研发决策和生产决策纳入统一的分析框架；其次模型假定企业在研发创新和进口产品时都会面临固定投入成本，只有部分企业有能力越过这一成本门槛；最后基于中国制造业企业数据对研发与进口的交互作用进行实证分析。

理论模型和实证揭示了研发创新与进口贸易之间相互促进的作用机制：研发投入有利于提高企业未来的收入和利润，将使其扩大进口品种类以降低边际成本、提高利润；而利润上升又有利于维持较高的研发投入，最终形成研发投入增加—中间品进口扩张—企业利润提升的正反馈效应。

第一节　贸易开放、研究和开发与企业生产率关联性的理论逻辑

一、贸易开放、进口中间品对企业生产率的影响

贸易可以显著影响企业的绩效和生产率，并促进社会福利的提高。对于国际贸易产生的原因及贸易对企业的影响，在国际贸易领域已有大量的研究文献进行了相关解释和阐述。其中，古典经济学派中，Smith 基于地域分工提出了绝对优势理论，劳动生产率差异是贸易发生的重要原因，Ricardo 在绝对优势理论的基础上，提出相对优势贸易理论，各国倾向于生产拥有相对优势较大的产品；此后，从新古典经济学派赫克歇尔-俄林的要素禀赋理论，再到后来 Krugman（1980）基

于行业层面提出的以不完全竞争及规模经济为特征的新贸易理论，以及新近以 Melitz（2003）及 Antras（2003）为代表的新新贸易理论开始从企业微观层面出发解释企业贸易的原因以及进出口对企业生产率的影响。其中，关于企业全要素生产率与进口之间的关系，目前学界主要有两种研究观点：一种观点认为企业通过进口生产要素可以促进自身生产率的提升，即企业存在进口中学习效应；另一种观点认为没有证据支持进口对企业生产率有显著影响，进口企业与非进口企业之间生产率存在差异主要是企业进口自我选择效应的缘故，即只有企业生产率达到一定水平，才能支付进口所需固定成本（沉没成本）从而获得进口市场的资格。

Amiti 和 Konings（2007）检验了印度尼西亚贸易自由化时期的企业数据，发现进口关税降低可以显著促进企业全要素生产率提升，他们将这种由进口便利化所导致的企业生产率提升归因于进口中学习效应；Broda 和 Weinstein（2006）使用印度贸易自由化时期的微观企业数据实证检验了印度企业进口与生产效率的关系，发现印度贸易自由化之后进口关税大幅降低，这在短期内导致了印度企业生产率的改善，印度制造业企业也存在进口中学习现象。Halpern 和 Koren（2007）发现匈牙利企业的要素进口种类越复杂，进口对企业生产率的促进效应越大，进口收益取决于进口品嵌入式技术与企业要素投入品不完全替代程度。此后 Halpern 等（2015）使用乌拉圭制造业企业数据检验进口对企业生产效益的影响，发现进口品与本国要素具有不完全替代性，这种不完全替代性可以解释进口对企业生产率的促进效应。楚明钦和丁平（2013）将中国企业进口品按广义经济分类法（broad economic categories，BEC）划分为消费品、中间品和资本品，发现中间品进口对企业生产率有显著的促进效应，而资本品进口则会抑制企业生产率的提升，并且这种抑制效应取决于企业是否具备国有性质；张杰等（2015）使用中国工业企业数据库和海关数据库的匹配数据详细检验了进口对企业生产率的影响，实证结果显示进口整体上对企业生产率有显著促进效应，其中中间品进口对研发型非出口的民营企业生产率提升作用更明显，而资本品进口对研发型出口民营企业生产率提升作用更明显。

然而，观察到进口中学习效应经济体的大都是发展中国家，一些针对发达经济体的相关研究则更多显示进口并没有对企业生产率产生显著促进效应，进口企业生产率较高更多是因为自身生产率高才能够进口，即由自我选择效应导致进口企业与非进口企业在全要素生产率方面的差异。Vogel 和 Wagner（2010）研究了德国制造业企业的生产率促进因素，发现是较高的全要素生产率显著促进了企业进口，而非进口促进企业生产率的提升；Muendler（2004）检验了巴西制造业企业数据，实证结果发现巴西的企业数据不支持进口中学习效应，进口企业的生产率较高是其在进口前本身较高，即进口企业的高生产率现象是自我选择效应所致。

二、研发与企业全要素生产率的估算

经济增长理论的一个重要观点是在长期中技术进步承担了经济增长的引擎作用，而研发创新是促使企业技术进步的最重要手段。Romer（1990）在动态一般均衡框架下建立了一个新的作用机制，以解释内生性研发创新如何推动经济增长；Coe 和 Helpman（1995）基于新贸易理论，使用了 22 个经济合作与发展组织国家的数据分析研发创新活动对其贸易伙伴国的溢出效应，他们创造性地利用双边进口贸易份额为权重构造国际研发指标，以分析本国研发活动对贸易进口国的生产率影响，结果发现贸易伙伴国的研发创新投入可以显著促进本国企业全要素生产率提升。

王玲和 Szirmai（2008）在其研究中探讨了中国高技术企业技术创新投入与生产率之间的关系，发现研发创新可以显著提升企业生产率水平，外国技术引进时，企业自身研发与外国技术引进对生产率提升的协同效应更大，说明两者之间存在互补关系，企业自身增强研发能力能够促进国外技术引进与消化吸收。马颖和李成（2013）基于开放经济条件，着重分析了研发投入、企业人力资本积累与经济增长之间的丰富关系，结果表明企业研发可以有效积累人力资本成长并增强自主研发能力，当进口资本品与研发活动匹配后会提高国内研发效率，最终提升企业生产率。王雪（2015）则发现企业研发行为是自身生产率内生性进步的重要因素，出口与企业研发行为存在显著的动态相关性，两者共同促进了企业生产率的提升。

Solow 通过建立生产函数计算劳动和资本对产出的贡献，发现生产函数估计有残余项部分无法解释，他将不能解释的残余项部分归结为企业的全要素生产率，并从宏观层面定义了全要素生产率的概念。对于全要素生产率的测度一直是经济学界的一个重要课题，早期对于全要素生产率的度量是基于宏观层面的，近年来随着微观企业数据的可获得性与普及，从微观层面计算企业全要素生产率的也越来越多（表 5-1）。

表 5-1　全要素生产率的主流估计方法

	确定性方法	计量方法	
		参数法	半参数法
前沿分析	DEA（数据包络分析）	随机前沿分析 （宏观-微观）	
	FDH（无成本处置壳方法）		
非前沿分析	增长核算法 （宏观）	增长率回归法 （宏观）	代理变量法 （微观）

使用微观企业数据计算全要素生产率时,生产函数最常见的设定方式是科布-道格拉斯生产函数,这种生产函数设定将规模经济纳入实证分析中,较为符合现实,也有相当一部分研究更为青睐使用灵活性更大的超越对数函数形式,这种函数设定模式的优点是相对于科布-道格拉斯生产函数形式放松了替代弹性不变的假设,这能够更好地避免因科布-道格拉斯生产函数严苛的设置所导致的估计偏误,在形式上更具灵活性。科布-道格拉斯生产函数一般设定为

$$y_{it} = a_{it} + \alpha l_{it} + \beta k_{it} + \varepsilon$$

式中,y_{it} 为企业年度增加值;l_{it} 为企业劳动投入;k_{it} 为企业资本投入;ε 为企业生产所面临的无法预测的独立同分布冲击;剩下的 a_{it} 部分则为企业全要素生产率,生产函数设定为对数形式。不过,传统最小二乘估计方法存在一些问题,在估计过程中并没有考虑到计量模型所包含的内生性问题和样本选择偏误,这导致回归估计结果出现联立性偏差和样本选择偏差。这两种估计偏差会影响估计结果的有效性,联立性偏差会倾向于高估劳动系数,而样本选择偏差会倾向于低估资本系数。为了解决在回归估计方程时存在的联立性偏差和样本选择偏差,研究者提出了以下几种估计改进方法。

(一)GMM 法

由于使用传统科布-道格拉斯生产函数存在诸多估计偏误,Blundell 和 Bond(1998)提出了一种新的计量方法修正线性方程中存在的联立性偏误,即广义距估计(generalized method of moments,GMM)法,这种方法对于应对传统模型中存在的内生性问题有着较好的效果。具体而言,GMM 法通过引入一个新的自然工具变量作为被解释变量的滞后值,因为引入的自然工具变量为 $t-1$ 期的,所以这保证了引入的工具变量与当期企业所遭遇的生产率冲击相关,GMM 法比较适用于具有较长时间序列的面板数据。但是 GMM 法在使用中也存在一些问题,因为 GMM 法需要的滞后变量周期不能延长太多,所以当引入的工具变量滞后期超过三期时,GMM 法的估计效果就会不理想。如果企业所面临的短期生产率波动影响超过两期,那么外生工具变量较难得到合理解决;另外,如果实证分析时所用时间面板数据时间跨度较短,如小于六年,那么该方法所要求的较长时间跨度没有得到满足,最终估计结果可能仍然偏误于真实情况。

(二)OP 法

鉴于科布-道格拉斯生产函数在估计时存在两种自身难以克服的问题,大量学者通过建立半参数方法来修正估计过程中的内生性问题和联立性偏差。Olley 和

Pakes（1996）提出了一个新的计量方法，即基于一致半参数估计值（semi-parametric estimator）方法，简称 OP（Olley-Pakes）法。OP 法成为一种控制最小二乘估计时存在联立性偏差和样本选择偏差的方法。OP 法使用企业投入决策作为生产率的代理变量，可以较好地控制联立性偏差所导致的内生性问题；另外，利用企业的进入退出决策建立企业生存概率函数，生产率较高但固定资本较小遭淘汰的企业也被纳入分析框架中，通过这种方式 OP 法较好地纠正了企业面板数据中存在的样本选择偏差问题。基于这些优势，OP 法成为近年来一种颇为流行的分析方法。OP 法在估计方程做回归分析时主要分步进行。

第一，计量模型设定本期固定资产存量与企业投资额之间的函数关系，Olley 和 Pakes 在研究中构建了如下方程：

$$K_{i(t+1)} = (1-\delta)K_{it} + I_{it}$$

式中，$K_{i(t+1)}$ 为企业 i 在 $t+1$ 期时的固定资产存量；K_{it} 为企业 i 在 t 期时的固定资产存量；I_{it} 为企业 i 在 t 期时的固定资本投资额；δ 为企业 i 的固定资本折旧率。如果企业预期未来会发生一个正的生产率波动，那么企业倾向于提高当期的投资，第 t 期企业固定资本投资额增加。因此，构建一个企业的最优投资函数 $i_{it} = i_t(\varpi, k_{it})$，即企业固定资产投资与企业所面临的当期生产率冲击和固定资产存量有关。通过对最优投资函数求逆，可以得到生产率关于企业固定资产投资和资本存量的函数关系，$\omega_{it} = h_t^-(i_{it}, k_{it})$。将生产率函数代入企业生产函数估计方程中，可以首先获得劳动的一致无偏估计系数。

第二，在劳动的一致无偏估计系数确定之后，OP 法使用已估计的劳动系数拟合资本项和投资项的估计系数。第二步的过程要比第一步复杂，且如果要求得一致有效系数，那么无论资本项下当期值还是滞后值，模型必须确保固定资本存量的估计系数始终保持一致，这需要计量模型依靠非线性最小二乘法完成回归过程。通过这两个步骤，OP 法得到了生产函数中的资本系数和劳动系数，利用估计到的一致有效系数，可以进一步拟合生产函数求出方程残差的对数值，这就是企业全要素生产率的对数值。

（三）LP 法

OP 法虽然可以通过两步骤阶段计量过程得到企业生产函数的一致有效估计系数并获得全要素生产率的对数值，但模型需要首先满足一系列严苛的假定，而其中一个重要的假定条件便是代理变量（使用投资代替）与总产出保持单调以利用求逆的方式获得生产率的函数关系，但这种方法要求企业投资额为正，投资额为零的企业数据样本并不能被估计。现实中企业在投资决策时并不会每年都进行固定资产投资，这使得大量的企业在估计过程中被抛弃，从而导致新的估计偏误问题。鉴于此，Levinsohn 和 Petrin（2003）在其研究中提出了一个新的方法估计企业全要素生产率。LP（Levinsohn-Petrin）法不是使用企业固定资产投资额作为生产率的代理变量，而是使用企业中间品投入来间接控制估计过程中所遭遇的生产率冲击，这一方法更具可行性，因为企业中间品投入数据更容易获得，且中间品投入每年都会发生，这保证了企业样本不会在估计过程中被大量丢弃。为保证估计结果的一致性，Levinsohn 和 Petrin（2003）还提供了几种方法以检验在估计过程中代理变量的有效性和合意度，这使得本书在使用 LP 法时可以灵活遴选代理变量以便最终获得生产函数的一致有效估计系数。

综上所述，本书在估计生产函数时借鉴 LP 法，使用企业中间品投入作为代理变量以控制估计过程中所面临的生产率冲击问题，并与传统的估计方程做对比以检验估计结果的一致性。

三、进口与研发的关系研究文献

目前关于研发创新与进口之间关系的讨论主要有两种观点。

一种观点认为企业的进口行为对研发创新有促进效应，Goldberg 等（2009）发现通过进口低价中间品或先进生产设备可以增加企业盈利，企业可以获得足够的创新资金支持从而促进企业的研发创新活动，这可以归纳为进口对研发创新的市场规模效应。Seker 和 Rodriguez（2011）的实证研究进一步发现企业进口具有知识外溢效应的新产品可以显著提升企业的创新研发能力，这可以归纳为进口对研发具有进口中学习效应。Teshima（2008）利用墨西哥企业数据做实证分析，结果显示进口关税的降低促使企业加大自身研发投入，但研究并未说明到底是进口关税所导致的进口竞争效应还是中间品进口所导致的创新活动。Lu 和 Ng（2012）使用中国工业企业的随机调查数据发现若企业的进口渗透率每上升 1 个标准差，则企业渐进式创新研发活动的概率就会增大 4.48%。

另一种观点认为进口会抑制企业的研发创新活动，因为进口的开放意味着市场竞争压力的扩大，企业很难在激烈的市场环境下通过创新活动持续盈利。在生产全球化大背景下，企业的生产和研发活动皆统一纳入全球价值链中，一国企业的生产及研发创新活动不仅内生于企业本身特质，还与企业所处的全球价值链的地位息息相关（Humphrey and Schmitz，2002）。发展中国家企业的研发活动如果能更好地承接来自发达国家的生产任务，那么企业进口生产要素便可以提升企业研发效率，但当企业研发活动与发达国家跨国公司利益相悖时，跨国公司便可以利用自身优势地位限制本土企业对自主研发创新能力的培养，通过不断引导本土企业依赖跨国企业所提供的进口零部件或生产设备，逐步"摧毁"企业的自主研发能力，形成进口对企业研发创新活动的完全替代效应，这是发展中国家企业通过贸易陷入加工贸易困境和代工困境的重要原因。

第二节　企业生产率的影响模型及推论

如前所述，理论模型的设立基于企业微观个体行为，将企业中间品进口、研发创新投入及其对生产率的影响统一起来，通过数理模型推演研发创新投入、中间品进口及其对企业全要素生产率的协同效应的相关结论。中间品进口扩大了企业生产要素种类的选择范围，并引进更廉价的中间品投入，优化了要素资源配置，降低了企业边际成本，促使企业利润率增大，并引致企业提高自身研发强度；另外，企业增强自身研发创新投入刺激了生产要素种类需求，为调整生产成本构成或开发新产品，企业倾向于进口更多种类的中间品以匹配自身创新研发；最终这两者使企业全要素生产率提升的概率明显提高。然而，企业创新研发活动或中间品进口都存在一个固定成本和进入门槛，因此只有达到一定规模和生产效益的企业才能承担这些活动的初始沉没成本。

本书借鉴 Griliches（1979）的人力资本模型，以及新近的 Aw 等（2011）、Doraszelski 和 Jaumandreu（2009）的研究方法构建企业研发投入模型。企业选择增加自身研发投资以期提升未来企业生产率，但研发预期回报具有不确定性，因为有些企业研发项目最终会失败。

同时，与 Goldberg 等（2010）、Halpern 等（2015）的研究思路类似，企业可能选择从本土购买中间产品或者从国外进口中间品，其中进口可以通过两种渠道降低企业边际成本，这已被理论模型和实证研究所支持。第一，虽然有些进口中间品绝对价格比本土同类高，但综合考虑质量因素，进口中间品以质量系数平减后的价格更低。第二，中间品进口扩大了企业中间品的选择范围和种类，进口中间品与某些本土中间品存在一定的互补关系，两者混合使用能够显著提高企业的生产效率，这也促进了企业边际成本的降低和生产率提升。基于异质性企业特征，不同企业在生产率方面存在差异，因为研发活动和中间品进口存在固定成本与进入门槛，所以只有一部分企业选择进行研发活动或中间品进口才能盈利。

一、成本与收益

企业 i 在 t 期时的短期边际成本函数为

$$\ln c_{it} = \beta_0 - \beta_k \ln k_{it} + \beta_w \ln w_t + \sum_{j=1}^{J} \gamma_j \ln q_{ijt} - \omega_{it} \tag{5.1}$$

式中，k_{it} 为企业资本存量；w_t 为行业平均薪酬水平，该成本相对于所有行业内企业无差异；q_{ijt} 为中间品投入 j 的价格；ω_{it} 为希克斯中性的生产率。中间品投入 j 由本土部分和进口部分有机组成，它们以 CES 形式有机加总组成中间品要素 j；短期成本函数中中间品投入 j 价格和希克斯中性的生产率 ω_{it} 相对于企业都是内生的，因为企业可以通过选择是否研发或进口中间品来调整要素价格和企业生产率。

在垄断竞争市场中，企业 i 所面临的需求曲线为标准的 Dixit-Stiglitz 形式，需求函数可表示为 $\Phi_t p_{it}^{-\eta}$，其中 p_{it} 为企业 i 的产品价格，Φ_t 为企业所面临的需求权重，η 为企业所面临的不变需求弹性，在本书中企业以一个不变的成本加成率定价。基于上述假设，将最优价格代入需求方程中，则企业的利润函数为

$$\ln r_{it} = \kappa + \ln \Phi_t - (\eta - 1)\left(\beta_0 - \beta_k \ln k_{it} + \beta_w \ln w_t + \sum_{j=1}^{J} \gamma_j \ln q_{ijt} - \omega_{it} \right) \tag{5.2}$$

式中，$\kappa = (1-\eta)\ln[\eta/(\eta-1)]$，$\kappa$ 为常数。实证分析部分，本书建立企业收益模型并量化企业研发投资和中间品进口对企业绩效的影响，与经典研究文献一致，企业利润 π_{it} 为企业总收益的固定百分比，$\pi_{it} = r_{it}/\eta$。

二、中间品投入选择

前面提到，企业 i 的中间品 $j(j=1, 2, \cdots, J)$ 是以 CES 形式组合本土要素部分和进口要素部分的有机构成，本土要素部分占比大于 0、小于等于 1，当中间品 j 既包含本土要素又包含进口要素时，中间品 j 的投入量为

$$[(b_j x_{ijtF})^{(\theta-1)/\theta} + x_{ijtH}^{(\theta-1)/\theta}]^{\theta/(\theta-1)}$$

式中，x_{ijtF} 和 x_{ijtH} 分别为组成中间品 j 的进口要素和本土要素的投入量；$\theta>1$ 为替代弹性；b_j 为进口要素的质量品质权重；本土要素和进口要素的价格分别为 ρ_{ijtH} 和 ρ_{ijtF}，为简化起见，将本土要素价格设定为常数 1，则 CES 形式的中间品 j 的价格为

$$q_{ijt} = \begin{cases} 1, & \text{如果 } j \text{ 由纯本土要素构成} \\ [1+(\rho_{jtF}/b_{it})^{1-\theta}]^{1/(1-\theta)} < 1, & \text{如果 } j \text{ 由本土要素及进口要素有机构成} \end{cases} \tag{5.3}$$

中间品进口可以通过以下两种渠道降低单位生产成本。第一，企业选择进口中间品最重要的一个理由便是进口中间品相比本土购买的中间品价格更低，而更为廉价的要素投入则意味着企业生产边际成本的降低，或者虽然进口中间品的绝

对价格可能较高，但综合要素价格和质量来看，进口中间品以质量平减的进口价格 ρ_{itF}/b_{jt} 可能最终低于本土要素价格；第二，进口中间品扩大了企业生产要素种类的选择范围，如果进口中间品与本土要素之间存在不完全替代关系，这种不完全替代关系意味着进口中间品会促使企业生产效率的提升和利润的增加，企业有扩大进口中间品的动力和需求。为简化模型，在考虑中间品进口的质量因素时，把质量平减的进口价格相对本土同类要素价格比认成一个常量 a，即该价格比在所有企业和年份都是相同的（Bøler et al.，2012）。

与 Halpern 等（2015）的模型思路一致，本书定义 $G(n)$ 为进口要素投入占全部要素份额之比，其中 $G(n)$ 为科布-道格拉斯生产函数，进口要素与本土中间投入有机构成中间品 j，$G(n)=\sum_{j\in M}\gamma_i/\gamma$，其中 n 为组成中间品 j 的进口要素种类数，M 为进口品的集合，$\gamma=\sum_{j=1}^{J}\gamma_j$，$G(n)\in[0,1]$ 是相对于 n 的递增凹函数。将要素价格代入企业受益函数，进口要素份额可表示为

$$\sum_{j=1}^{J}\gamma_j \ln q_{ijt}=a\sum_{j\in M}\gamma_i+\sum_{j\in M}\gamma_i \ln 1=a\gamma G(n) \tag{5.4}$$

在本节中一个关键问题便是确定最优进口要素数量。要素进口需要企业付出平摊到每个产品的固定成本 f_i，进口固定成本随企业不同而不同，均摊的进口固定成本取决于企业进口要素数量，因此企业需确定最优进口数量以实现利润最大化，要素最优进口数量需满足如下条件：

$$\pi(n^*)-\pi(n^*-1)>f,\ n^*=1,2,\cdots,J$$
$$\pi(n^*+1)-\pi(n^*)<f,\ n^*=1,2,\cdots,J \tag{5.5}$$

即当企业中间要素最优进口数量低于该最优数量时，增加中间要素进口数量，企业边际收益大于进口边际成本；当企业中间要素最优进口数量高于该最优数量时，增加中间要素进口数量，企业边际收益小于进口边际成本。

三、企业研发活动

本书在此定义 $\prod(\omega_{it};\theta)$ 为支付进口固定成本之后的企业净利润，净利润取决于企业生产率 ω_{it} 及其他因素冲击，如相对进口价格，因为相对进口价格能够影响到企业最优进口数量 n^* 从而影响企业净利润。与 Aw 等（2011）、Doraszelski 和 Jaumandreu（2009）的研究类似，本书中企业生产率遵从一阶马尔可夫过程，企业生产率提升取决于是否有研发创新活动及随机冲击因素。

$$\omega_{it}=g(\omega_{it-1}d_{it-1})+\xi_{it}=\alpha_0+\alpha_1\omega_{it-1}+\alpha_2 d_{it-1}+\xi_{it} \tag{5.6}$$

式中，d_{it-1} 为 $t-1$ 期时企业是否有研发创新的虚拟变量，当企业有研发创新投资

时取值为 1，反之则为 0；ξ_{it} 为未被观察到的生产率冲击因素，这些因素无法被企业所预期。企业研发创新需要支付固定成本 f_d，研发投入可能会增加未来预期企业利润，企业是否进行研发投资可以用 Bellman 方程表示：

$$V(\omega_{it}) = \prod(\omega_{it};\theta) + \max_{d_{it-1}} \{\delta E[V(\omega_{it+1}|\omega_{it},d_{it}=1)] - f_d, \delta E[V(\omega_{it+1}|\omega_{it},d_{it}=1)] = 0\}$$

(5.7)

由 Bellman 方程可以看出，若企业未来利润减去现有研发成本后大于非研发状态时的净利润，则企业增加研发创新投资，在此将企业资本存量在短期内看作固定变量。而在实证分析部分可以放松该假设，允许资本存量随时间变动。若将 ξ_{it} 的分布函数表示为 $F()$，则企业未来预期价值可以表示为

$$\delta E[V(\omega_{it+1}|\omega_{it},d_{it})] = \int V(\omega_{it+1}|\omega_{it},d_{it}) dF(\omega_{it+1}|\omega_{it},d_{it}))$$

(5.8)

式中，$\omega(\theta)$ 为企业是否选择研发的生产率门槛，当 $\omega > \omega(\theta)$ 时，$d_{it}=1$。因此，只有当企业达到一定的生产率水平后才能支付初始研发投入成本，同时该生产率门槛取决于外部经济条件。特别地，中间品要素投入进口价格 a 越低，企业利润越大，企业中间品进口门槛与进口价格 a 成正比，进口价格 a 越低，企业进口门槛也越低，而中间品进口的增加可以有效刺激企业研发创新投入，也就是说进口贸易壁垒的消除可以有效降低企业研发门槛，从而刺激企业研发活动；另外，研发成本 f_d 下降会降低企业研发门槛，这在某种程度上刺激了企业生产要素投入种类扩张的需求，引致企业中间品进口的增加。

命题 5.1 企业研发门槛 $\omega(\theta)$ 下降等导致研发创新投入增加，这刺激了企业中间品投入种类的扩张，最终企业进口中间品需求增加；另外，贸易壁垒消除等导致的企业中间品进口增加降低了企业边际成本并提升了企业利润水平，这也会间接促进企业的研发创新投入；企业研发创新投入与中间品进口具有密切关系，两者相互促进。

四、规模经济

在本章的理论模型中，中间品进口与企业研发创新活动的互补性和协同效应在某种程度上取决于企业规模。规模越大的企业越有能力支付研发创新投入和中间品进口的前期投入，而企业通过研发创新提升产品品质和新产品投放则可以有效扩大市场份额，这意味着企业收益会随研发创新活动而增加，那么它将更容易筹集更多的资金用于研发创新投资或扩大中间品进口等所支付的前期沉没成本，这些活动也将在未来降低企业边际成本；同理，企业通过进口中间品可以削减边际成本进而使企业收入增加，且规模越大的企业这种可能性越大，那么它将拥有更多资金用于未来研发投入。降低企业研发成本 f_d 会促使企业研

发门槛 $\omega(\theta)$ 同步降低,这将引致更多的企业进行研发投资,从而在整体上提升未来全要素生产率。另外,企业进口中间品对企业的影响很大程度上取决于企业的生产率水平,生产率越高的企业通过进口中间品所获取的收益会越大,可以表示为

$$\frac{\delta[\pi(n) - \pi(n-1)]}{\delta\omega} > 0 \qquad (5.9)$$

式中,n 为企业进口要素数量。换句话说,更高的生产率提升了企业中间品进口的边际收益,因此企业生产效率改善在某种程度上可以扩大企业中间品进口的种类。

同样地,如果进口所需支付的固定成本下降,如贸易壁垒的消除、进口关税的降低等,则表现为模型中由本土及进口要素构成的中间品价格 a 减小,这会增大企业未来利润,进而引致企业研发成本门槛 $\omega(\theta)$ 的下降(命题5.1)。最终,会有越来越多的企业加大研发创新投资,从而在未来整体上提升全要素生产率。由于这种正向反馈的直接效应或间接效应,企业进口中间品的种类增加,其中直接效应就是本土及进口要素构成的中间品价格 a 的减小,即

$$\frac{\delta[\pi(n) - \pi(n-1)]}{\delta a} < 0 \qquad (5.10)$$

因此,降低中间品价格 a 首先可以提升中间品进口对企业的边际回报,企业利润增加最终会刺激企业中间品进口的种类扩大化并实现利润最大化。进口贸易成本 a 的降低还带来一个间接效应,企业研发会引致生产效益的提升,这反过来会促进中间品进口,因此进口成本降低通过间接鼓励研发创新最终影响企业未来中间品进口。中间品进口贸易成本的降低刺激企业搜寻更多种类的进口中间品和更大的研发投入,这使得企业生产效率改善的可能性明显增加。

命题 5.2 降低进口贸易成本 a 可以增加中间品进口对企业利润的边际回报率,企业利润的增加进一步导致研发投入的增强并促使企业中间品进口种类增多,最终促使企业最优进口种类数量 n^* 增加与全要素生产率提高。同时,降低企业研发成本 f_a 也会导致企业生产率提升,这进一步刺激企业的研发需求和技术进步,而技术进步的一个直观体现便是企业最优进口种类数量 n^* 增加,进口与研发的协同效应对企业生产率具有重要意义。

第三节　研发企业与进口企业特征分析

一、样本企业分类来源与说明

本书实证分析所需数据来源于两个企业数据库资料:中国工业企业数据库和

海关数据库。中国工业企业数据库是目前中国工业企业经营统计数据最全面、最详细的数据库资料，其数据来源主要由规模以上的工业企业提交给中国统计机构的季报和年报等统计汇编等形成。中国工业企业数据库所包含的企业信息主要分为两类：一类是企业本身识别的基本信息，这类信息包括企业名称、法人代码、注册类型（所有制）、具体地址、邮政编码、联系电话、所属行业、开业年份等；另一类是反映企业经营情况和财务的信息，这类信息包括流动资产、固定资产、应付账款、主营业务收入、增值税、员工数、薪酬等。然而，中国工业企业数据库的数据统计方式和指标设置等问题，致使数据库本身存在一定的错误及垃圾信息，有些指标变量的大小异常和样本匹配存在混乱性（聂辉华等，2012），一些企业在上报自身企业数据时有明显的统计测量误差以及一些指标变量定义模糊、指代性不强问题。

因此，在使用中国工业企业数据库之前需要对数据库进行筛查处理，以免错漏信息的干扰。首先，应剔除掉缺少重要金融指标的企业信息，如总资产、固定资产净值、营业额、应付总工资等，否则无法使用该企业的信息。其次，剔除财务数据不符合国际会计准则的企业信息，其中当企业财务数据出现以下情形时，即不符合国际会计准则：流动资产大于总资产、固定资产大于总资产、固定资产净值大于总资产、企业的标识号缺失、企业建立时间模糊或错误。最后，剔除固定资产小于 1 的企业数值、剔除企业员工数量小于 10 人的企业信息、剔除企业增加值与销售额之比大于 1 的数据（李卓和赵军，2015）。

本章实证研究所用企业进口数据来源于海关数据库，这是中国海关总署公布的企业进出口产品层面的月度数据，这些数据信息如实反映了企业的月度进出口动态交易数据，海关数据库的记录信息主要包括企业名称及主要信息、进出口代码、报关海关、进出口产品 HS8 位数字编码、进出口数量、单价、总价值和贸易方式等。在与中国工业企业数据库做合并匹配之前，需要将海关数据库的月度数据加总为企业的年度进出口信息。因为本书所掌握的数据库中，只有 2001 年、2005 年和 2006 年中国工业企业数据库提供的企业研发数据（研究开发费），所以为保证数据的连续性，样本数据只选择了 2005～2006 年中国工业企业数据库与海关数据库的匹配数据，以最大限度地保持样本数据准确性。

海关数据库中对于进口产品种类做了划分，而国际通用的进出口产品分类是 BEC 分类法（即 BEC 标准），BEC 标准提供了丰富的进出口产品信息，首先中间品、资本品和消费品分别对应相应的 BEC 编码以供识别，其次 BEC 编码可以和 6 分位数的 HS 产品编码相对应以便于和海关数据匹配。本书所用海关数据库中 HS 编码是 8 分位产品编码，先将 HS 编码转换为 6 位数编码，之后与 BEC 编码匹配，再通过匹配的 BEC 编码分离企业一般贸易中的进口中间品。本书按照 BEC 标准在海关数据库中挑选出企业中间品进口信息，国际通用版 BEC 标准产品分类编码有标出企业进出口中间品，中间品的 BEC 代码有"111""121""21""22""31""322""42""53"八大类，本书研究所需提取数据资料，每类 BEC 代码分别对应海关数据库 HS 编码，本书先使用 ACCESS 将 BEC 编码和 HS96 编码匹配以从进口产品中筛选出中间品，得到企业进口中间品的年度数据，然后利用中国工业企业数据库和海关数据库中企业共有信息（企业名称、联系电话）进行筛选匹配，以便更精确地得到包含企业中间品进口信息的工业企业数据（表 5-2）。

表 5-2　工业企业数据库行业代码

代码	行业名称	代码	行业名称
13	农副食品加工业	28	化学纤维制造业
14	食品加工业	29	橡胶制品业
15	饮料加工业	30	塑料制品业
16	烟草加工业	31	非金属矿物制品业
17	纺织业	32	黑色金属冶炼及压延加工业
18	纺织服装、鞋帽制造业	33	有色金属冶炼及加工业
19	皮革、毛皮、羽毛及制品业	34	金属制品业
20	木材加工及木竹藤草制品业	35	通用设备制造业
21	家具制造业	36	专业设备制造业
22	造纸及纸制品业	37	交通运输设备制造业
23	印刷业和记录媒介的复制	39	电器机械及器材制造业
24	文教体育用品制造业	40	通信设备、电子设备制造业
25	石油化工、炼焦及加工业	41	仪器仪表及文化、办公用品制造业
26	化学原料及化学制品制造业	42	工业品及其他制造业
27	医药制造业	43	废弃资源和废旧材料回收

资料来源：中国工业企业数据库数据对照分类表。

　　本书保留企业名称、企业代码、所属省区市、所属行业、开业时间、企业性质（是否国有、外资、民营）等企业标属信息。其中企业代码用于回归时识别企业，创建非平衡面板分析数据；不同省区市在经济发展水平、交通运输条件、人文联系紧密程度（文化、方言等）、商业发展层次、自然要素禀赋、金融市场深化程度和知识产权保护意义等方面存在较大差异，导致不同地区的企业在进口、研发创新等方面出现内生性差异，因此本书利用所属省区市来控制实证分析时地域环境因素对实证结果的影响；不同行业之间企业的经济外向程度存在很大不同，中国在黑色金属冶炼及压延加工业、电子仪器制造业、专业设备制造业和通用设备制造业的进口依赖度普遍较大，但是在饮料加工业、文教体育用品制造业等行业的进口依赖度较低，另外不同行业企业的研发投入力度也具有显著差异，如医药制造业、电器机械及器材制造业的研发强度普遍较高，而造纸及纸制品业和纺织服装、鞋帽制造业等行业的研发投入普遍较低，所以本书中也将行业属性纳入实证分析以控制行业差异对实证结果的影响。中国经济发展中企业市场主体地位差异较大，企业所有制对企业的发展和行为影响较大，因此还将研究企业所有制性质（是否国有、外资、民营）对企业进口和研发创新行为的影响并测度企业生产效率。

　　企业样本信息中保留实证分析所需的企业经营数据和财务数据，这些数据包括工业总产值（现价）、中间投入、应交增值税、新产品产值、销售总产值、固定资产净额、员工数、应付职工薪酬、出口额、进口额（中间品进口、资本品进口）等。为避免年度价格波动导致的价格水平不稳定冲击，使用以 2004 年为基期的分行业工业产品出厂价格指数平减年工业总产值得到剔除价格因素后的工业总产值，其他受价格波动干扰的财务数据的处理方法亦然。本书将固定资产净额作为企业的固定资本 K 进行回归分析，因为在中国工业企业数据库的统计中指标固定资产净额能够更加准确地反映企业当年的固定资本存量（单豪杰，2008）。

　　经过以上处理得到的数据样本中一共有 218 772 个样本观测值，其中有研发行为的企业占比 17.4%，有进口行为的企业占比 27.26%，既有研发行为又有进口行为的企业占比 14.96%。2000～2007 年中国制造业中间品进口总额持续上涨（图 5-1）。按企业性质分类，外资企业的中间品进口行为是最多的，民营企业次之，国有企业最低，不过分类统计发现外资企业的中间品进口较多是因为这其中有大量的加工贸易型企业，这类企业对进口和出口依赖度都较大，但生产率偏低。

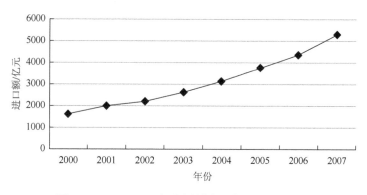

图 5-1　2000～2007 年中国制造业中间品进口总额

为方便观察企业分布的地域性差异，将全国 31 个省级行政区划（不包括港澳台地区）划分为东部、中部、西部三个大区域。其中，东部地区包括广东、福建、浙江、上海、江苏、山东、天津、北京、河北、辽宁、海南；中部地区包括内蒙古、吉林、黑龙江、山西、河南、安徽、湖北、湖南；西部地区包括广西、云南、贵州、四川、重庆、西藏、陕西、青海、宁夏、新疆。东部区域企业整体上在人均工资、经济外向程度和生产率方面都占优势，中部次之，西部最差；东部地区企业规模对数值为 14.68，中部地区为 16.35，西部地区反而是最大的，且西部地区企业的平均开业年限为 21.49 年，在三个区域中是最长的，这反映了西部地区企业更替度没有东部地区和中部地区活跃。东部地区企业的规模较小，开业年限也较短，且进口频率较大，说明东部地区新成立企业较多，市场竞争较为激烈，市场环境较为活跃，且经济外向程度也较大（表 5-3）。

表 5-3　中国工业企业经营情况的区域性差异

地区	规模	进口额	人均工资/元	进口频率	开业年限/年	新产品产值
东部	14.68	11.02	22 026.5	0.27	14.37	7.04
中部	16.35	8.36	19 486.7	0.078	19.33	3.64
西部	17.24	8.15	18 662.9	0.088	21.49	3.01

注：规模以企业总资产衡量、进口频率衡量企业进口的概率，规模、进口额、新产品产值为原指标（单位：千元）的对数值。

二、研发企业与进口企业的一些基本特征

在研究研发创新投入与中间品进口对企业生产率促进效应之前，先分析研发型企业与中间品进口企业的一些基本概况，这有助于理解企业研发和中间品进口的一些基本特质，以及研发型企业与非研发型企业、进口型企业与非进口型企业的显著性差异。

事实 5.1　在所有企业中，只有少部分企业有研发创新投入，研发型企业在所有企业中占比为 17.4%；在有研发投入的企业中，几乎所有的研发型企业都存在从国外进口中间品的经历。

如表 5-4 所示，82.6% 的企业没有研发投入，这符合中国目前制造业发展的基本情况。目前中国已经成为世界上的制造业大国，但并非制造业强国，因为制造业发展层次不高、金融制度不发达及产权制度不完善等，所以一方面中国制造业企业的研发回报较低，研发从投入到新产品投放市场周期较长，企业研发投入的风险对冲手段较少；另一方面企业无法利用发达的金融市场为研发投入融资，单纯依靠自身现金流的研发投入机会成本很高。另外，中国目前的产权保护制度不

完善，导致很多企业的专利保护和商业生产技术保密不到位，盗版及窃密行为的泛滥致使很多企业的研发积极性受到较大打击，因此制造业企业更多依赖于传统技术手段组织生产，或进口资本品和成套生产设备以获得国外先进技术。研发型企业中有 97.4%的企业从国外进口中间品，说明研发型企业的进口需求较大，而既没有研发投入又没有进口行为的企业占比达 64.8%。

表 5-4　企业创新研发与中间品进口比例

企业	研发企业	非研发企业	总计
中间品进口企业	16.9%	17.8%	34.7%
非中间品进口企业	0.5%	64.8%	65.3%
总计	17.4%	82.6%	100%

事实 5.2　研发型企业的规模往往更大，劳动生产率也更高，更为突出的一个现象是研发型企业的中间品进口依赖度相比非研发型企业更高。同时，进口型企业在规模和劳动生产率方面较无进口行为企业也占明显优势。

如表 5-5 所示，其中规模、劳动生产率、人均工资与资本密集度均为对数值；劳动生产率利用人均增加值衡量，进口依赖度以中间品进口与中间品总投入之比衡量，研发频度以是否存在研发投入衡量。研发型企业在规模、劳动生产率、资本密集度等方面与非研发型企业相比具有明显优势，这在某种程度上说明研发投入具有一定的门槛，只有具有一定发展实力的企业才能够支付研发费用；研发型企业的另一个主要特征便是国有企业占比较高，一个可能的原因是国有企业在研发方面与其他性质企业相比有一定的成本优势和制度优势。中间品进口企业与非中间品进口企业在企业特征上看并不明显，这主要是因为中国有中间品进口行为的企业中有大量的加工贸易企业。加工贸易企业在中国对外贸易企业的占比较高是中国经济的一个重要特征，在分析中国对外经济与企业发展时需要加以关注。因此剔除掉加工贸易企业后观察有中间品进口的企业（表 5-5 中以中间品进口*表示剔除掉加工贸易后的中间品进口企业），发现剔除掉加工贸易企业后的中间品进口企业的规模、劳动生产率、人均工资与非中间品进口企业相比具有显著优势，是否有研发行为衡量的研发频度也较非中间品进口企业高 3 个百分点。

表 5-5　不同类型企业特征描述性统计：是否研发和是否中间品进口

项目	规模	劳动生产率	人均工资	资本密集度	进口依赖度	研发频度	国企占比
研发型企业	18.27	11.3	9.62	11.8	0.27	—	23.4%
非研发型企业	16.58	10.21	9.14	10.35	0.18	0	14.3%
中间品进口	17.52	10.37	9.59	10.52	—	14%	11.8%

续表

项目	规模	劳动生产率	人均工资	资本密集度	进口依赖度	研发频度	国企占比
非中间品进口	18.13	10.85	9.22	10.77	—	18%	15.6%
中间品进口*	18.92	11.26	9.78	10.85	—	21%	21.2%

为了探究企业研发与中间品进口之间的关系，本章使用样本数据做了一个简单的实证分析（表 5-6）。实证分析结果显示，在控制了行业和省域差异后，中间品进口的系数显著为正。按照企业所有制性质进行分样本回归，发现民营企业的中间品进口对研发投入的促进效应大于国有企业的中间品进口；考虑到中国加工贸易的特征性，将加工贸易变量纳入分析中，回归结果显示加工贸易对企业研发的影响显著为负，这说明加工贸易企业对研发投入的积极性较低。樊茂清和黄薇（2014）基于全球价值链分工的研究发现中国以加工贸易形式纳入全球化生产分工中，跨国公司处于价值链顶端上游并成为全球价值链的主导者，通过技术、设计创新和要素投入等控制下游加工企业，这种情况诱使发展中国家的加工贸易企业产生了对发达国家关键零部件和先进生产设备的进口依赖，从而抑制了中国加工贸易企业的研发创新活动。

表 5-6 中间品进口对企业研发的促进效应

变量	FE（全部企业）	FE（全部企业）	FE（国有企业）	FE（民营企业）
进口依赖度	0.04*	0.18**	0.14**	0.21**
	(1.73)	(2.75)	(1.90)	(2.18)
规模	0.27**	0.23**	0.29**	0.19**
	(2.14)	(2.27)	(1.73)	(2.28)
劳动生产率	0.16***	0.24***	0.18***	0.26***
	(8.26)	(9.12)	(6.49)	(8.26)
资本密集度	0.09*	0.05*	0.11**	0.14**
	(1.58)	(1.52)	(1.94)	(2.17)
生存时间	0.21**	0.19**	0.24**	0.27**
	(2.70)	(2.14)	(2.41)	(2.88)
加工贸易	—	−0.15**	−0.12*	−0.22**
		(−1.96)	(−1.47)	(−2.13)
行业	是	是	是	是
省域	是	是	是	是

续表

变量	FE（全部企业）	FE（全部企业）	FE（国有企业）	FE（民营企业）
常数项	−6.21	−6.72	−7.44	−5.24
F 统计量	625.38	631.23	613.27	612.4
Rho	0.053	0.056	0.058	0.054

*** 在 1%的置信水平上显著。

** 在 5%的置信水平上显著。

* 在 10%的置信水平上显著。下同。

注：FE 指行业和省区市固定效应。

第四节　企业全要素生产率测算

前面分析显示不同类型企业在研发与中间品进口上的差异，以及中间品进口与企业研发的相关性，在控制了行业及省域差异后，剔除加工贸易之后的民营企业中间品进口对研发创新投入的促进效应最明显。后续本书将使用中国工业企业数据库与海关数据库的匹配数据进一步进行实证分析以检验本书理论模型推导的命题是否成立。

首先使用不同计量方法（如 OP 法、LP 法）测算 2005 年和 2006 年中国制造业企业的全要素生产率，并比较不同类型企业在全要素生产率方面存在的差异；其次在此基础上进一步分析研发投入和中间品进口对企业生产率的影响效应，同时在分析过程中将企业规模、资本密集度、人均工资、所有制、行业等作为解释变量，以检验这些因素在企业生产率提升方面所发挥的作用；最后建立估算方程实证研究研发与中间品进口对不同规模、不同所有制和不同出口强度企业全要素生产率的协同效应，在综合分析研发投入、中间品进口、技术进步与企业全要素生产率之间的关系后，在第六章给出本书的结论。

全要素生产率（total factor productivity，TFP）是除了劳动和资本对企业产出增长贡献所无法解释的部分，在计量经济估计方面全要素生产率表现为方程估计的残差，科布-道格拉斯生产函数中劳动与资本项之外的常数项即全要素生产率的对数值。第五章第一节介绍了目前测算微观企业全要素生产率的几种方法，从最开始的普通最小二乘（ordinary least square，OLS）估计，到利用参数计量回归的GMM 法，再到 OP 法和 LP 法，针对回归方程中的内生性问题——联立性偏差和样本选择偏差，计量经济学估计全要素生产率的方法越来越精细，这样可以缓解方程估计时偏误过大的问题。

在估计中国工业企业全要素生产率生产函数时将使用企业工业增加值而非工业总产值，因为如果使用工业总产值做回归分析，中间品投入对工业总产值的回归贡献度太大，回归结果显示中间投入变量的产出弹性达 0.7 以上，且简单相关性检验发现中国工业企业的中间品投入与工业总产值高度相关；在衡量企业的最终生产能力时，工业总产值并不是一个较好的指标，因为工业总产值里面包含相当大一部分的中间品投入，在回归分析时用工业增加值更符合经济学概念，因此本书的研究将使用工业增加值。使用总产值来计算企业每年的工业增加值的公式为

工业增加值 = 经价格指数平减后的工业总产值 – 工业中间投入 + 应缴增值税

　　本书分别使用以下几种全要素生产率主流估计方法，全要素生产率估计结果如表 5-7 所示。

表 5-7　企业全要素生产率回归结果

变量	OLS	FE	OP	LP
lnL	0.486	0.495	0.468	0.165
lnK	0.293	0.31	0.418	0.277
lntfp	6.27	10.58	4.53	14.6

可以看出，LP 法计算出来的全要素生产率是最大的，同时 LP 法测算的劳动与资本的系数也与其他方法差异较大，这可能是使用中间品作为替代变量运算估计的 LP 法并不与中国的企业数据相符；与传统 OLS 法相比，采用固定效应测算企业劳动和资本的系数差异不大，这反映出使用固定效应模型未能很好地克服传统估计方法中存在的内生性问题和样本选择偏误，而 OP 法较好地解决了传统估计方法中存在的回归误差问题，连玉君等（2012）同样详细分析了上述几种全要素生产率测算结果，发现使用 OP 法估计中国企业全要素生产率能够较好地解决上述问题。

表 5-8　国有与民营企业回归结果比较

变量	OLS		FE	
	国有	民营	国有	民营
lnL	0.431*** (16.59)	0.241*** (20.31)	0.416*** (15.88)	0.312*** (9.53)
lnK	0.521*** (14.53)	0.513*** (12.47)	0.468*** (10.89)	0.466*** (16.9)
lntfp	5.08	6.77	7.11	12.6
变量	OP		LP	
	国有	民营	国有	民营
lnL	0.385*** (8.26)	0.318*** (15.72)	0.217*** (25.6)	0.265*** (23.4)
lnK	0.465*** (15.8)	0.395*** (14.23)	0.174*** (5.53)	0.185*** (13.8)
lntfp	3.57	4.83	13.6	19.43

由表 5-8 可以看出，国有企业与民营企业的回归结果存在显著差异，国有企业的资本系数大多较民营企业大，这说明国有企业中资本对企业生产率的贡献比民营企业大，国有企业在企业发展中对资本的依赖更强；在全要素生产率方面，四种方法测算的民营企业全要素生产率要显著大于国有企业，这也说明了中国民营企业在生产绩效方面整体上要大于国有企业，不同所有制企业因市场竞争环境和治理结构等表现出明显的差异性。

一、中间品进口对企业生产率的促进效应

中间品进口对企业生产率的影响主要有两个途径：第一，企业进口中间品的一个重要原因便是获得更廉价的要素投入，这可以优化企业要素资源配置从而提高生产率；第二，企业进口中间品可以获得在国内所没有的要素投入并吸收进口中间品所蕴含的嵌入式技术以更快取得技术进步。不过也有文献发现中间品进口对中国企业生产率的促进效应并不明显，张杰等（2015）发现中间品进口对企业研发有明显抑制作用，加工贸易的大量存在导致中间品进口对加工贸易企业的生产率产生了负向效应。鉴于此，本书建立如下方程实证分析中间品进口对企业生产率的影响，并将加工贸易纳入回归分析中。

$$\text{tfp}_{it} = \alpha + \text{import}_{it} + \text{import}_{it}^2 + \text{scale}_{it} + k\text{-intensity}_{it} + \text{labor}_{it} + dum1 + dum2 + \varepsilon_{it}$$

$$(5.11)$$

式中，tfp_{it} 为 OP 法计算的对数化企业全要素生产率；import_{it} 为企业中间品进口强度，本书定义为企业进口中间品与全部中间品投入之比；scale_{it} 为用企业对数化的总资产规模；$k\text{-intensity}_{it}$ 为企业资本密集度；labor_{it} 为企业员工数；dum1 代表是否为加工贸易企业，如果为加工贸易企业则取值为 1，否则为 0；dum2 代表是否为国有企业，如果为国有企业则取值为 1，否则为 0；同时控制如行业（表 5-2）、企业 i 和年份 t 等可能影响回归分析结果的因素，ε_{it} 为方程中全要素生产率可能面临的随机冲击。回归结果如表 5-9 所示。由表 5-9 可以看出，如果不考虑加工贸易企业的特殊因素，中间品进口对企业全要素生产率的促进效应在 10%的置信水平上显著，但促进效应系数只有 0.06；将加工贸易纳入回归分析过程中，加工贸易变量对全要素生产率的回归系数显著为负，说明加工贸易对企业生产率的提升有抑制作用，这也符合其他文献对于加工贸易的研究结论，中间品进口对企业全要素生产率的促进效应增强，且系数显著为正，与此同时中间品进口变量的二次方系数并不显著。在回归中还加入了企业所有制性质，以检验国有企业对企业生产率的影响，发现国有企业变量对企业生产率的系数为–0.13，这说明与国有企业相比，同等条件下民营企业更有生产效率。

表 5-9　中间品进口对企业全要素生产率的影响估计

	模型（1）	模型（2）	模型（3）
import	0.06[*]	0.14[**]	0.15[**]
	(1.27)	(1.98)	(1.87)
import^2	−0.015	0.13	0.09[*]
	(−0.85)	(1.12)	(1.47)
scale	0.21[**]	0.27[***]	0.18[*]
	(1.92)	(3.14)	(1.35)
k-intensity	0.17[*]	0.10[*]	0.17[*]
	(1.68)	(1.59)	(1.64)
labor	0.17[**]	0.24[**]	0.19[**]
	(2.14)	(2.25)	(1.86)
生存时间	0.23[**]	0.16[*]	0.21[*]
	(2.28)	(1.65)	(1.72)
加工贸易虚拟变量	—	−0.21[**]	−0.26[**]
		(−1.94)	(−2.15)
国企虚拟变量	—	—	−0.13[*]
			(−1.38)
行业	是	是	是
省域	是	是	是
常数项	−12.64	−13.25	−12.88
F 统计量	524.88	516.81	530.12
Rho	0.067	0.061	0.058

一般来说，中间品进口对企业全要素生产率的促进机制较为多元化，单独通过中间品进口对全要素生产率的直接促进效应并不大，中间品进口通过其他机制发挥对企业全要素生产率的协同促进效应成为解释企业进口中间品存在快速提升效应的重要因素。本章分析了中间品进口与企业研发的相互关系，发现中间品进口对非加工贸易企业的研发投入具有显著促进效应，考虑规模、资本密集度和人均工资之后这种促进效应结果更为显著。Bøler 等（2012）使用挪威企业数据分析中间品进口与研发对企业生产率的协同效应，发现中间品进口通过与企业研发结合最终对企业全要素生产率产生更大的提升效应。接下来，根据本理论模型推论进一步做实证分析，以验证上述理论是否符合中国制造业企业的真实发展逻辑。基于实证逻辑严密性考虑，本书继续分析研发投入对企业全要素生产率的影响效应。

二、研发投入对企业全要素生产率的促进效应分析

研发是促进企业技术进步和生产效率提升的重要手段，当企业研发的未来预期收入大于前期研发成本时，创新研发投入便具有经济利润。中国制造业企业提升自身技术水平除了引进国外成熟技术，自我创新和研发投入也越来越成为一种重要途径，本书前期对中国工业企业数据样本的描述统计发现有 17.4% 的企业有研发投入，这是我们考虑研发以及进口中间品和企业全要素生产率之间的关系的重要原因。针对研发对企业全要素生产率的影响效应，建立如下计量回归方程：

$$\text{tfp}_{it} = \vartheta + \text{scale}_{it} + \text{rd}_{it} + k\text{-intensity}_{it} + \text{labor}_{it} + \text{dum2} + \varepsilon_{it} \qquad (5.12)$$

式中，ϑ 为研发方程中的常数项；rd_{it} 为企业研发强度；其他设定与式（5.11）一致。针对研发对企业全要素生产率的影响，本书使用分位数回归法做实证分析，以检验不同规模企业研发对全要素生产率的促进效应，并与 OLS 的回归结果做对比，实证结果如表 5-10 所示。

表 5-10　研发对企业全要素生产率的效应分析

	OLS	分位数回归		
		1/4	2/4	3/4
scale	0.11* (1.42)	0.07*** (3.32)	0.12*** (3.18)	0.10** (2.25)
rd	0.14** (1.89)	0.09** (1.92)	0.12** (2.31)	0.17** (2.47)
k-intensity	0.14* (1.69)	0.26** (2.12)	0.17* (1.74)	0.2** (1.96)
labor	0.18** (2.15)	0.16* (1.53)	0.09* (1.46)	0.04 (1.14)
国企虚拟变量	0.27* (1.57)	0.25** (2.18)	0.12** (1.85)	−0.06* (−1.33)
行业	是	是	是	是
省域	是	是	是	是
常数项	3.25	2.89	2.77	3.17
F 统计量	388.72	412.76	433.6	425.82
Rho	0.049	0.053	0.046	0.051

由表 5-10 可以看出，随着分位数的增加（1/4→2/4→3/4），企业研发对全要

素生产率的贡献系数逐渐上升,在 1/4 分位点时研发的系数为 0.09,而在 3/4 分位点时研发的系数则达到了 0.17,这反映出研发投入对不同生产率水平企业的促进效应是不同的,在某种程度上研发回报呈现出"强者恒强,弱者恒弱"的态势,受制于研发资源储备、金融筹资难易及研发成果转化吸收等因素,低生产率水平企业的研发创新活动对自身生产效率的促进效应较弱,而高生产率水平企业的研发对自身生产率的促进效应更强,这进一步加剧了两者之间的生产率水平差异。另外,规模对企业全要素生产率的回归系数呈现出先高后低的现象,从 1/4 分位数到 2/4 分位数回归,规模系数从 0.07 增加到 0.12;之后从 2/4 分位数到 3/4 分位数回归,规模系数从 0.12 下降到 0.10,这说明中国制造业企业生产效益具有规模经济特征,当规模小于一个"最优值"时扩大规模有利于企业生产效率的提升,但如果超过这一"最优值"继续规模扩张则会对企业全要素生产率产生负面影响。基于研发角度分析企业全要素生产率时,随着企业规模的增加,国有企业的虚拟系数由正为负,这反映出随着民营企业规模扩大,研发投入对企业全要素生产率的促进效应大于国有企业,这说明同等规模下民营企业的经营效益比国有企业的经营效益高。

三、中间品进口与研发对企业全要素生产率的协同效应

在垄断竞争市场条件下,企业进口中间品意味着可以获得更多的要素投入选择范围,这一方面降低了企业的边际成本,企业盈利的增加降低了研发投入的相对门槛;另一方面中间品种类的扩张使得企业能够运用更多手段组织生产,这也会"诱发"中间品进口企业增大自身研发强度以提升自身技术水平,更好地利用进口中间品。企业预期当前研发投入的未来收益大于研发投入成本时,企业创新研发投入便具有经济意义,这一方面增加了企业利润,使得企业能够支付进口中间品的沉没成本;另一方面研发投入增加了企业中间品投入种类需求,企业需要更多种类的中间品投入,这也刺激了企业的中间品进口。因此,研发、进口与企业全要素生产率之间的相互关系意味着研发与进口对企业全要素生产率的"协同效应"可能比单独情况下发挥的作用大。本书建立如下计量方程做实证分析:

$$\text{lntfp}_{it} = \alpha_0 + \text{import}_{it} + \text{rd}_{it} + \text{import-rd}_{it} + \text{scale}_{it} \\ + k\text{-intensity}_{it} + \theta_{it} + \varepsilon_{it} \tag{5.13}$$

式中, θ_{it} 为关于企业全要素生产率其他影响因素的一组向量,本书首先在整体上检验研发投入与中间品进口对企业生产率的协同效应,回归分析结果如表 5-11 所示。

表 5-11 研发、中间品进口及其对企业全要素生产率的影响

	全部企业	全部企业	国有企业
import	0.10 (1.04)	0.17* (1.68)	0.13* (1.42)
rd	0.11** (1.83)	0.13** (2.07)	0.09** (2.54)
import-rd	0.064 (1.21)	0.09* (1.46)	0.07 (1.02)
scale	0.24** (2.15)	0.18** (1.51)	0.14** (1.96)
k-intensity	0.13** (2.43)	0.19** (2.14)	0.14*** (2.89)
生存时间	0.15** (2.04)	0.19* (1.58)	0.13* (1.52)
加工贸易虚拟变量	—	−0.26** (−2.32)	−0.20** (2.31)
行业	—	是	是
省域	—	是	是
常数项	8.96	9.14	6.55
F 统计量	376.9	384.2	477.3
Rho	0.057	0.042	0.046

不考虑加工贸易企业的特殊因素时，研发投入对企业全要素生产率的效应显著为正，说明研发投入整体上促进了企业生产率的进步，但中间品进口、中间品进口与企业研发投入的交叉项 import-rd$_{it}$ 的估计系数并不显著，说明在不分离加工贸易这类特殊性质企业时，中间品进口对企业全要素生产率的促进效应并不明显，实证结果也不支持研发投入与中间品进口对企业全要素生产率的协同效应。分离加工贸易因素之后，加工贸易变量的回归系数显著为负，说明加工贸易对企业生产率提升有明显的抑制效应；中间品进口对企业全要素生产率的系数为 0.17，且在 10%的置信水平上显著；中间品进口和企业研发投入的交叉项 import-rd$_{it}$ 的估计系数的显著性与不考虑加工贸易因素时相比得到提升，说明剔除加工贸易因素后，研发投入与中间品进口对企业全要素生产率的协同效应开始显现，不过研发投入与中间品进口的交叉项系数较小，协同促进效应对企业全要素生产率而言并不大。考虑到中国经济制度不完善，不同类型企业的生产效率和资源获取性及所面临的市场竞争环境不同，因此下一步将进一步细分企业类型检验理论模型推导的结论，即研发投入与中间品进口对企业全要素生产率的协同效应是否存在。

单独分析国有企业时，中间品进口对企业全要素生产率的促进效应比较显著，研发投入 rd$_{it}$ 的系数显著为正，说明国有企业的研发投入可以显著促进企业全要素生产率的提升。中间品进口与企业研发投入的交叉项 import-rd$_{it}$ 的估计系数不显著，研发投入与中间品进口对企业全要素生产率的协同效应并没有在国有企业上得到

显现。长期以来，中国的国有企业尤其是规模较大的国有企业承担着贯彻国家发展战略的特殊使命，受到国家市场准入政策、信贷政策等特殊优待，国有企业承担研发投入压力相对于民营企业比较小，因此研发成为促进全要素生产率提升的一个重要途径。为了贯彻赶超战略的实施和跨越式发展的要求，大型国有企业尤其是央企大量进口成套设备等资本品以实现自身生产效率跨越式提升，这在某种程度上抑制了企业通过中间品进口→研发投入→全要素生产率提升机制。

中国自对外开放政策提出，尤其是加入世界贸易组织（World Trade Organization，WTO）之后，经济发展得益于中国大量的廉价劳动力和政策支持，加工贸易迅速成长并成为中国参与全球生产价值链的重要途径，然而中国加工贸易企业长期处于全球价值链低端，主要从事加工、代工等业务，本身利润率和生产效率提升严重受制于价值链上游国外关键零部件供应商和订单提供方，自身研发投入较少。本书实证分析了中间品进口及研发投入对加工贸易企业生产率的影响，回归结果如表 5-12 所示，中间品进口对企业全要素生产率的系数为 0.07，研发对企业生产率的系数不显著，说明中间品进口的促进效应较小，而研发对加工贸易企业生产率的促进效应极为有限；规模因素对加工贸易企业生产效应的影响显著为正，说明加工贸易企业存在一定的规模效应，规模较大的加工贸易企业可以通过进口中间品或增强研发投入在短期内改善自身生产效率，而规模较小的加工贸易企业则在面临市场竞争时较为脆弱。

表 5-12　研发、中间品进口对企业生产率的影响：加工贸易企业与民营企业

	加工贸易企业	OLS 回归：民营企业	分位数回归：民营企业		
			1/4	2/4	3/4
出口依赖度	— —	-0.14^{**} (-1.95)	-0.17^{*} (-1.45)	-0.12^{*} (-1.57)	-0.084^{**} (-2.25)
import	0.07^{*} (1.48)	0.12^{*} (1.49)	0.13^{**} (1.96)	0.09^{*} (1.55)	0.10 (1.02)
rd	0.02 (0.84)	0.15^{**} (2.13)	0.10^{**} (2.47)	0.14^{**} (2.08)	0.17^{*} (1.42)
import-rd	— —	0.12^{*} (1.37)	0.16^{**} (1.98)	0.09^{**} (1.88)	0.07^{*} (1.41)
scale	0.21^{**} (2.07)	0.10^{*} (1.46)	0.07^{**} (1.84)	0.12^{**} (1.93)	0.14^{*} (1.50)
k-intensity	0.16^{**} (1.95)	0.11 (0.87)	0.14^{*} (1.52)	0.09^{*} (1.38)	0.12^{*} (1.44)
生存时间	-0.22^{*} (-1.46)	0.14^{*} (1.39)	0.19^{*} (1.63)	0.12^{*} (1.48)	0.07 (1.06)
行业	是	是	是	是	是
省域	是	是	是	是	是
常数项	-4.21	2.74	3.26	3.41	3.38
F 统计量	311.6	374.5	414.7	423.2	408.5
Rho	0.046	0.041	0.039	0.038	0.036

接下来分析研发和中间品进口对民营企业全要素生产率的影响，民营企业在中国面临的市场约束和市场竞争程度较大，也吸纳了最多的劳动力，在中国经济发展中扮演着极其重要的角色；分析并揭示民营企业全要素生产效率提升的因素不仅具有重大的理论意义，还对今后中国经济的发展具有重要的现实指导作用。张杰等（2015）使用2000～2006年中国工业企业数据库与海关数据库的匹配数据，发现中间品进口对出口依赖度不高的研发型民营企业的全要素生产率的提升作用更大。那么，中间品进口影响企业全要素生产率的机制是什么，企业研发投入在此过程中扮演着什么样的角色？本书将通过加入企业出口依赖度（企业出口额与企业销售收入之比）的方式实证分析中间品进口与研发投入对企业全要素生产率的影响。

由表 5-12 可以看出，用 OLS 估计和分位数回归时研发投入与中间品进口对生产率的系数均为正，说明民营企业通过研发和中间品进口可以促进自身全要素生产率的提升；另外，中间品进口与企业研发投入的交叉项 import-rd$_{it}$ 的系数在 OLS 估计下整体为正，说明中间品进口及研发对民营企业全要素生产率具有协同促进效应。考虑到出口对企业生产绩效和利润的影响，本书使用分位数回归法分析了出口依赖度不同的企业在研发投入与中间品进口过程中对全要素生产率的协同效应，回归结果显示，随着企业生产率水平的提高，出口依赖度对全要素生产率的负向效应逐渐减弱，这可能是高生产率企业中较少是加工贸易企业的缘故，而低生产率水平企业如果拥有较高的出口依赖度，意味着企业较大概率为加工贸易企业或外向程度很好的劳动密集型行业。研发在分位数回归情况下民营企业与全部样本企业的变化一致，规模的系数则随分位数的增加而增加，这在某种程度上说明中国民营制造业企业在整体上是规模经济的，规模扩张有利于企业生产绩效的提高。中间品进口与研发投入对企业生产率的协同效应显著为正，分位数回归结果显示，从 1/4 分位数到 3/4 分位数 import-rd$_{it}$ 的系数逐渐从 0.16 下降到 0.07，说明随着企业生产率水平的提高，企业通过中间品和研发的协同效应提高全要素生产率所起到的作用逐渐降低，高生产率企业可能并不依赖这一渠道提升生产绩效，而更多依赖单纯的自主研发或成套资本品进口。而对于生产率处于平均水平以下的企业，利用中间品进口和研发的协同促进效应提升自身生产率水平不失为一种可取的办法。

本章使用中国工业企业数据库与海关数据库的匹配数据，实证分析了中间品进口、研发投入对企业生产率的影响，以及两者对企业全要素生产率的协同促进效应。实证结果显示，不考虑加工贸易因素时，中间品进口对企业全要素生产率整体上的促进效应并不显著，在控制了行业因素后依然如此；当将加工贸易因素分离出去后，中间品进口对企业全要素生产率有显著的促进效应。研发对企业生产率具有明显的促进效应，且在国有企业中研发的全要素生产率促进效应占据比较重要的地位，研发对企业生产率的促进效应随企业生产率水平的提高而增加，即研发的生产率提升回报呈现一定的"马太效应"，生产率水平越高的企业研发回报越大，而生产率水平越低的企业研发投入提高生产绩效的作用越小。针对国有企业的分类检验结果表明中间品进口的生产率促进效应较小，这在很大程度上是因为国有企业，尤其是大型国有企业主要通过直接进口资本品和大量进行研发投入以促进自身技术进步与生产效率提升，通过中间品进口及研发相互协同促进绩效这一模式较少。加工贸易企业研发投入较少，且研发对企业生产率提升作用微弱，短期内中间品进口对加工贸易企业全要素生产率的促进效应随规模增大而增强。本书中理论模型的推论在中国民营制造业数据样本得到验证：出口依赖对企业生产率存在抑制作用，因为对于低生产率企业，过度依赖出口则很可能为加工贸易企业或廉价劳动密集型企业。研发可以有效促进企业全要素生产率水平的提升，且企业生产率水平越高，研发回报越大；中间品进口对民营企业生产率的促进效应为正；研发与中间品进口显著发挥了对企业全要素生产率的协同促进效应，但这种协同促进效应随企业生产率水平的提高而降低。一个国家或地区的经济增长在短期内可以通过生产要素投入增加和生产效率改善达到，然而在长期内，一个经济体需要不断提升自身全要素生产率以维持经济发展。作为持续保持高速经济增长的中国，企业生产效率的提升对经济发展的贡献起到越来越大的作用。中间品进口和研发投入对企业全要素生产率改善具有十分重要的意义。中间品进口一方面降低了企业的边际成本，能够优化企业资源要素匹配；另一方面实现了企业可投入要素种类的增加，并引致企业增加自身研发创新投入以充分利用中间品进口种类增多最大化企业利润。研发投入则增加了未来企业预期收益，这使得企业有实力支付中间品进口的前期沉没成本，降低了企业的进口门槛。因此，企业研发投入与中间品进口之间相互影响，相互促进，更为重要的是，研发投入与中间品进口的密切关系对企业全要素生产率具有另外一层重要含义：研发投入与中间品进口对企业全要素生产率的协同促进效应要比企业研发投入或中间品进口对生产效率的单独促进影响大。基于此，本书建立了一个包含企业研发投入、中间品进口与全要素生产率的理论模型，以推演企业研发投入和中间品进口对企业全要素生产率的影响，并通过理论模型推导提出新的机制：研发投入与中间品进口相互增益，两者共同对企业全要素生产率起到协同促进效应，利用统一模型框架，本书试图解释中国制造业企业生产效率提升的深层次原因。

本章研究使用中国工业企业数据库和海关数据库的匹配数据，深入分析研发创新投入、中间品进口与企业全要素生产率之间的复杂关系，实证结果发现中间品进口整体上对企业全要素生产率的促进效果并不明显，剔除加工贸易因素后，中间品进口对企业全要素生产率的促进效应为正；研发对企业全要素生产率具有显著促进效应，且研发促进效应随企业生产率水平的提升而增强，研发创新的生产效率回报呈现"强者恒强，弱者恒弱"的局面。

因为中国的市场经济制度仍然在继续完善，在经济制度环境及市场竞争机制等方面存在一定的不合理，不同类型企业的行为模式和企业基本特征方面彼此差异较大，且加工贸易长期在中国对外经济发展中占重要的地位，所以在全球价值链分工背景下中国加工贸易企业长期处于生产链低端，创新投入和利润亟待提高，在实证研究中剖析中国工业企业时需要对加工贸易企业加以特别关注。剔除加工贸易因素之后，中间品进口对企业生产率具有显著的正向作用，其中民营企业全要素生产率提升对中间品进口更为敏感，国有企业则更多依赖研发投入。本书的实证结果并没有显示研发投入与中间品进口对国有企业和加工贸易企业全要素生产率的协同促进效应的显著性，这是由于这两类企业存在市场扭曲和激励扭曲，国有企业尤其是大型国有企业在市场竞争中拥有比非国有经济单元更多的政策照顾、信贷优惠和土地资源优势，且承担了较多的国家发展战略和社会义务，国有企业生产效益提升主要依赖资本品进口和研发投入，中间品进口促进生产效率提升机制并不明显；而加工贸易企业受制于上游关键设备提供商要素和技术约束陷入生产效率提升陷阱，中间品进口反而抑制了企业生产效率的改善。对于出口依赖度较小的民营企业，中间品进口可以显著促进企业全要素生产率的提升，且研发投入和中间品进口对生产率的协同促进效应同样呈现出显著性，这验证了本书理论模型所推导的结论，也说明了研发投入和中间品进口对企业生产效益改善的重要意义。进口与研发的协同促进效应随企业生产率水平的提升而降低，即这种协同效应随企业生产率水平的提升呈边际递减趋势，一个可能的原因是高生产率水平的民营企业更多利用大量的研发创新和资本品进口完成技术进步与生产率提升，而生产率处于平均水平之下的企业更多依赖中间品进口与研发的协同效应达到生产率的提升。

经过30多年的高速发展，中国人均国内生产总值按照世界银行标准已经达到中等收入水平，经济和社会发展取得了重要成就，然而经济发展也即将进入改革深水区，前期高速发展所积累的矛盾和问题亟待解决，经济新常态背景下中国经济发展需要新的思路和新的政策指引。提升长期经济发展的必经之路是促进企业生产率的提升和技术进步，这也是目前中国平衡需求端管理政策思想和供给侧改革行动的重要目标，自身研发创新投入与进口将是提升企业全要素生产率的重要举措。

第一，培育良好的创新创业环境，促进企业的研发创新投入和技术进步，政策管理层可以针对企业研发创新投入实施税收减免政策，促进产、学、研一体化与体系建设，降低企业研发门槛。政府需要构建一个能够激励企业研发创新的制度环境，不断推动企业进行研发创新以提高自身技术水平和管理变革；完善专利和产权保护制度，使企业能够充分从研发创新成果中受益，从而让企业着眼于长期受益，注重自身技术积累和研发投入，通过技术革新、新产品投产、生产效率提升的方法最终提高企业利润水平。提升国家层面基础科学研究投入，使基础研究能够服务于企业生产性研发，基础研究与商业性生产研发互相促进，最终有效培养企业自主创新环境，依靠内生技术进步、优化产业结构，稳步指引中国经济走向生产价值链上游，以创新和技术赢得长期经济增长制度进步。

第二，生产要素进口也是企业降低自身边际生产成本、优化资源配置的重要手段，合理促进企业中间品进口对中国经济的长期良性发展具有重要意义。中国的出口导向战略在过去有效促进了中国经济高速增长，并积累了巨额外汇储备，然而贸易收支不平衡也产生了很多问题，从贸易盈余到实现对外收支平衡是中国经济发展的客观要求，中国需进一步科学调整进口政策，平衡出口与进口收支，适当降低企业中间品进口关税率，降低进口门槛，刺激企业的中间品进口需求，通过中间品进口刺激研发投入及两者对企业全要素生产率的协同作用，推动建立完善的产业结构体系，增强自身经济竞争力，争取在全球生产链条中占据有利地位，以更好地融入全球经济中。

第六章　制造业出口价格加成与出口企业生产率悖论

第五章研究分析了研发投入与中间品进口对企业生产率的协同促进效应，本章探讨出口企业的生产率问题，并对讨论已久的中国出口企业生产率悖论问题进行分析和解释。

企业生产率差异是决定其出口贸易行为选择的主要因素，生产率较高的企业会选择出口，而生产率较低的企业会选择只供应国内市场。然而，中国工业数据却呈现出只供应国内市场的企业生产率反而更高、生产率越低的企业出口反而越多的现象（李春顶和尹翔硕，2009），这种现象被称为中国出口企业的生产率悖论。本章将继续基于企业视角，将价格加成引入企业异质性贸易理论中，对出口企业生产率状态的影响因素进行修正与分析。

通过分析企业价格加成与生产率的关联逻辑，发现在考察中国出口企业与非出口企业的异质性时，价格加成相比生产率更能直观地反映企业的竞争优势和盈利能力。因此，本章将价格加成引入企业异质性贸易理论中，从价格加成视角对出口企业与非出口企业的异质性进行分析；并进一步按照进出口状态将企业划分为完全本土企业、只进口企业、只出口企业和进出口企业四类，从而关注到之前研究中没有发现的现象：进出口企业和只出口企业之间的价格加成也存在显著差异，只出口企业的价格加成最低，这可能是解释中国出口企业特殊性的关键。

随后，本章基于希克斯中性的生产函数推导企业价格加成影响因素，并基于中国工业企业微观数据进行实证分析。理论模型与实证分析的结果发现中国出口企业价格加成偏低源自多个因素。出口退税政策的影响被否定，而中国与发达国家之间由要素禀赋导致的比较优势不同则是由中国出口企业以劳动密集型产品为主的价格优势、进口不足导致技术进步缓慢和压低价格获得的出口优势三大因素决定的。

第一节　企业价格加成与企业生产率关联性逻辑

异质性企业贸易理论的最新进展表明：价格加成是企业异质性的一个表现，也是衡量企业产品价格与边际成本差额的一个指标。企业生产率和价格加成具有一致性，出口企业的生产率往往更高，价格加成也更大。本书使用中国企业微观层面数据的实证结果发现：中国出口企业的价格加成总体上大于非出口企业，不同类型出口企业在生产率和价格加成等方面存在巨大的差异，这很可能是中国出口企业出现生产率悖论的原因。内销企业的生产率总体上高于出口企业，企业出口状态与生产率之间存在负相关关系，生产率越低的企业出口密集度越大（李春顶，2010）。在全面检验了中国出口企业生产率悖论现象之后，李春顶认为加工贸易是中国出口企业生产率偏低的重要原因。戴觅等（2014）实证分析了2000～2006年中国工业企业和海关的匹配数据，也得出了中国出口企业生产率低于非出口企业的结论，不过这种生产率异常完全是中国大量存在的加工贸易所导致的。如果剔除加工贸易的影响，那么中国一般贸易出口企业的生产率要高于非出口企业。李建萍和张乃丽（2014）将比较优势和异质性企业贸易理论结合起来，认为国家间要素禀赋差异和部门间要素密集度差异导致比较优势部门企业出现生产率悖论的可能性增大，而实证结果显示比较优势部门是中国出口企业产生生产率悖论的根源。

在考察中国出口企业与非出口企业的异质性时，企业价格加成相比企业生产率能更直观地反映企业的竞争优势和盈利能力。第一，中国出口的产品质量要比内销品更高，但是由于中国工业企业数据库中并没有衡量产品质量的有效指标（刘伟丽，2011），忽视产品质量差异而仅仅依靠产品数量估算出来的生产率并不能反映企业的真实水平；而产品质量差异通常都可以由价格表现出来，更高质量的产品售价也往往更高，当企业真实生产率的提高表现为相同投入水平下产品数量不变而产品质量提升时，这种变化最终可以通过企业价格加成表现出来。第二，中国出口企业与非出口企业面临的市场竞争环境不同，且存在地方保护主义、国内市场分割（Young，2000）、信息不对称等问题，生产率高的企业未必可以通过出口拓展其利润空间；而以上这些因素都可以在企业价格加成中反映出来，因而价格加成能更直观地衡量企业的竞争优势和盈利能力。所以，本章通过计算企业价格加成分析中国不同进出口状态企业的异质性。本章使用2000～2005年中国工业企业数据库和海关数据库的数据，通过匹配企业微观数据和海关数据获得包含进出口信息的企业层面数据。实证结果发现中国进出口企业的生产率最高，只出口企业的生产率最低。不同出口企业之间的价格加成和生产率存在巨大差异，中国出口企业生产率悖论的观点也支持了本书的结论。那么，是什么导致中国只出口企业的价格加成偏低呢？

与已有研究文献相比，本书具有如下贡献：第一，第一次将企业价格加成引入国内对异质性企业贸易理论的研究中，从企业价格加成视角分析出口企业与非出口企业的异质性。第二，与既有研究只分析出口企业与非出口企业不同，本书进一步按照企业进出口状态将企业划分为四类，从而发现了之前研究中所没有注意到的现象：进出口企业和只出口企业之间的价格加成也存在显著差异，只出口企业的价格加成最低，这可能是解释中国出口企业特殊性的关键。

第二节 企业价格加成模型分析

在微观厂商理论中，企业达到利润最大化的同时其生产成本也是最小化的，这正如硬币的正面和反面。在不完全竞争市场条件下，企业可以依靠其对市场的控制能力获得超额利润，这时企业产品价格与边际成本不再完全相等，两者之间会形成一个差额，而这个差额可以用价格加成来衡量，并且，企业的生产率越高，其价格加成通常也越大。Hall（1986，1988，1990）基于不完全竞争市场和生产成本最小化条件，构建了一个分析框架测度计算企业的价格加成。依靠该分析框架，研究者不需要假定企业面临何种竞争环境和消费者的需求偏好，也不需要知道多产品企业在生产中如何配置其要素投入，便可以利用基本的企业生产和经营数据计算企业的价格加成。

基于 Hall 提出的分析框架，许多学者利用企业或行业层面的企业生产和经营数据实证分析了企业的价格加成如何随市场环境而变化，如贸易自由化、大规模的私有化浪潮和劳动力市场改革（Wadmann，1991；Norrbin，1993；Roeger，1995；Basu and Fernald，1997；Klette，1999）。然而，Hall 的分析框架在测算企业价格加成时并没有考虑到企业面临的生产率冲击，这会导致价格加成的计量结果偏离真实值（Domowitz et al.，1988；Morrison，1992）；另外，Hall 的分析框架也没有包含企业中间品要素投入和规模报酬等情况。因此，近年来研究者针对 Hall 的模型框架做了许多改进，其中 De Loecker 从以下几个方面对模型进行修改和完善：首先，将分析框架中的价值量指标替换为数量指标，如用价格指数平减企业销售额获得实际产出、用企业总工人数代替企业的应付总工资，其目的是尽量避免由价格水平和工资水平变动导致价格加成的计算结果不准；其次，将规模经济等因素纳入分析框架中；最后，De Loecker 等将未观察到的生产率冲击引入生产函数中（De Loecker et al.，2007，2010，2011，2012a，2012b）。因此，本书计算企业价格加成时也沿用这一思路，并利用工具变量法控制由生产率冲击与企业劳动投入和资本之间的内生性所导致的价格加成计算偏离真实值的问题。

具体而言，本书选定一类企业生产率是希克斯中性的生产函数。该方法的优势是利用生产函数计算价格加成时无须考虑企业如何使用潜在的生产技术和企业面临的市场结构等问题。考虑一个 t 期时的企业 i 利用如下的生产技术获得产出：

$$Q_{it} = F_t(X_{it}, K_{it}) \exp(\omega_{it}) \tag{6.1}$$

为简化分析，先假定企业只生产一种产品。其中，Q_{it} 为企业 i 在 t 期时的实际产量；X_{it} 为企业生产时所需的可变要素投入，$X_{it} = (x_1, x_2, x_3)$，X_{it} 无调整成本；K_{it} 为企业生产时的动态要素投入，$K_{it} = (k_1, k_2, k_3)$，任何面临调整成本的要素投入均属于这一类型，如资本；ω_{it} 为企业生产率。

根据企业生产成本最小化条件假定构建拉格朗日方程：

$$L(X_{it}, K_{it}, \lambda_{it}) = \sum_{n=1}^{N} P_{it} X_{it} + \sum_{l=1}^{L} r_{it} K_{it} + \lambda_{it}[Q_{it} - Q_{it}(X_{it}, K_{it}, \omega_{it})] \quad (6.2)$$

式中，P_{it} 为可变要素投入 $N = 1, 2, 3, \cdots, n$ 的价格；r_{it} 为有调整成本的动态投入要素 $L = 1, 2, 3, \cdots, l$ 的价格。可变投入要素 X_{it} 关于 $L(X_{it}, K_{it}, \lambda_{it})$ 的一阶条件是

$$\frac{\partial L_{it}}{\partial X_{it}} = P_{it} - \lambda_{it} \times \frac{\partial Q_{it}(\cdot)}{\partial X_{it}} = 0 \quad (6.3)$$

由拉格朗日方程式（6.2）可知，在该产量水平下企业生产产品的边际成本是 λ_{it}，因为

$$\frac{\partial L_{it}}{\partial Q_{it}} = \lambda_{it} \quad (6.4)$$

将等式（6.3）两边移项，在两边同时乘以 $\dfrac{X_{it}}{Q_{it}(\cdot)}$，变换得

$$\frac{\partial Q_{it}}{\partial X_{it}} \frac{X_{it}}{Q_{it}} = \frac{p_{it}}{\lambda_{it}} \frac{P_{it} X_{it}}{p_{it} Q_{it}} \quad (6.5)$$

式中，p_{it} 为企业的产品价格；等式（6.5）左边为可变要素投入 X_{it} 的产出弹性 θ_{it}，等式右边第二部分为 X_{it} 所占产出份额 α_{it}。定义企业的价格加成为 μ_{it}，则

$$\mu_{it} = \frac{p_{it}}{\lambda_{it}} \quad (6.6)$$

由式（6.5）和式（6.6）得出企业的价格加成 μ_{it} 为

$$\mu_{it} = \frac{\theta_{it}}{\alpha_{it}} \quad (6.7)$$

式（6.7）表明，企业的价格加成由要素投入的产出弹性与该要素占产出的份额之比决定。类似地，对于多产品企业 f，在 t 期时生产产品 j 的价格加成为

$$\mu_{fjt} = \frac{\theta_{fjt}}{\alpha_{fjt}} \quad (6.8)$$

企业的要素投入占产出份额 α_{it} 一般都不难由企业生产和销售数据直接获得，其中，

$$\alpha_{it} = \frac{\sum_{n=1}^{N} X_{ijt} P_{ijt}}{\sum_{j=1}^{J} Q_{ijt} P_{ijt}} \quad (6.9)$$

企业要素产出弹性可以通过估计生产函数而得出，计算要素产出弹性的生产函数形式如下：

$$Q_{it} = F_t(X_{it}, K_{it}, \beta)\exp(\omega_{it}) \tag{6.10}$$

这种形式生产函数的优势在于：既保证了分析框架中的企业生产率是希克斯中性的，又将规模经济因素纳入生产函数中；并且要素生产弹性可以随企业而不同，将生产函数式（6.10）转化为对数形式：

$$y_{it} = \omega_{it} + f_t(x_{it}, k_{it}, \beta) \tag{6.11}$$

在实际生产中，由于存在测量误差和未预期到的产出波动，企业的产出数据总是不准的，为精确起见，在产出中引入残差项 ξ_{it}，则 $y_{it} = \ln Q_{it} + \xi_{it}$。

通常研究者建立线性生产函数并利用 OLS 估计劳动系数和资本系数时会存在两个偏差问题：内生性问题所导致的联立性偏差和样本选择偏误所导致的选择性偏差。当生产率发生正向的冲击时，企业倾向于扩大生产，但资本因面临较大调整成本而无法随时调整，因此企业在短期内会增加可变要素投入量，如劳动、能源和中间品投入；在中长期内，伴随生产率冲击资本也会有相应调整。这样生产率波动与劳动等可变要素投入和资本就存在内生性问题，这就是联立性偏差。当面临较大的生产率不利冲击时，规模更大的企业抵御这种不利冲击的能力更强，企业拥有更大的生存概率；而生产率虽高但规模较小的企业可能无法抵御较大的生产率冲击而退出市场。因此，观测到的样本都是可以抵御较大的生产率不利冲击而存活下来的企业，这类企业可能规模很大但生产率偏低。而规模更大的企业资本存量也更高，如果截取一个横截面子样本，就可能会发现企业生产率和固定资本存在负相关关系，因为生产率较高但固定资本较小的企业被淘汰掉了，这时估计生产函数时就会低估资本的系数，这就是选择性偏差。因此，当研究者利用 OLS 估计线性生产函数时，联立性偏差会导致劳动系数高估的可能性增加，而选择性偏差会导致资本系数低估的可能性增加。

Olley 和 Pakes（1996）发展出的 OP 法成为一种控制 OLS 估计时存在的联立性偏差和选择性偏差的方法。OP 法使用企业投入决策作为生产率的代理变量，可以较好地控制联立性偏差所导致的内生性问题；另外，利用企业的进入退出决策建立企业生存概率函数，生产率较高但固定资本较小遭淘汰的企业也被纳入分析框架中，通过这种方式 OP 法较好地纠正了企业面板数据中存在的选择性偏差问题。基于这些优势，OP 法近年来已成为一个流行的分析工具。但是，本书所用样本数据时间跨度为 2000~2005 年，2001 年 11 月中国加入世界贸易组织，受此影响，2002~2003 年有大量企业进入出口市场和进口市场。OP 法利用企业进入退出决策和企业生存概率函数控制选择性偏差，然而 2002~2003 年大量企业进入出口和进口市场并非生产率冲击的缘故，而是外部市场环境剧变所致。如果使用 OP 法计算中国 2000~2005 年企业的生产率，外部市场环境变化导致大量企业进入退出可能会使估计结果偏离真实值（De Loecker，2012b）。而通过寻找合适的工具变量也可以较好地控制生产率冲击与劳动和资本之间的内生性问题，权衡利弊，本书选择工具变量法解决由生产率冲击与劳动和资本的内生性所导致的偏差问题。首先，使用中间品投入作为企业生产率波动的代理变量（Levinsohn and Petrin，2003）。中间品需求函数为

$$m_{it} = m(k_{it}, \omega_{it}) \qquad (6.12)$$

即中间品需求与企业资本存量和生产率有关，将中间品需求函数转换，将生产率表示为中间投入和资本的函数，即

$$\omega_{it} = h(m_{it}, k_{it}) \qquad (6.13)$$

这种中间品要素投入和生产率的单调一致性在许多不完全竞争模型中都成立，只要 $\partial m / \partial w > 0$ 成立，就可以利用 $h(w_{it}, k_{it})$ 作为生产率 ω_{it} 的代理变量（Melitz，2000；Melitz and Levinsohn，2006）[①]。进项税额 t_{it}^{m} 是企业购买中间品投入时所缴纳的增值税额，进项税额和中间品要素投入有强烈的一一对应关系，因此本书进一步利用进项税额作为企业生产率的代理变量[②]。

$$\omega_{it} = h(t_{it}^{m}, k_{it}) \qquad (6.14)$$

由式（6.14）可以看出，利用进项税额作为企业生产率的代理变量控制如劳动等可变要素投入与生产率波动的内生性问题时，资本和企业生产率波动的内生问题还没有彻底解决。Olley 和 Pakes（1996）与 De Leocker（2012a）在生产函数中引入投资作为工具变量控制资本和生产率波动的内生性问题。企业的折旧和投资有明显的相关关系，而与生产函数中其他解释变量无内生性问题，因此本书利用折旧作为工具变量控制生产率波动和资本的内生性问题。

第三节　企业出口状态描述性统计

类似于前面章节的实证研究，本书所用数据来源于 2000～2005 年中国工业企业数据库和海关数据库[③]，这两个数据库中包含了详细的企业层面的生产经营和进出口信息。然而，中国工业企业数据库的数据搜集方式和处理方式，导致数据库存在一些缺陷，这些缺陷包括样本匹配混乱、指标存在缺失、指标大小异常、测

[①] 在不完全竞争条件下利用中间品投入需求近似替代生产力波动。Melitz（2000）发现只要高生产率企业的价格加成高于低生产率企业，但同时价格加成不致高得离谱，那么中间品投入和生产力便具有一致性。其后，Melitz 和 Levinsohn（2006）又对这一问题作了进一步的阐述，企业生产力提高会相应提高其价格加成，价格加成的增加幅度和投入成本减少幅度一致。

[②] 进一步选择进项税额作为生产率的代理变量，是为了更好地保证作为生产率的代理变量与其他解释变量无内生性问题。

[③] 由于所掌握的数据库资源有限，本书的样本数据时间跨度为 2000～2005 年。

度误差明显和变量定义模糊等问题（聂辉华等，2012）。在使用中国工业企业数据库做实证分析时，如果不对数据库数据做适当处理，那么数据库中的错误信息会干扰本书的实证结果。

因此，当中国工业企业数据库中企业数据出现以下情况时，剔除不符合要求的企业数据：①剔除缺少重要金融指标的企业；②剔除企业总人数少于 10 人的企业；③剔除数据信息不符合国际会计准则的企业[①]（Jefferson et al.，2000；Feenstra，2010）。中国工业企业数据库还包括部分服务业和事业单位及企业，按照本书要求，将这部分行业的企业从样本数据中剔除。

本书将经过上述步骤处理的中国工业企业数据信息和海关数据信息合并。第一，将月度的海关数据加总为年度数据，分别以进口和出口为口径将每年的月度海关数据加总为年度数据；第二，利用中国工业企业数据库和海关数据库的公共字段，将两个数据库年度数据匹配，获得包含进出口信息的年度工业企业数据；第三，本书主要分析企业进出口状态与价格加成的关系，因篇幅所限，暂不考虑企业的进入退出决策对价格加成的影响，因此本书最终选取 2000～2005 年 6 年连续存在的企业作为分析样本，共计 34 个行业。将样本数据按不同进出口状态分为四类，这四类企业的基本特征如表 6-1 所示。

表 6-1　不同进出口状态企业特征的描述性统计

企业进出口状态	企业规模	工业总产值	固定资产净值	职工总数	企业数量	所占比例
完全本土企业	16.99	17.04	15.70	5.27	124 908	77.94%
只出口企业	17.27	17.41	15.88	5.61	6 984	4.36%
只进口企业	18.21	17.93	17.05	5.30	5 052	3.15%
进出口企业	17.94	17.91	16.66	5.68	23 316	14.55%

注：企业规模、工业总产值、固定资产净值的原单位为百万元，表中数值为取对数后的值；职工总数的单位为千人；企业数量的单位为个。

从表 6-1 可以看出，完全本土企业在企业规模、工业总产值、固定资产净值方面都是这四种类型企业中最小的；只出口企业次之，进出口企业要大于只出口企业；而只进口企业则在企业规模、工业总产值和固定资产净值这三项指标中全面占优。

四种不同进出口状态企业的资本密集度和平均工资如图 6-1 所示。只进口企业的资本密集度最大，其他从大到小依次为进出口企业、完全本土企业，资本密集度最低的为只出口企业；平均工资方面，只进口企业拥有最高的平均工资，进

[①] 缺少重要的金融指标，如总资产、固定资产净值、营业额、应付总工资等（陈勇兵等，2012）。谢千里等（2008）处理中国工业企业数据库时剔除掉工人数小于 8 人的企业，本书为进一步提高数据质量，剔除企业工人数小于 10 人的企业。例如，企业数据出现如下特征，即不符合国际会计准则：一是流动资产大于总资产；二是固定资产大于总资产；三是企业的标识号缺失；四是建立时间模糊。

出口企业次之，只出口企业的平均工资要低于只进口企业，而完全本土企业的平均工资最低。这说明不同类型企业的企业特征明显不同，在分析不同进出口状态如何影响企业价格加成时需要对这些企业特征差异加以控制。

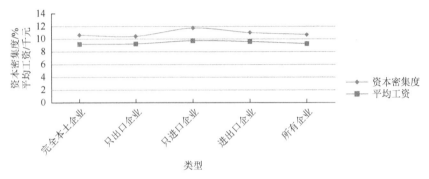

图 6-1　不同进出口状态下企业资本密集度和平均工资分布图

资本密集度和平均工资均为取对数后的值

第四节　企业生产率悖论实证分析

实证研究使用 2000～2005 年中国工业企业数据库和海关数据库匹配数据，样本为连续 6 年存在的微观企业面板数据。样本数据是典型的短面板数据，且 Hausman 检验结果显示应使用固定效应模型。异质性企业贸易理论认为出口企业的价格加成要大于非出口企业，那么中国出口企业与非出口企业的价格加成是否也遵循这个结论呢？为此，本书按企业不同出口状态将样本数据分为两类，使用 GMM2S（两阶段广义距估计）对模型作回归分析，回归结果见表 6-2。

表 6-2　基于固定效应的 GMM2S 面板数据回归分析结果

企业类型	劳动的产出弹性	劳动支出占产出份额	企业加成率
全部企业	0.161*** （0.0017）	0.1381	1.16
出口企业	0.194*** （0.0035）	0.1376	1.41
非出口企业	0.150*** （0.0023）	0.1382	1.09

分组回归结果显示，中国出口企业的价格加成大于非出口企业，并且对回归结果的稳健性检验结果良好，实证结果与异质性企业贸易理论的结论相符。然而一些研究使用中国企业层面数据的实证结果发现中国出口企业存在生产率悖论，不同类型出口企业的生产率存在巨大的差异。那么，不同出口企业之间的价格加

成是否也会有较大差异呢？De Loecker（2012b）利用印度贸易自由化时期的企业数据发现进口对企业价格加成也有显著影响，进口企业的价格加成要大于没有进口的企业。因此，本书将企业进口状态也纳入实证分析中，综合考虑企业进出口状态对价格加成的影响。按照企业的进出口状态，将样本企业划分为四类：完全本土企业、只出口企业、只进口企业和进出口企业，分别用两阶段最小二乘估计（2SLS）、GMM2S 和有限信息最大似然法（limited information maximum likelihood，LIML）对模型做回归分析，回归分析结果见表 6-3。

表 6-3 使用 2SLS、GMM2S 和 LIML 的回归分析结果

估计方法	指标	全部企业	完全本土企业	只出口企业	只进口企业	进出口企业
2SLS	劳动产出弹性	0.161*** (0.0020)	0.155*** (0.0025)	0.137** (0.0061)	0.143** (0.0086)	0.223*** (0.0041)
	劳动支出占产出份额	0.138	0.140	0.136	0.107	0.138
	企业加成率	1.16	1.11	1.01	1.34	1.62
GMM2S	劳动产出弹性	0.161*** (0.0019)	0.155*** (0.0025)	0.137** (0.0061)	0.143** (0.0086)	0.223*** (0.0042)
	劳动支出占产出份额	0.138	0.140	0.136	0.107	0.138
	企业加成率	1.165	1.11	1.01	1.34	1.61
LIML	劳动产出弹性	0.161*** (0.0020)	0.155*** (0.0024)	0.137** (0.0062)	0.143** (0.0086)	0.223*** (0.0041)
	劳动支出占产出份额	0.138	0.140	0.136	0.107	0.138
	企业加成率	1.16	1.11	1.01	1.34	1.62

注：括号内的数值为 t 值。

异质性企业贸易理论认为出口市场比本土市场竞争更加激烈，企业在进入出口市场时需要支付一定的沉没成本（固定成本），因此只有生产率高的企业才能进入出口市场，而生产率高同时意味着企业的价格加成较高，因此出口企业的价格加成应该比本土企业大。企业通过进口中间要素投入和资本品，可以获得之前国内所没有的或更廉价的要素投入，优化要素投入配置并利用进口资本品中物化的技术加速企业技术进步，提高企业生产率，从而提高企业价格加成。因此，不同进出口状态企业的价格加成从小到大应依次为完全本土企业、只出口企业或只进口企业、进出口企业。然而本书使用以上三种估计方法的实证结果显示，中国四种进出口状态企业的价格加成从小到大依次为只出口企业、完全本土企业、只进口企业和进出口企业。只出口企业价格加成最小，这与异质性企业贸易理论相悖。

为检验回归结果的稳健性，本书先使用生产经营中用到的固定资本代替固定资产净值作为模型分析中的资本值做回归分析（Ⅰ）；然后，暂不考虑未观测到的生产率冲击对实证结果的影响，即先不考虑资本和生产率的内生相关性，剔除回归分析中的工具变量（Ⅱ），仍然利用 GMM2S 作回归估计，回归结果见表 6-4。

表 6-4　使用方法Ⅰ和方法Ⅱ的稳健性检验结果

GMM2S	指标	全部企业	完全本土企业	只出口企业	只进口企业	进出口企业
Ⅰ	劳动产出弹性	0.170*** (0.0019)	0.166*** (0.0024)	0.142** (0.006)	0.149** (0.0085)	0.226*** (0.0041)
	劳动支出占产出份额	0.138	0.140	0.136	0.107	0.138
	企业加成率	1.23	1.19	1.04	1.39	1.64
Ⅱ	劳动产出弹性	0.212*** (0.0021)	0.206*** (0.0025)	0.170** (0.0068)	0.176** (0.0096)	0.264*** (0.0047)
	劳动支出占产出份额	0.138	0.140	0.136	0.107	0.138
	企业加成率	1.54	1.47	1.25	1.64	1.91

回归结果显示，用生产经营中用到的固定资本替代固定资产净值时对回归结果的影响并不大，劳动产出弹性的 t 值变小，只出口企业的价格加成仍然是最小的；而剔除工具变量之后，由于生产率冲击与资本存在内生性问题，劳动的系数变大导致企业价格加成结果偏大，但是只出口企业的价格加成仍然是最小的。因此，模型回归结果稳健，中国只出口企业价格加成确实偏低。

那么，除了进出口状态，企业的其他因素是否会影响价格加成呢？如图 6-2 和图 6-3 所示，不同进出口状态企业的价格加成和企业资本密集度与规模可能有相关关系。在讨论企业进出口状态和价格加成的关系时，需要先控制影响企

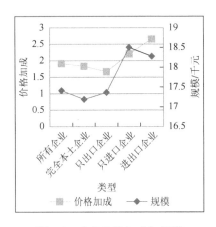

图 6-2　企业价格加成与规模

规模为取对数后的值

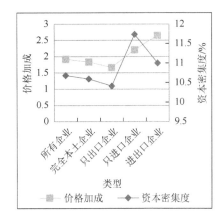

图 6-3　企业价格加成与资本密集度

资本密集度为取对数后的值

业价格加成的其他因素，如企业规模、资本密集度、行业差异等，然后做回归分析说明。

使用回归方程式（6.15）对价格加成和企业进出口状态做回归分析，加入资本密集度（ki）、规模（lnscale）和 34 个行业状态变量（indus1~indus34）作为控制变量，四种进出口状态的虚拟变量依次为：dum1 代表完全本土企业、dum2 代表只出口企业、dum3 代表只进口企业、dum4 代表进出口企业。

$$\text{markup}_{it} = \alpha + \beta_1 \text{ki}_{it} + \beta_2 \text{lnscale}_{it} + \sum_{n=1}^{34} \gamma_n \text{indus}_{it}^n + \delta_1 \text{dum1}_{it} + \delta_2 \text{dum2}_{it} + \delta_3 \text{dum3}_{it} + \varepsilon_{it}$$

（6.15）

做回归分析的主要目的是考察只出口企业价格加成相比其他三类企业是否最低，因此，回归方程中企业进出口状态变量为 dum1、dum2、dum3、dum4。回归结果见表 6-5。

表 6-5　价格加成对四种进出口状态的回归结果

价格加成	回归系数	标准差	t	$P>|t|$的概率	95%置信区间
资本密集度	0.824	0.06	13.54	0.00	（0.70，0.94）
规模	−0.103	0.05	−2.08	0.04	（−0.20，−0.01）
行业 1	2.79	1.51	1.84	0.07	（−0.18，5.76）
行业 34	4.12	1.93	2.13	0.03	（0.33，7.91）
完全本土状态	0.91	0.23	3.94	0.00	（0.46，1.35）
只进口状态	0.548	0.40	1.39	0.17	（−0.23，1.33）
只出口状态	2.12	0.26	8.15	0.00	（1.61，2.63）
常数项	−7.82	1.54	−5.07	0.00	（−10.84，−4.80）

注：为节省篇幅，回归结果中行业控制变量 indus 回归结果没有全部录入。

在控制了企业资本密集度、规模、行业差别之后，回归结果显示完全本土状态 dum1、只进口状态 dum3 和进出口状态 dum4 的系数都为正，这说明相比只出口状态 dum2，完全本土状态、只进口状态和进出口状态对价格加成的贡献更大，因此只出口企业的价格加成是最低的。

那么，导致中国只出口企业的价格加成偏低的因素有哪些？中国的出口退税政策是否是导致只出口企业价格加成偏低的一个原因呢？出口退税相当于变相给予出口企业补贴，出口企业的利润空间增大了，因此可以在不提高企业价格加成的情况下增加利润。然而，本书企业价格加成结果是由生产函数推导得出的，而并不是从企业数据直接计算得出的，出口退税并不直接影响企业价格加成的计算结果；如果出口补贴政策会导致只出口企业价格加成偏低，那么进出口企业的价格加成也会偏低。然而四种进出口状态企业中，只出口企业价格加成最低的同时，进出口企业价格加成却是最高的。因此，出口补贴政策并非是只出口企业价格加成偏低的原因。

值得注意的是，中国与发达国家之间在比较优势和要素禀赋方面存在巨大的差异。与异质性企业贸易理论以发达国家企业为分析前提不同，中国的要素禀赋结构和比较优势与发达国家是不同的。

异质性企业贸易理论认为，出口市场比本土市场的竞争更为激烈，出口市场存在一个进入门槛，企业进入出口市场时需要先支付一定的沉没成本。最终，因为自选择效应，出口企业相比非出口企业往往规模更大、资本密集度和生产率更高，所以企业价格加成也更大（Melitz，2003；De Loecker，2012a）。企业的生产率和价格加成之间具有单调一致性，企业的价格加成更大意味着企业的生产率也更高。企业通过进口中间品和资本品，可以优化投入要素配置并利用进口品中的物化技术提升自身技术水平，提高企业生产率，从而在短期内提高企业的价格加成。

利用中国微观企业数据实证分析发现，出口企业的价格加成在整体上虽然大于非出口企业，但是综合考虑企业进出口状态时，四种进出口状态企业价格加成的计算结果从小到大依次为只出口企业、完全本土企业、只进口企业和进出口企业；进出口企业价格加成最大，只出口企业价格加成最小，不同出口企业之间的价格加成存在巨大差异。按照异质性企业贸易理论，不同进出口状态企业价格加成从小到大应依次为完全本土企业、只出口企业或只进口企业、进出口企业，因此，目前的实证结果与异质性企业贸易理论的结论不完全相符。一些针对中国的实证研究发现中国出口企业存在生产率悖论：与非出口企业相比，中国出口企业的生产率反而较低，中国出口企业产生生产率悖论的原因是部分出口企业的生产率低，不同出口企业之间的生产率存在巨大差异。本书实证结果发现只出口企业的价格加成最低，这也意味着只出口企业的生产率是最低的，中国出口企业生产率悖论的观点也支持了本书的结论。

中国只出口企业价格加成偏低的原因有以下三点：首先，中国是劳动要素充裕的国家，劳动密集型产品与技术密集型产品和资本密集型产品相比有更大的出口优势，并且从对四类企业相关指标的描述性分析中可以看出，只出口企业的规模和资本密集度是最低的，其出口更多是依靠产品价格优势，故企业价格加成自然偏低。其次，与进出口企业相比，只出口企业没有进口中间品和资本品，无法通过进口获得物化的技术进步，这导致只出口企业的技术进步缓慢，所以只出口企业的生产率和价格加成偏低。最后，与本土企业相比，只出口企业想要获得出口资格，必须要比本土企业发挥更大的出口优势，即进一步压低企业的价格加成，以更具竞争力的价格优势进入出口市场。综上所述，只出口企业的价格加成是最低的。因此，如果拓展异质性企业贸易理论，将国家之间的比较优势和要素禀赋差异纳入分析框架中，并考虑企业进口状态对企业价格加成的影响，中国出口企业价格加成所呈现出的复杂特点是可以得到解释的。

参 考 文 献

八代尚宏. 1994. 中日收入分配的比较研究[J]. 管理世界，（4）：75-82.

白重恩，杜颖娟，陶志刚，等. 2004. 地方保护主义及产业地区集中度的决定因素和变动趋势[J]. 经济研究，（4）：29-40.

白重恩，钱震杰. 2009a. 国民收入的要素分配：统计数据背后的故事[J]. 经济研究，（3）：27-41.

白重恩，钱震杰. 2009b. 谁在挤占居民的收入——中国国民收入分配格局分析[J]. 中国社会科学，（5）：99-115.

白重恩，钱震杰. 2010. 劳动收入份额决定因素：来自中国省际面板数据的证据[J]. 世界经济，（12）：3-27.

蔡昉. 2008. 中国经济如何跨越"低中等收入陷阱"？[J]. 中国社会科学院研究生院学报，（1）：13-18.

蔡昉. 2009. 科学发展观与增长可持续性[M]. 北京：中华书局.

蔡昉. 2014. 从人口红利到改革红利[M]. 北京：社会科学文献出版社.

蔡萌，岳希明. 2016. 我国居民收入不平等的主要原因：市场还是政府政策？[J]. 财经研究，（4）：4-14.

蔡跃洲，王玉霞. 2010. 发展战略、投资消费结构影响因素及合意投资消费区间[J]. 经济理论与经济管理，（1）：24-30.

曹亮，王书飞，徐万枝. 2012. 中间品进口能提高企业全要素生产率吗——基于倾向评分匹配的经验分析[J]. 宏观经济研究，（8）：48-53.

陈斌开，林毅夫. 2012. 金融抑制、产业结构与收入分配[J]. 世界经济，（1）：3-23.

陈斌开，林毅夫. 2013. 发展战略、城市化与中国城乡收入差距[J]. 中国社会科学，（4）：81-102.

陈彩娟. 2009. 新兴工业化国家和地区社会发展的阶段性特点[J]. 经济纵横，（10）：26-28.

陈佳贵. 2008. 中国工业化进程报告[M]. 北京：社会科学文献出版社.

陈韶华. 2011. 战后日本产业政策研究[M]. 武汉：武汉大学.

陈一鸣，全海涛. 2007. 试划分我国工业化发展阶段[J]. 经济问题探索，（11）：166-170.

陈勇兵，仇荣，曹亮. 2012. 中间品进口会促进企业生产率增长吗——基于中国企业微观数据的分析[J]. 财贸经济，（3）：76-86.

楚明钦，丁平. 2013. 中间品、资本品进口的研发溢出效应[J]. 世界经济研究，（4）：60-65.

崔岩. 2009. 日本的经济赶超：历史进程、结构转变与制度演进分析[M]. 北京：经济管理出版社.

戴觅，余淼杰，Maitra M. 2014. 中国出口企业生产率之谜：加工贸易的作用[J]. 经济学（季刊），（2）：675-698.

董法尧，李如跃，杨权，等. 2016. 分配正义视阈下政府与市场关系探讨[J]. 经济问题，（3）：41-45.

董磊. 2012. 战后经济发展之路：日本篇[M]. 北京：经济科学出版社.

段国蕊，臧旭恒. 2013. 中国式分权、地方政府行为与资本深化——基于区域制造业部门的理论和经验分析[J]. 南开经济研究，（6）：37-53.

樊茂清，黄薇. 2014. 基于全球价值链分解的中国贸易产业结构演进研究[J]. 世界经济，（2）：50-70.

傅程远. 2016. 中国消费率下降成因的实证研究——基于1999—2012年省际面板数据的分析[J]. 经济问题探索，（2）：28-33.

郭熙保. 2000. 经济发展理论与政策[M]. 北京：中国社会科学出版社.

国家计委赴日产业政策研讨团. 1990. 日本战后的产业政策[J]. 改革，（4）：179-187.

韩保江. 2008. 中国奇迹与中国发展模式[M]. 成都：四川人民出版社.

韩琦. 2002. 拉丁美洲的早期工业化（上）[J]. 拉丁美洲研究，（6）：26-30.

韩琦. 2003. 拉丁美洲的早期工业化（下）[J]. 拉丁美洲研究，（1）：40-45.

胡鞍钢. 2010. 中国如何跨越"中等收入陷阱"[J]. 当代经济，（15）：7-8.

胡永刚，郭新强. 2012. 内生增长、政府生产性支出与中国居民消费[J]. 经济研究，（9）：57-71.

黄乾，魏下海. 2010. 中国劳动收入比重下降的宏观经济效应——基于省级面板数据的实证分析[J]. 财贸经济，（4）：121-127.

黄亚生. 2012. 中国模式到底有多独特——基于中国、印度、巴西经济数据的比较分析[J]. 深圳大学学报（人文社会科学版），（1）：57-61.

黄益平. 2014. 宏观调控创新与风险[J]. 中国投资，（9）：34-36，8.

江时学. 1996. 拉美发展模式研究[M]. 北京：经济管理出版社.

今井贤一，小宫隆太郎. 1995. 现代日本企业制度[M]. 陈晋，等译. 北京：经济科学出版社.

凯恩斯. 2005. 就业、利息和货币通论[M]. 高鸿业，译. 北京：商务印书馆.

雷钦礼. 2013. 偏向性技术进步的测算与分析[J]. 统计研究，（4）：83-91.

李春顶. 2010. 中国出口企业是否存在"生产率悖论"：基于中国制造业企业数据的检验[J]. 世界经济，（7）：64-81.

李春顶，尹翔硕. 2009. 我国出口企业的"生产率悖论"及其解释[J]. 财贸经济，（11）：84-90.

李稻葵，刘霖林，王红领. 2009. GDP中劳动份额演变的U型规律[J]. 经济研究，（1）：70-82.

李广众. 2005. 政府支出与居民消费：替代还是互补[J]. 世界经济，28（5）：38-45.

李嘉图. 1962. 政治经济学与赋税原理[M]. 北京：商务印书馆.

李建萍，张乃丽. 2014. 比较优势、异质性企业与出口"生产率悖论"——基于对中国制造业上市企业的分析[J]. 国际贸易问题，（6）：3-13.

李晓娣. 2006. 新加坡产业结构转换对我国产业结构发展的启示[J]. 东南亚纵横，（4）：62-65.

李毅. 2013. 经济转型中的产业发展路径选择——对日本经济长期低迷的一种新解释[J]. 日本学刊，（5）：62-78.

李永友，丛树海. 2006. 居民消费与中国财政政策的有效性：基于居民最优消费决策行为的经验分析[J]. 世界经济，29（5）：54-64.

李卓，李智娟. 2014. 中国贸易开放战略为何不利于劳动增收？兼论"Stolper—Samuelson"效应未在中国显现的原因[J]. 经济评论，（6）：14-26.

李卓，赵军. 2015. 价格加成、生产率与企业进出口状态[J]. 经济评论，（3）：7-107.

连玉君，鲁晓东. 2012. 中国工业企业全要素生产率估计：1999-2007[J]. 经济学：季刊，11（2）：541-558.

梁季. 2012. 国民收入分配格局的国际比较与分析[J]. 地方财政研究，8：4-10.

梁泳梅. 2009. 中国现阶段资本收入与劳动收入差距的企业产权制度分析[M]. 北京：北京师范大学.

林峰. 2013. 行政垄断行业对全国收入分配差距贡献度的直接测度[J]. 华东经济管理，（4）：35-40.

林浩，罗进强，郑岗. 2005. 我国机电行业比较优势的实证研究[J]. 北方经贸，（9）：118-120.

林毅夫. 2002. 发展战略、自生能力和经济收敛[J]. 经济学（季刊），1（2）：269-300.

林毅夫. 2003. 后发优势与后发劣势——与杨小凯教授商榷[J]. 经济学（季刊），（2）：989-1004.

林毅夫. 2008. 经济发展与转型：思潮、战略与自生能力[M]. 北京：北京大学出版社.

林毅夫. 2010. 林毅夫自选集[M]. 太原：山西经济出版社.

林毅夫，蔡昉，李周. 1994. 中国的奇迹：发展战略与经济改革[M]. 上海：上海人民出版社.

林毅夫，蔡昉，李周. 1999. 比较优势与发展战略——对"东亚奇迹"的再解释[J]. 中国社会科学，（5）：4-20.

林毅夫，刘明兴，章奇，等. 2002. 关于技术选择指数的测量与计算[R]. 北京：北京大学中国经济研究中心.

林毅夫，姚洋. 2006. 中国奇迹：回顾与展望[M]. 北京：北京大学出版社.

刘长庚，田龙鹏，陈彬. 2016. 经济制度变迁、包容性增长与收入分配[J]. 财经科学，（1）：78-87.

刘光杰. 1989. 中国经济发展战略概论[M]. 北京：中国物资出版社.

刘瑞明. 2007. 晋升激励、产业同构与地方保护[J]. 南方经济，（6）：61-72.

刘生龙，胡鞍钢. 2010. 基础设施的外部性在中国的检验：1988—2007[J]. 经济研究，45（3）：4-15.

刘婷. 2001. 试析拉美工业化的启动时间及特点[J]. 拉丁美洲研究，（6）：43-49.

刘伟. 2014. 我国经济增长及失衡的新变化和新特征[J]. 经济学动态，（3）：6-7.

刘伟. 2016. 经济增长与结构演进：中国新时期以来的经验[M]. 北京：中国人民大学出版社.

刘伟，蔡志洲. 2015. 我国工业化进程中产业结构升级与新常态下的经济增长[J]. 北京大学学报（哲学社会科学版），52（3）：5-19.

刘伟丽. 2011. 国际贸易中的产品质量问题研究[J]. 国际贸易问题，（5）：35-41.

鲁晓东，连玉君. 2012. 中国工业企业全要素生产率估计：1999—2007[J]. 经济学（季刊），（11）：541-558.

陆春平. 2005. 中日机电产品国际竞争力比较分析[M]. 南京：东南大学.

陆旻. 2015. 从纽约看中国经济[M]. 北京：中国经济出版社.

陆铭. 2008. 中国的大国经济发展道路[M]. 北京：中国大百科全书出版社.

陆铭，陈钊，严冀. 2004. 收益递增、发展战略与区域经济的分割[J]. 经济研究，（1）：54-63.

吕朝凤，黄梅波. 2012. 偏向性技术变迁，习惯形成与中国经济周期特征——基于 RBC 模型的实证分析[J]. 经济评论，（2）：31-43.

吕炜. 2004. 体制性约束、经济失衡与财政政策——解析 1998 年以来的中国转轨经济[J]. 中国社会科学，（2）：4-17.

罗长远，张军. 2009a. 经济发展中的劳动收入占比：基于中国产业数据的实证研究[J]. 中国社会科学，（4）：65-79.

罗长远，张军. 2009b. 劳动收入占比下降的经济学解释——基于中国省级面板数据的分析[J]. 管理世界，（5）：25-35.

马骏. 2014. 以市政债制度硬化地方政府预算约束[J]. 新金融, (7): 14-16.

马海. 2002. 经济思想史教程[M]. 上海: 复旦大学出版社.

马万里, 李齐云, 张晓雯. 2013. 收入分配差距的财政分权因素: 一个分析框架[J]. 经济学家, (4): 13-23.

马歇尔. 2009. 经济学原理[M]. 朱志秦, 陈良璧, 译. 北京: 商务印书馆.

马岩. 2009. 我国面对中等收入陷阱的挑战及对策[J]. 经济学动态, (7): 2-46.

马颖, 李成. 资本品进口、研发门槛与经济增长方式[J]. 国际贸易问题. 2013, (12): 36-47.

毛泽东. 1991. 中国革命战争的战略问题//毛泽东. 毛泽东选集第 1 卷[C]. 2 版. 北京: 人民出版社: 202.

茅于轼. 2015. 中国居民消费不足的症结何在? [J]. 留学生, (16): 30.

聂辉华, 江艇, 杨汝岱. 2012. 中国工业企业数据库的使用现状和潜在问题[J]. 世界经济, (5): 142-158.

牛文涛. 2008. 中国工业化阶段演进分析——基于 PGDP 指标[J]. 中国商界, (9): 123-124.

皮凯蒂 T. 2014. 21 世纪资本论[M]. 巴曙松, 等译. 北京: 中信出版社.

平新乔. 2016. 产业结构调整中的政府作为空间[J]. 人民论坛, (7): 41-42.

钱纳里 H, 鲁宾逊 S, 赛尔奎因 M. 1989. 工业化和经济增长的比较研究[M]. 吴奇, 王松宝, 等译. 上海: 上海三联书店.

钱学峰, 王胜, 黄云湖, 等. 2013. 进口种类与中国制造业全要素生产率[J]. 世界经济, (5): 3-25.

钱学锋, 陆丽娟, 黄云湖, 等. 2010. 中国的贸易条件真的持续恶化了吗?——基于种类变化的再估计[J]. 管理世界, (7): 18-29.

钱学锋, 王菊蓉, 黄云湖, 等. 2011. 出口与工业企业的生产率——自我选择效应还是出口学习效应[J]. 数量经济技术经济研究, (2): 37-51.

乔榛. 2010. "中等收入陷阱"的中国式特征及规避[J]. 当代社科视野, (5): 53-54.

青木昌彦. 2001. 比较制度分析[M]. 周黎安, 译. 上海: 上海远东出版社.

饶晓辉, 刘方. 2014. 政府生产性支出与中国的实际经济波动[J]. 经济研究, 49 (11): 17-30.

任碧云, 王留之. 2010. 中国消费与投资关系的调整及其机制研究[M]. 天津: 南开大学出版社.

任太增. 2011. 攻府主导、企业偏向与国民收入分配格局失衡——一个基于三方博弈的分析[J]. 经济学家, (3): 42-48.

任云. 2006. 日本产业政策再评价及对我国的启示[J]. 现代日本经济, (4): 70-78.

单豪杰. 2008. 中国资本存量 K 的再估计: 1952—2006 年[J]. 数量经济技术经济研究, (10): 17-31.

邵敏, 黄玖立. 2010. 外资与我国劳动收入份额——基于工业行业的经验研究[J]. 中国经济学, 9 (4): 1189-1210.

生延超. 2013. 要素禀赋、技术能力与后发大国技术赶超[M]. 上海: 格致出版社.

史晋川, 黄良浩. 2011. 总需求结构调整与经济发展方式转变[J]. 经济理论与经济管理, (1): 33-49.

斯密 A. 1974. 国民财富的性质和原因的研究[M]. 郭大力, 王亚南, 译. 北京: 商务印书馆.

苏永强, 沙景华. 2009. 基于库兹涅茨模型的西部经济发展阶段测度分析[J]. 当代经济, (17): 166-168.

苏振兴. 2001. 发展模式与社会冲突[M]. 北京：当代世界出版社.

孙文杰. 2012. 中国劳动报酬份额的演变趋势及其原因[J]. 经济研究，（5）：120-131.

汤二子，孙振. 2012. 异质性生产率、产品质量与中国出口企业的"生产率悖论"[J]. 世界经济研究，（11）：10-15.

田巍，余淼杰. 2013. 企业出口强度与进口中间品贸易自由化：来自中国企业的实证研究[J]. 管理世界，（1）：28-44.

汪伟，郭新强，艾春荣. 2013. 融资约束、劳动收入份额下降与中国低消费[J]. 经济研究，（11）：100-113.

王宏利. 2006. 中国政府支出调控对居民消费的影响[J]. 世界经济，（10）：30-38.

王玲，Szirmai A. 2008. 高技术产业技术投入和生产率增长之间关系的研究[J]. 经济学（季刊），（7）：913-932.

王树华. 2008. 关于我国工业化发展阶段的评估[J]. 商业时代，（29）：4-5.

王小刚，鲁荣东. 2012. 库兹涅茨产业结构理论的缺陷与工业化发展阶段的判断[J]. 经济体制改革，（3）：7-10.

王雪. 2015. 企业研发、出口与生产率动态关系实证研究[M]. 大连：大连理工大学.

王燕武，王俊海. 2009. 地方政府行为与地区产业结构趋同的理论及实证分析[J]. 南开经济研究，（4）：33-49.

王永钦，张晏，章元，等. 2007. 中国的大国发展道路——论分权式改革的得失[J]. 经济研究，（1）：4-16.

吴敬琏. 2003. 当代中国经济改革[M]. 上海：上海远东出版社.

吴敬琏. 2008. 中国经济转型的困难与出路[J]. 上海教育，（15）：67-68.

吴敬琏. 2009. 让历史照亮未来的道路：论中国改革的市场经济方向[J]. 经济社会体制比较，（5）：1-10.

吴敬琏，厉以宁，周其仁，等.2014. 新常态改变中国：首席经济学家谈大趋势[J]. 理论与当代，（12）：63.

西斯蒙迪. 1964. 政治经济学新原理：或论财富同人口的关系[M]. 何钦，译. 北京：商务印书馆.

小宫隆太郎，奥野正宽，铃村兴太郎. 1988. 日本的产业政策[M]. 黄晓勇，译. 北京：国际文化出版公司.

谢建国，陈漓高. 2002. 政府支出与居民消费——一个基于跨期替代模型的中国经验分析[J]. 当代经济科学，24（6）：34-40.

谢千里，罗斯基，张轶凡. 2008. 中国工业生产率的增长与收敛[J]. 经济学（季刊），（3）：809-826.

熊力治. 2013. 中间品进口与中国本土制造企业生产率——基于中国企业微观数据的实证研究[J]. 宏观经济研究，（3）：75-80.

徐平. 2012. 苦涩的日本：从"赶超"时代到"后赶超"时代[M]. 北京：北京大学出版社.

晏智杰. 2004. 边际革命和新古典经济学[M]. 北京：北京大学出版社.

杨大楷，孙敏. 2009. 公共投资与宏观经济结构的实证研究[J]. 经济问题，（4）：21-24.

杨海军，肖灵机，邹泽清. 2008. 工业化阶段的判断标准：霍夫曼系数法的缺陷及其修正——以江西、江苏为例的分析[J]. 财经论丛，（2）：7-14.

杨俊，廖尝君，邵汉华. 2010. 经济分权模式下地方政府赶超与劳动收入占比——基于中国省级面板数据的实证分析[J]. 财经研究，（8）：5-15.

杨兰品，陈锡金，唐留昌. 2015. 国有垄断行业要素收入分配的结构性偏差——基于工业部门不同类型行业的比较研究[J]. 经济评论，(2)：101-114.

杨子晖. 2008. 财政政策与货币政策对私人投资的影响研究[J]. 经济研究，(5)：81-93.

姚洋. 2008. 华盛顿共识没有过时[N]. 21 世纪经济报道.

易靖韬，傅佳莎. 2011. 企业生产率与出口：浙江省企业层面的数据[J]. 世界经济，(5)：74-92.

殷功利. 2012. 中国贸易顺差研究：结构、效应与可持续性[D]. 南昌：江西财经大学.

尹伯成. 2012. 西方经济学说史——从市场经济视角的考察[M]. 上海：复旦大学出版社.

俞可平. 2009. 中国模式并没有完全定型[J]. 人民论坛，(18)：58.

俞可平，庄俊举. 2004. 热话题与冷思考（三十四）——关于"北京共识"与中国发展模式的对话[J]. 当代世界与社会主义，(5)：4-9.

袁欣. 2010. 中国对外贸易结构与产业结构："镜像"与"原像"的背离[J]. 经济学家，6（6）：67-73.

曾国安，黄浩，胡晶晶. 2009. 基于主体视角的国民收入分配格局研究——对中、日两国的实证比较[J]. 经济管理，(2)：1-8.

曾铮. 2011. 四类典型国家和地区的经济发展模式比较研究[J]. 中国市场，(11)：90-95.

张车伟，蔡翼飞，董倩倩. 2010. 日本"国民收入倍增计划"及其对中国的启示[J]. 经济学动态，(10)：107-111.

张帆. 2013. 垄断行业收入对社会收入分配差距贡献率的测度[J]. 江汉论坛，(7)：94-97.

张杰，李勇，刘志彪. 2008. 出口与中国本土企业生产率——基于江苏制造业企业的实证分析[J]. 管理世界，(11)：50-64.

张杰，李勇，刘志彪. 2009. 出口促进中国企业生产率提高吗？——来自中国本土制造业企业的检验证据：1999—2003[J]. 管理世界，(12)：11-26.

张杰，郑文平，陈志远. 2015. 进口与企业生产率——中国的经验证据[J]. 经济学（季刊），(14)：1029-1052.

张军，高远，傅勇，等. 2007. 中国为什么拥有了良好的基础设施？[J]. 经济研究，(3)：4-19.

张军超. 2011. 发展战略、要素收入分配与需求结构失衡[D]. 上海：复旦大学.

张磊. 2010. 后起经济体为什么选择政府主导型金融体制[J]. 世界经济，(9)：134-158.

张莉，李捷瑜，徐现祥. 2012. 国际贸易、偏向型技术进步与要素收入分配[J]. 经济学（季刊），(11)：409-428.

张乃丽，崔小秀. 2009. 中国机电产品显性比较优势变动分析[J]. 产业经济评论，(8)：81-98.

张全红. 2010. 我国劳动收入份额影响因素及变化原因——基于省际面板数据的检验[J]. 财经科学，(6)：85-93.

张舒英. 2007. 日本经济发展模式再探讨[M]. 北京：方志出版社.

张松林，孙文远，程瑶. 2014. 城乡二元结构转换过程中劳动收入占比演变——兼论中国劳动收入占比下降的成因[J]. 经济评论，(3)：26-39.

张维迎. 2014. 市场与政府：中国改革的核心博弈[M]. 西安：西北大学出版社.

张五常. 2009. 中国的经济制度[M]. 北京：中信出版社.

张晓娣，石磊. 2013. 中国公共支出结构的最优调整方案研究——区域聚类基础上的梯度法求解[J]. 财政研究，(10)：19-33.

张晓晶. 2015. 试论中国宏观调控新常态[J]. 经济学动态，(4)：12-22.

赵宏. 2009. 中国模式与当今世界几种主要发展模式比较研究[J]. 红旗文稿，（22）：32-34.

赵秋运，林志帆. 2015. "欲速则不达"：金融抑制，产业结构扭曲与"中等收入陷阱"[J]. 经济评论，（3）：17-30.

赵晓. 2004. 从"华盛顿共识"到"北京共识"[J]. 中国经济周刊，（33）：38.

钟笑寒. 2005. 地区竞争与地方保护主义的产业组织经济学[J]. 中国工业经济，（7）：50-56.

周黎安. 2004. 晋升博弈中政府官员的激励与合作[J]. 经济研究，（6）：33-40.

周茂清. 2003. 工业化过程中不同经济发展模式的比较和分析[J]. 世界经济与政治论坛，（6）：1-6.

周明海，肖文，姚先国. 2010. 企业异质性、所有制结构与劳动收入份额[J]. 管理世界，（10）：24-33.

周庆华. 2011. 本世纪初中国所处的经济发展阶段[J]. 经济研究导刊，（27）：6-7.

庄巨忠，坎布尔拉维. 2013. 亚洲国家不断扩大的收入差距与对策[J]. 南开经济研究，（1）：3-39.

邹东涛. 2008. 经济起飞理论与中国的理性崛起[J]. 理论前沿，（10）：17-19.

邹卫星，房林. 2008. 为什么中国会发生投资消费失衡？[J]. 管理世界，（12）：32-42，50.

Acemoglu D. 2002a. Directed technical change[J]. Review of Economic Studies，69：781-809.

Acemoglu D. 2002b. Why not a political Coase theorem？Social conflict，commitment，and politics[R]. NBER Working Papers，31：620-652.

Acemoglu D. 2003a. Labor-and capital-augmenting technical change[J]. Journal of the European Economic Association，1：1-37.

Acemoglu D. 2003b. Patterns of skill premia[J]. Review of Economic Studies，Wiley Blackwell，70：199-230.

Aghion P，Howitt P. 1998. Capital accumulation and innovation as complementary factors in long-run growth[J]. Journal of Economic Growth，3：111-130.

Ahmad E. 2013. Governance and institutions：The role of multi-level fiscal institutions in generating sustainable and inclusive growth[R]. Asia Research Centre.

Aitken B，Harrison A，Lipsey R E. 1996. Wages and foreign ownership：A comparative study of Mexico，Venezuela，and the United States[J]. NBER Working Papers，40（3-4）：345-371.

Alwyn Y. 2000. The Razor's edge：Distortions and incremental reform in the People's Republic of China[R]. Quarterly Journal of Economics，115（4）：1091-1135.

Amiti M，Konings J. 2007. Trade liberalization，intermediate inputs and productivity：Evidence from indonesia[J]. American Economic Review，91：1611-1638.

Anderson J. 2008. China's industrial investment boom and the renminbi[J]. Peterson Institute for International Economics：9-61.

Angrist J D. 1995. The economic returns to schooling in the west bank and gaza strip[J]. American Economic Review，85：1065-1087.

Antras P. 2003. Firms contracts and trade structure[J]. the Quarterly Journal of Economics，118：1375-1418.

Atkinson A B，Stiglitz J E. 1969. A new view of technological change[J]. Economic Journal，79：573-578.

Aw B Y，Roberts M J，Xu D Y. 2011. R&D investment，exporting and productivity dynamics[J]. American Economic Review，101：1312-1344.

Basu S，Fernald J G. 1997. Returns to scale in U. S. production：Estimates and implications[J]. Journal of Political Economy, 105: 249-283.

Basu S, Weil D N. 1998. Appropriate technology and growth[J]. The Quarterly Journal of Economics, 113 (4): 1025-1054.

Bentolina S, Saint-Paul G. 2003. Explaining movements in the labor share[J]. Contributions to Macroeconomics, 3 (1): 374.

Bergsten C F. 2009. US House of Representatives. Committee on Foreign Affairs. [C/OL]The United States-China Economic Relationship and the Strategic and Economic Dialogue: Testimony before the Subcommittee on Asia, the Pacific and the Global Environment, September 10. [2018-06-01]. http: // www.iie.com/publications/papers/paper.cfm? ResearchID=1291.

Blundell R, Bond S. 1998. Initial conditions and moment restrictions in dynamic panel data models[J]. Economics Papers, 87: 115-143.

Bøler E A, Moxnes A, Ulltveitmoe K H. 2012. Technological change, trade in intermediates and the joint impact on productivity[R]. Cepr Discussion Papers.

Brandt L, Rawski G T. 2008. China's Great Economic Transformation[M]. Cambridge: Cambridge University Press.

Broda C, Weinstein D. 2006. Globalization and the gains from variety[J]. Quarterly Journal of Economics, 121: 541-585.

Cai F, Wang M Y. 2009. Labor Cost Increase and Growth Pattern Transition[M]//The China Population and Labor Yearbook, Volume 1. Boston: Brill: 99-119.

Card D, Lemieux T. 2001. Can falling supply explain the rising return to college for younger men? A cohort-based analysis[J]. Quarterly Journal of Economics, 116: 705-746.

Chenery H B. 1958. The Role of Industrialization in Development Programs[M]. Oxford: Oxford University Press.

Chenery H B. 1960. Patterns of industrial growth[J]. The American Economic Review, 50 (4): 624-654.

Coe D T, Helpman E. 1995. International R&D spillovers[J]. European Economic Review, 39: 859-887.

Colletaz G, Hurlin C. 2005. Threshold effects in the public capital productivity: An international panel smooth transition approach[R]. Working Papers.

Dan L. 2010. Exceptional exporter performance? Evidence from Chinese manufacturing firms[R]. Job Market Paper. University of Chicago.

De Loecker J. 2007. Do export generate higher productivity? Evidence from slovenia[J]. Journal of International Economics, 73: 69-98.

De Loecker J. 2011. Product differentiation, multiproduct firms and estimating the impact of trade liberalization on productivity[J]. Econometrica, 79: 1407-1451.

De Loecker J, Warzynshi F. 2012. Markups and firm-level export status[J]. American Economic Review, 102: 2437-2471.

De Loecker J, Goldberg P K, Khandelwal A K, et al. 2012. Prices, markups and trade reform[R]. NBER Working Paper Series.

Demurger S. 2001. Infrastructure development and economic growth: An explanation for regional disparities in China？[J]. Journal of Comparative Economics，29（1）：95-117.

Diwan L. 2000. Labor shares and globalization[R]. Working Paper.

Domowitz I，Hubbard R G，Peterson B C. 1988. Market structure and cyclical fluctuations in U. S. manufacturing[J]. Review of Economics and Statistics，98：55-66.

Doraszelski U，Jaumandreu J. 2009. R&D and productivity：Estimating endogenous productivity[J]. Review of Economic Studies，80：1338-1383.

Du J L，Fang H S，Jin X R. 2013. Chinese political and economic governance system and the imbalance between consumption and investment[R]. Hong Kong Institute for Monetary Research Working Paper.

Engerman S L，Sokoloff K L. 1994. Factor endowments，institutions，and differential paths of growth among new world economies：A view from economic historians of the United States[R]. National Bureau of Economic Research Working Papers.

Evans P B. 1995. Embedded Autonomy：States and Industrial Transformation[M]. Princeton：Princeton University Press.

Feenstra R C. 2010. Offshoring in the Global Economy[M]. Cambridge：The MIT Press.

Finn M G. 1993. Is all government capital productive？[J]. Economic Quarterly-Federal Reserve Bank of Richmond，79（4）：53-80.

Finn M G. 1998. Cyclical effects of government's employment and goods purchases[J]. International Economic Review，39（3）：635-657.

Ge Y，Lai H，Zhu S C. 2011. Intermediates import and gains from trade liberalization[J]. Working Paper.

Gerschenkron A. 1962. Economic Backwardness in Historical Perspective：A Book of Essays[M]. Cambridge：Harvard University Press.

Gilbert C，Christophe H. 2006. Threshold effects of the public capital productivity：An international Panel Smooth Transition Approach[R]. Working Papers halshs-00008056，HAL.

Goldberg P，Khandelwal A，Pavcnik N，et al. 2009. Trade liberalization and new imported inputs[J]. American Economic Review，99：494-500.

Goldberg P，Khandelwal A，Pavcnik N，et al. 2010. Imported intermediate inputs and domestic product growth：evidence from India[J]. Quarterly Journal of Economics，125：1727-1767.

Gonzalez A，Terasvirta T，Van Dijk D. 2005. Panel Smooth Transition Regression Model and an Application to Investment Under Credit Constraint[R]. SSE/EFI Working Paper Series in Economics and Finance 604，Stockholm School of Economics.

Griliches Z. 1979. Issues in assessing the contribution of R&D to productivity growth[J]. Bell Journal of Economics，10：92-116.

Grossman G M，Helpman E. 1991. Innovation and Growth in the Global Economy[M]. Cambridge：The MIT Press.

Grossman G M，Helpman E. 1994. Endogenous innovation in the theory of growth[J]. Journal of Economic Perspectives，8（1）：23-44.

Grossman G M，Helpman E. 1996. Electoral competition and special interest politics[J]. Review of Economic Studies，63（2）：265-286.

Guscina A. 2006. Effects of globalization on labor's share in national income[R]. IMF Working

Papers No. 294.

Haddad M, Harrison A. 1993. Are there positive spillovers from direct foreign investment？：Evidence from panel data for Morocco[J]. Journal of Development Economics，42（1）：51-74.

Hall R E. 1986. Market structure and macroeconomic fluctuations[R]. Brookings Papers on Economic Activity，2：285-322.

Hall R E. 1988. The relation between price and marginal cost in U. S. industry[J]. Journal of Political Economy，96：921-947.

Hall R E. 1990. Invariance Properties of Solow's Productivity Residual[M]//Growth, productivity, Unemployment：Essays to celebrate Bob Solow's Birthday. Cambridge：The MIT Press.

Halpern L，Miklos K. 2007. Pricing to firm：An analysis of firm-and product-level import prices[J]. Review of International Economics，15：574-591.

Halpern，L，Moklos K，Adam S. 2015. Imported inputs and productivity[J]. American Economic Review，105：3660-3703.

Hamilton J D. 1990. Analysis of time series subject to changes in regime[J]. Journal of Econometrics，（45）：39-70.

Hansen B E. 1999. Threshold effects in non-dynamic panels：Estimation，testing and inference[J]. Journal of Econometrics，93：346-368.

Harrison A E, Love I, Mcmillan M. 2004. Global capital flows and financing constraints[J]. Journal of Development Economics，75：269-301.

Helpman E，Krugman P R. 1985. Market Structure and Foreign Trade：Increasing Returns，Imperfect Competition，and the International Economy[M]. Cambridge：The MIT Press.

Hoffmann W G，Henderson W O，Chaloner W H. 1958. The Growth of Industrial Economies[M]. Manchester：Manchester University Press.

Humphrey J, Schmitz H. 2002. How does insertion in global value chain affect upgrading in industrial clusters[J]. Regional Studies，36：1017-1027.

Jaumotte，Tytell I. 2007. How has the globalization of labor affected the labor income share in advanced countries？[R]. IMF Working PapersNo. 298.

Jefferson G，Rawski T G，Wang L，et al. 2000. Ownership，productivity change，and financial performance in Chinese industry[J]. Journal of Comparative Economics，28：786-813.

Karabarbounis L，Brent N. 2014. The global decline of the labor share[J]. The Quarterly Journal of Economics，129：61-103.

Kasahara H，Rodrigue J. 2008. Does the use of imported intermediates increase productivity？plant-level evidence[R]. Econometric Society North American Summer Meetings，87：106-118.

Kennedy C. 1964. Induced bias in innovation and the theory of distribution[J]. Economic Journal，74：541-547.

Klette T J. 1999. Market power scale economics and productivity：Estimates from a panel of establishment data[J]. Journal of Industrial Economics，47：451-476.

Krolzig H M. 1998. Econometric modelling of markov-Switching vector autoregressions using MSVAR for Ox[R]. Discussion Paper Department of Economics University of Oxford.

Krugman P. 1980. Scale economies，product differentiation and the pattern of trade[J]. American

Economic Review, 70: 950-959.

Kuznets S S. 1971. Economic Growth of Nations: Total Output and Production Structure[M]. Cambridge: Harvard University Press.

Levinsohn J, Petrin A. 2003. Estimating production functions using inputs to control for unobservables[J]. Review of Economic Studies, 70: 317-341.

Lin J Y. 1992. Rural reforms and agricultural growth in China[J]. The American Economic Review, 82: 34-51.

Lin J Y. 2003. Development strategy, viability, and economic convergence[R]. Economic Development and Cultural Change, 51 (2): 276-308.

Lin J Y. 2011. New structural economics: A framework for rethinking development[R]. The World Bank Policy Research Working Paper Series 5197.

Lin J, Chang H J. 2009. Should industrial policy in developing countries conform to comparative advantage or defy it? A debate between Justin Lin and Ha-Joon Chang[J]. Development Policy Review, 27 (5): 483-502.

Lu Y, Ng T. 2012. Do imports spur incremental innovation in the south? [J]. China Economic Review, 23: 819-832.

Lucas R E J. 1990. Why doesn't capital flow from rich to poor countries? [J]. American Economic Review, 80 (2): 92-96.

Maskin E, Qian Y, Xu C. 2000. Incentives, information, and organizational Form[J]. Review of Economic Studies, 67 (2): 359-378.

Matthew S. 2007. Globalization and declining unionization in the United States[J]. Industrial Relations: A Journal of Economy and Society, 46: 329-346.

Melitz M J, Ottaviano G I P. 2008. Market Size, Trade and Productivity[J]. Review of Economic Studies, 75: 295-316.

Melitz M. 2000. Estimating Firm-Level Productivity in Differentiated Product Industries[M]. Mimeo: Harvard University.

Melitz M. 2003. The impact of trade on intra-industry reallocations and aggregate industry productivity[J]. Econometrica, 71: 1695-1725.

Morawetz D. 1978. Twenty-Five Years of Economic Development, 1950 to 1975[M]. Baltimore: Johns Hopkins University Press.

Morrison C J. 1992. Unraveling the productivity growth slowdown in the United States, Canada and Japan: the effect of subequilibrium, scale economics and markups[J]. Review of Economics and Statistics, 74: 381-393.

Muendler. 2004. Tables and graphs to complement: trade, technology and productivity, a study of Brazilian manufacturers, 1986—1998[J]. Social Science Electronic Publishing, 14: 125-137.

Nickell S J. 1996. Competition and corporate performance[J]. Journal of Political Economy, 104: 724-746.

Norrbin S C. 1993. The relation between price and marginal cost in U. S. industry: A contraction[J]. Journal of Political Economy, 101: 381-393.

Olley G S, Pakes A. 1996. The dynamics of productivity in the telecommunications equipment industry[J]. Econometrica, 64: 1263-1296.

Peneder M. 2003. Industrial structure and aggregate growth[J]. Structural Change and Economic Dynamics, 14: 427-448.

Pugel T A. 1980. Profitability, concentration and the inter industry variation in wages[J]. Review of Economics and Statistics, 62 (2): 248-253.

Qian Y, Roland G, Xu C. 2006. Coordination and experimentation in M-Form and U-Form organizations[J]. Journal of Political Economy, 114 (2): 366-402.

Qian Y, Xu C. 1993. Why China's economic reforms differ: The M-Form hierarchy and entry/expansion of the non-state sector[J]. Economics of Transition, 1 (2): 135-170.

Ramo J C. 2004. The Beijing consensus[R]. Foreign Policy Centre.

Rodrik D. 2004. Industrial policy for the twenty-first century[R]. The Centre for Economic Policy Research Discussion Papers 4767.

Rodrik D. 2006. What's so special about China's exports? [J]. China&World Economy, 14(5): 1-19.

Rodrik D. 2010. Making room for China in the world economy[J]. The American Economic Review, 100 (2): 89-93.

Roeger W. 1995, Can imperfect competition explain the difference between primal and dual productivity measures? Estimates for U. S. manufacturing[J]. Journal of Political Economy, 103: 316-330.

Romer P M. 1986. Increasing returns and long-run growth[J]. Journal of Political Economy, 94 (5): 1002-1037.

Romer P M. 1990. Endogenous technological change[J]. Journal of Political Economy, 98: 71-102.

Romp W, De Haan J. 2007. Public capital and economic growth: A critical survey[J]. Perspektiven der Wirtschaftspolitik, 8 (S1): 6-52.

Rostow W W. 1959. The stages of economic growth[J]. The Economic History Review, 12 (1): 1-16.

Schwartzman D. 1960. The burden of monopoly[J]. Journal of Political Economy, 68: 627-630.

Slaughter M J, 2010. Globalization and declining unionization in the United States[J]. Industrial Relations A Journal of Economy & Society, 46 (2): 329-346.

Solow R M. 1957. Technical change and the aggregate production function[J]. Review of Economics & Statistics, 39: 554-562.

Spence M. 2014. China's middle-income transition and evolving inclusive growth strategy[J]. The Oxford Companion to the Economics of China: 80-84.

Stiglitz J E. 1998. More instruments and broader goals: Moving toward the post-Washington consensus[J]. Wider Perspectives on Global Development: 16-48.

Stiglitz J E. 2001. From miracle to crisis to recovery: Lessons from four decades of east asian experience[J]. Rethinking the East Asia Miracle: 509.

Stiglitz J E. 2004. The post Washington consensus[J]. The Initiative for Policy Dialogue: 17-56.

Sturm J E. 1998. Public Capital Expenditure in OECD Countries[M]. MA, USA: Northampton.

Teshima B K. 2008. Import competition and innovation at the plant level: Evidence from Mexico[J]. Document Reprographié.

Thomas P. 2014. Capital in the twenty-first century[J]. Action Learning Research & Practice, 57 (6):

226-227.

Vogel A，Wagner J. 2010. Higher productivity in importing German manufacturing firms：Self-selection，learning from importing，or both？[J]. Review of World Economics，145（4）：641-665.

Xu C. 2011. The fundamental institutions of China's reforms and development[J]. Journal of Economic Literature，49（4）：1076-1151.

Wade R. 1998. From miracle to cronyism：Explaining the great Asian slump[J]. Cambridge Journal of Economics，22（6）：69.

Wadmann R J. 1991. Implausible results or implausible data？Anomalies in the construction of value-added data and implications for estimates of price-cost markups[J]. Journal of Political Economy，99：1315-1328.

Weitzman M L，Xu C. 1994. Chinese township—Village enterprises as vaguely defined cooperatives[J]. Journal of Comparative Economics，18（2）：121-145.

Williamson J. 1990a. What Washington means by policy reform[J]. Latin American Adjustment：How much has Happened：7-20.

Williamson J. 1990b. The progress of policy reform in Latin America[J]. Policy Analysis International Economics，6（1）：87-105.

Williamson J. 2000. What should the World Bank think about the Washington Consensus？[J]. The World Bank Research Observer，15（2）：251.

Young A. 2000. The razor's edge：Distortions and incremental reform in the people's republic of China[J]. Quarterly Journal of Economics，115（4）：1091-1135.

后　记

　　21 世纪以来，中国整体上迈入工业化发展中后期阶段，工业及工业化发展为中国经济作出了巨大贡献。自 2013 年始，国内生产总值中第三产业占比超过第二产业，发展服务主导型经济成为趋势，但是，第二产业仍然是国民经济的基础。美国特朗普政府在执政伊始就提出再工业化的执政理念，可见即使在发达、成熟的经济体系中工业及工业化仍然重要。因此，正确认识中国为实现工业化目标做出的各种调整改革，有利于总结经验，"讲好中国故事"对发展模式研究具有重要的理论和现实意义。

　　本研究得到了教育部重点研究基地重大公关项目的资助，是教育部重点研究基地——武汉大学经济发展研究中心系列丛书之一，借书稿完成、出版之际，我要特别感谢武汉大学经济发展研究中心郭熙保教授、简新华教授、陈继勇教授、叶初升教授、马颖教授等师长的关心和支持；感谢课题组成员的辛劳付出，感谢在课题研究和书稿出版过程中与我进行合作研究、提供研究支持的历届研究生，其中，博士研究生沈潇、蒋银娟、李智娟，硕士研究生邹雨洋、赵军就课题研究与我合作完成的研究论文分别发表在《统计研究》、《经济理论与经济管理》以及《经济评论》等期刊，有关的研究成果也成为其各自学位论文的重要内容；硕士研究生张楫、龙俞廷和陈牧乔协助我完成了书稿参考文献的校订工作，在此向他们一并表示感谢。